Senta Ziegler

ÖSTERREICHS FIRST LADIES

Von Luise Renner bis Margot Klestil-Löffler

Ueberreuter

Gewidmet meiner Mutter Margareta Ziegler, geboren am 21. November 1918, nur wenige Tage nach Ausrufung der österreichischen Republik

Die Deutsche Bibliothek – CIP-Einheitsaufnahme
Ziegler, Senta:
Österreichs First Ladies : von Luise Renner bis Margot Klestil-Löffler / Senta Ziegler. – Wien : Ueberreuter, 1999
ISBN 3-8000- 3719-X

AU 0477/1

Umschlagfotos (vorne): Edith Klestil (News/Apolt), Sonja Klima (News/Schlosser), Margot Klestil-Löffler (News/Tesarek), Christine Vranitzky (News/Lorenz), Elisabeth Waldheim (pictures born-Nessler); (hinten): Senta Ziegler (News/Platzer)

Printed in Austria
7 6 5 4 3 2 1

Inhalt

Vorwort

DIE FRAUEN DER PRÄSIDENTEN *9*

Luise Renner *9*

Hilda Schärf und Dr. Martha Kyrle *27*

Margarete Jonas *43*

Herma Kirchschläger *61*

Elisabeth Waldheim *82*

Edith Klestil *111*

Dr. Margot Klestil-Löffler *131*

DIE FRAUEN DER KANZLER *145*

Hilde Figl *145*

Hermine Raab *161*

Maria Gorbach *171*

Erna Klaus *185*

Vera Kreisky *203*

Hermine Sinowatz *225*

Christine Vranitzky *241*

Sonja Klima *257*

Literatur *270*

Bildnachweis *271*

Vorwort

Als sich John F. Kennedy 1961 in Wien mit den Worten vorstellte: »Ich bin der Mann, der mit Jackie Kennedy durch Europa reist!«, war ein Begriff importiert, der bei uns bis dahin kaum bekannt war: der Begriff First Lady. Vorher gab es die Frauen von Kaisern, Königen, Schahs und Prinzen, die man auf Staatsbesuchen empfing, mehr oder weniger gekrönte Häupter. First Lady aber war ausschließlich der Ehrentitel für die Frauen gewählter Staatsrepräsentanten. So gesehen wäre es völlig falsch, Kaiserin »Sisi« oder Queen Elizabeth als First Lady zu bezeichnen.

Die Absicht des Buches bestand darin, den Frauen der Bundespräsidenten und Bundeskanzler der Zweiten Republik eigenständige Gesichter zu geben. In den Biografien ihrer Politiker-Gatten kommen sie zumeist gar nicht oder nur ganz am Rande vor, hier sollen sie zum ersten Mal unabhängig von den Verdiensten ihrer Ehemänner gewürdigt werden.

Was trug Luise Renner zum politischen Werk ihres Mannes bei? Wo war Hilde Figl, als ihr Leopold im Schloß Belvedere den österreichischen Staatsvertrag unterschrieb? Warum hat man Hermine Raab, Maria Gorbach und Erna Klaus so selten an der Seite ihrer Ehemänner gesehen? Waren sie glücklich? Waren sie gesund? Wir wissen kaum etwas über sie. Von Vera Kreisky ist bekannt, daß ihr Mann sie mit ausgesuchter Liebenswürdigkeit behandelt hat. Mehr nicht. War der Noricum-Prozeß schuld am frühen Tod von Hermine Sinowatz? Erst Christine Vranitzky hat sich als Kanzler-Gattin deutlich bemerkbar gemacht. Nicht immer unumstritten. Und wie kommt Sonja Klima, als jüngste Kanzler-Ehefrau der Republik, mit dem kleinen Spielraum zwischen Privatheit und Medien-Öffentlichkeit zurecht?

Freilich standen die Frauen der Spitzenpolitiker früher kaum im Rampenlicht der Öffentlichkeit. Ihr Platz war der im Schatten ihres Mannes. Von einigen hohen Herren war kaum bekannt, ob sie überhaupt Familie hatten. Und es wäre ein völliger Bruch gesellschaftlicher Tabu-Regeln gewesen, einen Bundespräsidenten Theodor Körner etwa danach zu fragen, warum er nicht verheiratet war.

Theodor Körner ist übrigens der einzige Bundespräsident der Zweiten Republik, der nicht verehelicht war. Er hat mit seiner Lebensgefährtin Antonie Latscher von Lauendorf, der um zehn Jahre älteren Witwe

des k. u. k. Landesverteidigungsministers Julius Latscher von Lauendorf, Tür an Tür zusammengelebt, jedoch ohne Trauschein. Adolf Schärf war verwitwet, als er Staatsoberhaupt wurde: Anstelle seiner Frau hat seine Tochter, die Ärztin Dr. Martha Kyrle, die Repräsentationsaufgaben wahrgenommen, so auch, als es zum Beispiel galt, Jackie Kennedy und Nina Chruschtschowa bei dem legendären Gipfeltreffen des kalten Krieges in Wien gebührend zu empfangen.
Anders Thomas Klestil, der sich während der Amtszeit von seiner ersten Frau Edith scheiden ließ und eine zweite Ehe mit Margot Löffler einging. Er hat bisher als einziger den Österreichern während der Amtszeit zwei First Ladies beschert – wodurch es genau 15 Ehefrauen zu porträtieren galt.
Es haben übrigens alle Ersten Damen mit großer Begeisterung zum Gelingen des Werkes beigetragen. Sie freuten sich, daß hier eine längst fällige Würdigung und Aufarbeitung weiblicher Verdienste um Österreich stattfinden konnte, wodurch so manch unbekanntes Detail an den Tag befördert werden sollte. Soweit möglich haben sämtliche Frauen für sich selbst gesprochen und die Manuskripte auch nach kritischer Überarbeitung gegengezeichnet. Nur Dr. Margot Klestil-Löffler stand leider für kein persönliches Interview zur Verfügung.
Für Erna Klaus, die zum Zeitpunkt des Entstehens des Buches gerade sehr krank war, ist liebenswürdigerweise Altkanzler Josef Klaus mit mehreren Gesprächen und eigens angefertigten Aufzeichnungen als mindestens ebenso authentische Informationsquelle eingesprungen.
Im Falle der posthumen Porträts haben Enkelkinder (Renner), Söhne und Töchter (Figl, Gorbach, Kreisky), ein Firmling (von Hermine Raab), die engste Freundin (von Margarete Jonas) sowie Altkanzler Fred Sinowatz für seine Frau Hermine mit großer Bereitwilligkeit und Auskunftsfreude daran mitgewirkt, daß historisch einwandfrei authentische Lebensschicksale beschrieben werden konnten. Die Zustimmung der Porträtierten, der Ehemänner, Verwandten und nahen Zeitzeugen gibt mir, der Autorin, die Versicherung, eine ebenso fachkundige wie einfühlsame Porträtsammlung vorgelegt zu haben. Und darüber hinaus ein Werk, das die wechselvolle politische Geschichte Österreichs in diesem Jahrhundert anhand von Frauenschicksalen beschreibt.

Dr. Senta Ziegler
März 1999

DIE FRAUEN DER PRÄSIDENTEN

LUISE RENNER

21. JUNI 1872 – 30. JUNI 1963

Als großes Glück darf empfunden werden, daß der Gründer beider Republiken, Karl Renner, in seinen Memoiren »An der Wende zweier Zeiten« selbst so ausführlich Zeugnis über seine Ehefrau Luise abgelegt hat. Darüber hinaus erweist sich als Segen, daß diese Aufzeichnungen alles andere als trocken sind. Renner, der Humanist und Liebhaber der Klassik, hegte eine große Begeisterung für Literatur. Er schrieb Gedichte, aber noch größeres Talent scheint er für die Prosa besessen zu haben, mit der er dem Leser Menschen, Begebenheiten und Landschaften sehr plastisch darzustellen vermochte.

Das Kapitel »Ein Heim, eine bedeutsame Begegnung«, das uns seine spätere Frau Luise, geboren am 21. Juni 1872, vorstellt, ist deshalb von so großer Bedeutung, weil es sonst kaum Aufzeichnungen über sie gibt. Briefe an sie sind vorhanden, und alle drei in den USA lebenden Enkel, selbst schon hochbetagt, können noch von ihr erzählen. Dies jedoch eben nur aus der Enkelperspektive, in der die Großmutter im wesentlichen als »liebevolle, warmherzige, unglaublich gute Köchin« in Erinnerung geblieben ist.

Wie aber war Luise Stoisits, als sie noch nicht von zahlreichen Kochtöpfen für eine Großfamilie umgeben war?

Wir erfahren es von Renner selbst. Der am 14. Dezember 1870 in Unter-Tannowitz in Mähren in ärmsten Verhältnissen als achtzehntes Kind geborene Kleinhäuslersohn, der sein Elternhaus längst verlassen hatte, um sich in Wien aus eigenen Kräften fortzubringen, hat eben vom Militär abgerüstet, befand sich aber noch in seiner Korporalsuniform – wahrscheinlich sein einziges ordentliches Gewand –, als er im Sommer 1890 in Wien-Josefstadt auf Quartiersuche ging. Es war nicht die bequemste und schönste Kammer, die er in einem Haus am Anfang der Lerchenfelder Straße bei einem kleinen Beamten besichtigt hatte, so daß er beabsichtigte, noch weiterzusuchen. Er wollte das Haus schon durch Hof und Hausflur auf immer verlassen, als ihm »ein brünettes Mädchen mit überaus ausdrucksvollen Augen, edler Nase und einem gewissen selbstbewußten Ernste begegnete, das mich auf der Stelle fesselte«. Renner war gerade 20 Jahre alt, das Mädchen 18. Er begann ein Gespräch: »Ich vermutete eine Hausbewohnerin und nahm dies zum Vorwand, sie als möglicher Mieter über die Hausleute zu befragen. Zögernd verabschiedete ich mich, wendete mich zur Straße und schritt sporenklirrend dahin, mit dem Schleppsäbel die Pflastersteine klopfend, um mich alsbald umzudrehen – da stand auch das hübsche Mägdlein mit der roten Schürze unter dem Haustor und guckte mir nach.«

Am nächsten Tag klapperte er noch manch anderes Mietobjekt ab, konnte sich aber zu keinem entschließen, wahrscheinlich, weil sein Entschluß tief drinnen schon feststand. Er kehrte zum Haus in der Lerchenfelder Straße zurück. »Da traf ich sie wieder, sie errötete über den Zufall und lachte mir mit der Doppelreihe blendender Perlenzähne zu – da ging ich hinauf und mietete: die liebe Brünette sollte später meine Lebensgefährtin werden!«

Es war in den Jahren des Zweiten Weltkrieges, also rund 55 Jahre danach, als er diesen Moment der ersten Begegnung niederschrieb, und zwar in seiner später berühmt gewordenen Villa in Gloggnitz, in der er während der Nazi-Herrschaft auf Anordnung der Gestapo unter Hausarrest stand. Er war da schon knapp fünfundsiebzig, als er mit der Wehmut des Alters den Erinnerungen noch Philosophisches hinzufügte: »So lenkt der Zufall das Schicksal der Menschenkinder, so führt ein erster Blick junge Menschen für ihr ganzes Leben zueinander, junge Herzen, die zur Zeit nicht ahnen, ob dieser Blick für sie Segen oder Unheil bedeutet.«

Für die beiden sollte dieser erste Blick jedoch ausschließlich Segen bedeuten. Obwohl die ersten Jahre zu den erschütterndsten und gleichzeitig berührendsten gehörten, die das Paar in seinem ganzen Leben wohl erlebt haben mag. Für die im Wohlstand der Zweiten Republik Geborenen waren dies Jahre einer fast unvorstellbaren Armut, die sich für junge Frauen wohl noch trost- und hoffnungsloser darstellte als für junge Männer.

Das Arbeitspensum, das der Student Karl Renner damals an den Tag legte, um neben dem nicht eben billigen Studium durch Nachhilfestunden und Schreibdienste Geld zu verdienen, war enorm. Renners Jugend war ein einziger Kampf zwischen Not und Erschöpfung. Es findet sich ein Hinweis, daß er sich durch eine Vernunftehe leicht aus dieser Misere eines Habenichts hätte befreien können. Doch am Grabe seines in jungen Jahren an Lungenentzündung verstorbenen Gymnasialfreundes gelobte er, sich vom verführerischen Treiben der Hochschüler fernzuhalten und Luise, sobald es nur irgend möglich war, zu seiner Lebensgefährtin zu machen, selbst um den Preis, noch härtere Entbehrungen auf sich nehmen zu müssen. »Armut schreckte, Reichtum lockte mich nicht, und nur mit Widerwillen dachte ich an die Pläne meiner Kommilitonen, sich in vier Hochschuljahren gehörig auszuleben, dann, mit ›betrántem Blick sich ins Philisterland zurückzuziehen‹ und eine Vernunftehe einzugehen, um mit der Mitgift eine gehobene Lebensstellung sich zu begründen. Dieser Widerwille steigerte sich zu halber Empörung, als gegen das Ende dieses Jahrganges eine solche Zumutung an mich direkt herantrat.«

Wiederholte Unterredungen mit Luise und ernste Selbstprüfungen brachten ihm die volle Klarheit: »Das Schicksal meiner Kindheit und Jugend wies mir den Platz an der Seite der Enterbten und Entrechteten an. Ich mußte diesen Kampf, den ich voraussah, der sich soeben vor meinen Augen entspann, mitkämpfen. Reich werden, in der bürgerlichen Gesellschaft emporkommen wollen, galt mir als schmachvoll, als Verrat an meinen Brüdern und Schwestern.«

Und zur Liebe merkte er an: »Libertinismus und Promiskuität – das verstand das Spießbürgertum unter freier Liebe! Mir aber galt diese als das ernsteste, dauerndste Bündnis des Leibes und der Seele, die bürgerliche Ehe als verächtliche Einrichtung und die staatskirchliche Zeremonie der Eheschließung als Farce.«

Die Vorstellung von der bürgerlichen Ehe, als »gesicherter Lebensbasis« wies er von sich, gleichzeitig lehnte er es ab, seine Beziehung zu Luise als bloßes Verhältnis verschämt geheimzuhalten. Er wollte eine Eheschließung, die ihm angemessen schien. Er lud seine besten Freunde zu sich und erklärte ihnen, indem er Luise an der Hand nahm und küßte, seinen Entschluß mit, sie hiemit zu heiraten, und verlangte von seinen Freunden, sie in Hinkunft als seine Frau zu betrachten und ihn als ihren Mann. Für den aus persönlichem Leid geborenen Sozialdemokraten war dies zugleich eine politische Geste der Lostrennung von Klerikalismus und bürgerlicher Heuchelei.

Wie sich das junge Mädchen vom Lande, das seit seinem 16. Lebensjahr bei Verwandten in Wien in einem kleinen Gasthaus arbeitete, dabei gefühlt haben mag, kann nur vermutet werden. In seinen Lebenserinnerungen ist nichts über ihre Gefühle vermerkt. Zweifellos liebte sie ihren Karl sehr und nahm es auf sich, ihm blind zu vertrauen. Es muß von beiden Seiten die unwiderstehlich große Liebe gewesen sein, sonst hätten sie das Kommende nicht in so unerschütterlicher Verbundenheit überlebt.

Während Renner den Sommer 1891 auf Schloß Johnsdorf bei Mährisch-Ostrau als Nachhilfelehrer des vierzehnjährigen Haussohnes in angenehmem Luxus verbringen durfte und dort an dem kurzweiligen Leben des hohen Amtsadels zweifellos Gefallen fand, brachte Luise daheim in ihrer Wiener Untermiete am 16. August das gemeinsame Kind zur Welt, Töchterchen Leopoldine. Wer weiß, ob

Luise, alleingelassen in ihrer schweren Stunde, nicht auch von den bitteren Zweifeln aller jungen Frauen geplagt worden war, die sich mit einem feschen Studenten eingelassen hatten?

Doch Renner kehrte zu ihr zurück. Er hatte sie vor seiner Abreise bei einer bescheidenen Familie Merkel in der Lammgasse 1 in der Josefstadt untergebracht, und dort traf er sie nach seiner Rückkehr wieder: »Kaum war mein Zögling mit seinen Geschwistern in ihrer herrlichen Ringstraßenwohnung gelandet, so stürzte ich in die Lammgasse. Die junge Mutter, die gütige Patin Merkel, deren beide Töchter und das beunruhigte Kind begrüßten mich mit lautem Geschrei. Ich hatte meine Ankunft nicht genau angekündigt, man erwartete mich erst am nächsten Tage, umso größer war der Jubel und auch die Verwirrung. Die Patin dürfte von solchen Studentenehen keine besonders günstige Meinung gehabt und sich wohl gesorgt haben, ob ich überhaupt wiederkäme; meine Luise hat weder in diesen kritischen Tagen noch sonst je an mir gezweifelt. Tränen des Glücks in den strahlenden Augen legte sie den Säugling in meine Arme. Und so war ich denn zufrieden, beguckte immer wieder das winzige Geschöpf, in der Decke, im Bade, an der Mutterbrust und im Schlafe, und war glücklich, endlich wieder mit der Mutter zusammenzusein und von ihr zu vernehmen, wie sie die schweren Tage überstanden.«

Luise und das Kind blieben in der Lammgasse, er suchte sich in der Nähe ein Zimmer in der Wickenburggasse und ging daran, für »das Haserl nun auch das Graserl« zu suchen. Vormittags diente er in einer Advokatenkanzlei als Schreiber, nachmittags gab er Nachhilfeunterricht, in den Nachtstunden widmete er sich bei der Petroleumlampe seinem Jusstudium.

Im Frühjahr 1892 trafen beide eine Entscheidung, die vor allem der jungen Mutter nicht leichtgefallen sein dürfte. Luise drängte darauf mitzuverdienen und nahm einen Posten als Stubenmädchen an, die kleine Leopoldine kam zu Kosteltern nach Purkersdorf. Militärische Übungen, zu denen er im Sommer 1892 einberufen wurde, hinderten Karl Renner daran, sich wieder als Hauslehrer zu verdingen. Da er für die notwendige Uniform selbst aufkommen mußte und Auslagen für die Prüfungen auf der Hochschule hatte, stand er im Herbst »völlig blank auf dem Pflaster von Wien«. Er aß in der Volksküche, die Bestreitung des Kostgeldes für die Kleine fiel Luise zu. Erst durch neue lukrative Nachhilfestunden konnte sich der damals spindeldürre Student über Wasser halten.

Gegen Ende des Jahres war er finanziell sogar so weit mit Geldmitteln abgesichert, daß er darangehen konnte, für sich und Luise die erste gemeinsame Wohnung zu suchen. Er fand ein geräumiges Zimmer im Hause Stolzenthalergasse 14 im 8. Bezirk bei einem Metallarbeiter, der sich nicht daran stieß, daß die beiden nicht verheiratet waren. Renner und sein Mietsherr, ein glühender Sozialist, wurden Freunde. Renner war glücklich: »Wir bezogen Anfang November 1892 gemeinsam eine Wohnung, um niemals mehr im Leben uns zu trennen.«
Töchterchen Leopoldine mußten sie vorerst noch in Purkersdorf belassen. An den Sonntagen kamen die Eltern regelmäßig auf Besuch. Renner schrieb: »Es waren glückliche Tage! Von nun an sollte auch die Geheimnistuerei aufhören. Wir hatten, vertraute Freunde ausgenommen, bisher unser Glück im verborgenen gehalten, nun sollten alle Freunde, sollten vor allem auch meine und ihre Verwandten, von unserer Lebensgemeinschaft erfahren.«
Der Besuch bei den Verwandten von Luise Stoisits in ihrem Heimatort St. Nikolaus bei Güssing war zwar als privates Ereignis geplant, sollte aber in der Folge politische Bedeutung erlangen. Der Landstrich, in dem die städtische und bäuerliche Bevölkerung deutschsprachig war, gehörte in der Monarchie zu West-Ungarn. Der Großteil der Latifundien stand im Besitz der magyarischen Feudalherren Batthyány und Drascovich. Renner durchstreifte das Land ausgiebig mit dem Fahrrad, er studierte sowohl die sozialen wie die nationalen Bedingungen der Bevölkerung. Und die bei dem Verwandtenbesuch erworbenen Kenntnisse über nationale Mehrheits- und Minderheitenverhältnisse waren ausschlaggebend, daß sich Renner als erster Staatskanzler der Republik bei den Friedensverhandlungen 1919 in St-Germain dafür einsetzte, daß dieses Gebiet von den Siegermächten Deutsch-Österreich zugeschlagen wurde. Hätte Renner die Mutter und Geschwister seiner Frau nie besucht, wäre Güssing heute vielleicht nicht Teil des Burgenlandes.
Die Mutter Luises stammte aus St. Nikolaus, einer Ortschaft nächst Güssing. Sie war die Tochter des Bauern und Gastwirtes Oswald und hatte sich als junges Mädchen mit einem Burschen kroatischer Herkunft, Stoisits, vermählt, der aber den Hauptteil seines Lebens in fremden Heeresdiensten zubrachte. Doch seine Frau hielt ihm die Treue, und als er 1879 starb, hinterließ er sie mit drei Söhnen und drei Töchtern.
Es war üblich, die Töchter so früh wie möglich in den Dienst nach

Luise und Karl Renner mit Tochter Leopoldine

Wien zu schicken, so daß auch Luise bereits mit 16 Jahren in die Reichshauptstadt gelangte. Die moralisch hochstehenden Grundsätze der Mutter seiner Frau haben Renner enorm imponiert. Auch er teilte ihre sittenstrenge Auffassung: »Die Liebe, sowohl die Eltern- und Kindes- wie die Geschlechterliebe, ist ein großer Schatz: Man kann ihn in Kleingeld umwechseln und dieses bei Schritt und Tritt auf die Straße streuen, man kann ihn aber auch zusammenhalten und nur als Preis der tiefsten und wahrsten Empfindung, als höchste Gnade im Großen hingeben, um ebenso Großes dafür einzutauschen. Es heißt diese ganze Empfindungswelt entwerten, wenn man ihre Äußerungen banalisiert.«

Aber zurück ins Jahr 1895, als Erster Weltkrieg und Ende der Monarchie noch weit entfernt waren. Renner, zu dieser Zeit immer noch Student, hatte mit seinen Vorträgen und Schulungen in der Arbeiterbewegung begonnen und war auch der charismatischen Leitfigur der Arbeiterschaft, dem Arzt Dr. Victor Adler, begegnet, der auf ihn und Luise nachhaltigen Eindruck machte. Renner schrieb Artikel für verschiedene Zeitungen und Kampfblätter und verdiente sein Geld weiterhin durch Nachhilfestunden. Eine Sommerstellung als Nachhilfelehrer führte ihn an den Grundlsee, wo er einerseits seine sozialdemokratischen Ideen den Salinenarbeitern nahebrachte, andrerseits zum ersten Male mit Frau und Kind zusammenlebte. Er mietete für alle drei im Markt Aussee eine kleine bescheidene Wohnung und wollte sich dort von jeglichem gesellschaftlichen Treiben fernhalten, um noch intensiver studieren zu können. Er fand aber derart Gefallen an den politischen Treffen im Hotel »Zur Traube«, daß auch die Nächte dem Politisieren gehörten. Luise nahm an den Treffen ihres Mannes weitestgehend teil.

Als das Paar im Herbst nach Wien zurückkehrte, fand es ihre erste kleine eigene Behausung in der Viaduktgasse im 3. Bezirk. Leopoldine war vier Jahre alt, Luise sollte sich von nun an nur noch dem eigenen Haushalt widmen. Renner strebte, noch bevor er sein Studium abgeschlossen hatte, die Stellung eines wissenschaftlichen Hilfsarbeiters im Archiv des Reichsrates an. Es war dies eine Entscheidung, die er fast ausschließlich aus Rücksicht auf das Familieneinkommen getroffen hatte, sie entsprach nämlich keineswegs seinen Neigungen und zwang ihn obendrein zu einigen ideologischen Kompromissen.

Als Beamten war es ihm streng untersagt, einer politischer Betätigung nachzukommen (woran er sich allerdings durch allerlei Finten nicht hielt). Und er wurde gezwungen, sein »sittenwidriges Konkubinat« aufzugeben, das in den Augen seiner Vorgesetzen nur von »Leichtsinn« und »mangelndem Standesgefühl« zeugte. So kam es, daß er im Frühjahr 1896 sowohl sein Doktordiplom erwarb als auch seine Luise in der Weißgerberkirche zum Altar führte – »ohne alle Form und Feierlichkeit, auch ohne sonderliche Seelenbewegung, als eine Selbstverständlichkeit, die eben bei der ersten schicklichen Gelegenheit zu erledigen war«, wie er schrieb. Dr. Karl Renner war 26 Jahre alt, Luise 25.

Zehn Jahre danach ist Renner bereits Abgeordneter des Wahlkreises

Niederösterreich im Reichsrat, und 1910 kommt es zum Ankauf der Villa in Gloggnitz, die eine Generation später – 1945 am Ende des Zweiten Weltkriegs – eine wichtige Station im Wiedererstehen Österreichs werden sollte. Ihr Ankauf 1910 hatte zunächst eine wilde Polemik in den einander heftig bekriegenden Parteiblättern ausgelöst. Die deutschnationalen »Wiener Neustädter Nachrichten« prangerten den »Villenbesitzer« Renner als »Phraseur« an, der »im Sonnenschein des Privateigentums sich eines besseren Lebens freut« und damit den sozialdemokratischen Arbeitern »keinen schlechten Anschauungsunterricht« erteilt. Der schlagfertige Renner verteidigte sich im sozialdemokratischen Organ »Gleichheit«, daß er zu den Mitteln ausschließlich aus »seiner physischen und geistigen Arbeit« gekommen sei. Auch für Freunde stand jedoch außer Streit, daß Renner die Genüsse des bürgerlichen Lebens durchaus begrüßte und kultivierte, als es für ihn und Luise endlich soweit war, sie genießen zu können, etwa in Form regelmäßiger geselliger Musikabende.

Die kleine Ortschaft am Fuße des Semmerings hatte Renner damals aus mehreren Gründen gewählt. Erstens wollte er einen Wohnsitz in seinem Wahlkreis um Wiener Neustadt begründen, und zweitens lag dieses kleine Eisenbahnerdörfchen, in dem sich eine Station der neugebauten Semmeringbahn befand, auch nahe genug bei Wien. Das Haus, das einen großen Garten besaß, in dem während der Kriege Kraut und Kartoffel geerntet werden konnten, bestand anfangs aus Souterrain und erstem Stock, erst später wurde auch die große Mansarde ausgebaut. In dieser Mansarde haben dann, als die Familie auf sieben Köpfe angewachsen war, vorwiegend die Großeltern Luise und Karl gelebt, während sich im ersten Stock Leopoldines Kinder tummelten. Das Wochenendhaus wurde nach und nach zu einem ganzjährig bewohnten Zweitwohnsitz ausgebaut.

Als Leopoldine herangewachsen war, begann sie Jus zu studieren. Vorübergehend war sie auch als eine der ersten Frauen Studentin in Cambridge, nämlich am ersten College für Frauen für Literatur. Sie sprach mehrere Sprachen, neben Englisch und Französisch auch Italienisch, und sie war eine geübte Sängerin. Sie hat das Jusstudium zwar nicht abgeschlossen, war aber eine kultivierte, überaus gebildete junge Dame. Die Eltern hatten ihrer einzigen Tochter die beste Ausbildung angedeihen lassen.

1913 vermählte sich Leopoldine im Alter von 22 Jahren mit dem um 13 Jahre älteren Zivilingenieur und Ernährungsfachmann Hans

Deutsch. Die Trauung fand am 13. Mai in der altkatholischen Salvatorkirche statt, obwohl der 1878 geborene Deutsch einer jüdischen Familie entstammte.

Renners Schwiegersohn, nur um acht Jahre jünger als er, war ein Mann mit hervorragenden Eigenschaften. Er war der Erbauer der Hammer-Brotwerke in Schwechat und ihr jahrzehntelanger, umsichtiger technischer Direktor. Er hielt eine Reihe einflußreicher Verwaltungsratsposten in der Wirtschaft inne, war daneben ein Schöngeist – die Hammer-Brotwerke waren eine der schönsten Jugendstilfabriksanlagen der Zeit mit Wiener-Werkstätte-Kacheln in den Betriebsstätten und an den Verladerampen – und galt darüber hinaus auch als sozial fortschrittlicher Denker. Hans Deutsch soll von seinem Schwiegervater, mit dem er sämtliche ökonomischen Probleme besprechen konnte, so angetan gewesen sein, daß einer seiner Söhne, Hans Deutsch-Renner, in einem historischen Rückblick später einmal scherzhaft erwähnte, sein Vater habe seine Mutter nur geheiratet, weil es ihm nicht gut möglich gewesen sei, Vater Renner selbst zu ehelichen. Ihm zu Ehren hat er sich jedoch Deutsch-Renner genannt.

Fest steht, daß die Familie wuchs und stets aufs engste miteinander verbunden war, zumindest bis zu den dramatischen Ereignissen des Anschlusses. 1913 wurde Renners ältester Enkel, Hans, geboren. 1917 kam Karl zur Welt, und 1920 folgte Franziska.

Die Lebensmittelknappheit nach dem Ersten Weltkrieg konnte die Familie mit Hilfe des Gemüseanbaus in Gloggnitz lindern, wozu der eben frisch installierte Staatskanzler der neuen Republik den Seinen liebevolle briefliche Ratschläge aus Paris zukommen ließ, wo er sich wegen der Verhandlungen für den Friedensvertrag von St-Germain über mehrere Wochen aufhielt. Renner leitete die Delegation, die – allerdings ohne seine Schuld – wenig befriedigende Resultate für das neue Staatsgebilde mit nach Hause brachte. So reifte bei vielen einerseits der Glaube, Österreich sei nicht lebensfähig, und weiters der Gedanke, daß der Anschluß an das Deutsche Reich der bessere Ausweg sei. Auch Renner selbst gehörte zu den Anhängern dieser Idee.

Doch neben der Sorge und der Schmach über die aufgezwungenen Bedingungen der Siegermächte lassen Renners privaten Briefe aus St-Germain, herausgegeben durch den Historiker Dr. Siegfried Nasko, auch seine Freude und seine Zufriedenheit mit den Seinen erkennen. An seinen Schwiegersohn Hans Deutsch schrieb er am 20. Juni 1919: »Morgen feiert ihr Mutters Namenstag. Es macht mir wirklich

Schmerz, daß ich dieses Mal nicht bei Euch sein kann. Es geht doch nichts über das Nest, das ich mir gerichtet habe und das Du in so herrlicher Weise fortheckst. Ich bin manches Mal ganz stolz darauf, daß wir uns so gut zusammengefunden haben. Schaut nur ein bißchen auf die Mutter. Sie muß auch das Auto eifrig benützen und sich nicht ohne Not ablaufen. Ich wünsche Euch allen, daß Ihr unseren traditionell höchsten Festtag in trauter Gemeinschaft genießt.«

An seine Luise, die er, seit er Kanzler war, scherzhaft auch »Kanzlerin« nannte, schrieb er am 21. Juni, dem Tag ihres Namens- und Geburtstages: »Es ist geraume Zeit her, daß wir Deinen Namens- und Geburtstag nicht miteinander und gemeinsam mit der Familie verbracht haben. Bis gestern hatte ich die Hoffnung, daß es doch möglich sein werde, auf ein paar Tage nach Wien zu reisen, aber die wachsende Zahl von Geschäften und die zunehmende Verantwortung lassen es leider nicht zu.« Seitenweise schildert er ihr seinen Pariser Tagesablauf, beschreibt ihr die herrliche Park-Umgebung und die zähen Verhandlungsfortschritte, vergißt aber nicht, sie gesundheitlich zu ermahnen. »Bitte, laß Dich wieder einmal photographieren und schick mir Dein Bild, damit ich Dich vor mir habe. Ich ängstige mich nämlich darüber, ob Du während meiner Abwesenheit Dir auch wirklich was Ordentliches kochst und genügend ißt, ob Du Dich nicht überanstrengst und ob Du ganz gesund bist! Da ich nicht kommen kann, habe ich Dir hier in Saint-Germain einiges gekauft und schicke es Dir, damit Du einen kleinen Ersatz hast und eine kleine Freude zu Deinem Namenstage. Ich wünsche Dir aus diesem Anlaß viel Glück und Freude an unseren Kindern und Enkeln, vor allem aber wünsche ich, daß Du mir noch lange in Deiner Rüstigkeit erhalten bleibst.«

Immer wieder berichtet er in seinen Briefen von seinem Heimweh und von den demütigenden Verhandlungen, ohne jedoch zu verabsäumen, seine Frau auch nach ihren Wünschen zu fragen. »Gib mir Auftrag, ob ich nicht einen Herren- oder Damenbademantel à la Vorkriegszeit einkaufen soll. Gib mir genau an, was und wieviel ich brauche für zwei Winterkleider für Dich, und zwar eines zum Ausgehen und eines für unsere Musikabende! Beides unerläßlich! Wenn Du nicht schreibst, kaufe ich sie auch. Wenn Ihr Kinderwäsche oder sonst etwas für die Kinder braucht, schreibt gleichfalls sofort! Küsse mir die Kleinen tausendmal vom Otata!«

Renner, in den zwanziger Jahren über fünfzig Jahre alt, begann mehr und mehr an der Überbürdung seines Amtes zu leiden. Ein kulinarischer Genießer, wog der 1,74 Meter große Mann mittlerweile an die hundert Kilo. Er litt an einem chronischen Leberleiden, seine Frau an Gicht, gemeinsam verbrachten sie ihre Sommer daher gerne in den modänen Kurorten Karlsbad oder Marienbad in Böhmen. Lieber noch wäre er gerne durch die Welt gereist, und er beneidete seinen Schwiegersohn, als dieser in die Vereinigten Staaten fuhr. Renners Reisen führten ihn dagegen meist dorthin, wo er an Parteischulen lehrte, Vorträge hielt oder an internationalen sozialistischen Kongressen teilnahm: Schleswig-Holstein, Südtirol, Mailand, Genua, Marseille oder Lyon. Fast immer war »Kanzlerin« Luise mit dabei.

Vor der Weltwirtschaftskrise blieben auch die Renners nicht verschont, Ende der zwanziger Jahre hatten sie ihre Villa in Gloggnitz ausbauen lassen, darauf mußte er publizistisch »wie ein Tier« arbeiten, um seine Schulden abzuzahlen. Außerdem mußte er nun mehr und mehr die Familie seiner Tochter unterstützen, da Rezession und heraufdämmernde Nazi-Herrschaft ihre Schatten auch auf das so innige Familienleben der Renners warfen.

Im Ständestaat, als die Sozialisten in Haft, im Ausland oder in der Illegalität waren, hatte auch Renner alle Ämter verloren und war vorübergehend in Haft geraten. Die Familie lebte in den Jahren 1934 bis 1938 aus Sparnisgründen unter einem Dach in der geräumigen Wiener Wohnung in der Taubstummengasse. Großmutter Luise war für alle der ruhende Pol, ihr warmherziges, ausgleichendes Wesen hat allen die Lage erträglich gemacht. Enkel Karl Deutsch-Renner erinnert sich: »Die Wohnung in der Taubstummengasse war nicht klein. Meine Eltern und wir Kinder bewohnten vier große Räume zur Gasse hinaus, die Zimmer der Großeltern gingen auf den Park des Theresianums. Das Speisezimmer, in dem 14 Leute Platz nehmen konnten, war im Queen-Anne-Dekor eingerichtet und hatte einen schönen Kamin. Wir hatten genügend Badezimmer, so daß wir uns nie darum streiten mußten. Unser Leben war nicht kleinbürgerlich. Mein Großvater arbeitete viel, war aber immer ansprechbar. Wir verstanden einander ausgezeichnet. Vor allem aber hatte meine Großmutter alles im Griff, sie hatte den Haushalt vorzüglich organisiert, sie war eine kolossal gute Köchin, zauberte in kürzester Zeit unglaubliche Gerichte auf den Tisch, daß man meinen konnte, ihr würden in der Küche zehn Leute zur Seite stehen. Dabei war sie allein, unsere Mutter war in der Küche keine große Hilfe.«

Der Enkel erinnert sich deutlich an Luise Renner, die er verlassen mußte, als er zu Studienzwecken ins Ausland ging und dann später für immer in der Emigration. »Meine Großmutter war eine Frau aus einfachen Verhältnissen, die ihrem Mann jedoch immer ebenbürtig blieb. Es war ganz und gar nicht so, daß sie mit der Entwicklung, die ihr Mann genommen hatte, nicht mitgekommen wäre. Sie hat sich nie mit Juwelen behangen, hat nie Pelze getragen, hat ihre Kleider immer richtig ausgewählt, sehr bürgerlich, ja. Aber sie hat sich in allen gesellschaftlichen Schichten immer richtig verhalten. Das plötzliche Kaviar-Leben, in das sie da anfangs durch seine hohen Positionen hineingeraten war, hat sie nie wirklich ernst genommen. Sie hat ihre innere Würde und Einfachheit bewahrt.«

Und an eines, das schon den Großvater fasziniert hatte, erinnert sich der Enkelsohn auch: »Das Lachen meiner Großmutter war hinreißend. Sie hatte so wunderbare Zähne.«

Das Jahr 1938 wurde für die Familie Renner eine harte Zäsur. Nicht ohne Paradoxie hatte sich ja ausgerechnet auch Exkanzler Renner mit aller Autorität, die er besaß, mit einem deutlichen Ja für den Anschluß Österreichs an das Deutsche Reich ausgesprochen, obwohl auch er, wie es damals hieß, »jüdisch versippt« war. Er hatte auch bereits alle Vorkehrungen für eine Flucht aus Wien getroffen, hatte in Berlin Zimmer für seine ganze Familie bestellt und auch die Tickets für den Schlafwagen waren bereits reserviert, doch die Dinge entwickelten sich anders.

Am 26. März 1938 fuhr vor der Wohnung in der Taubstummengasse plötzlich ein großer Mercedes der Gestapo vor. Renner glaubte schon, das wäre nun die Verhaftung. Tatsächlich aber fuhr man den ehemaligen Staatskanzler nach Gloggnitz, um aus seiner Villa die Dokumente von St-Germain abzuholen. Kurioserweise hatte Renner sie in seinem Wochenendhaus archiviert. Das schwere Siegel des Friedensvertrages wurde als Gewicht für die Küchenwaage verwendet und hatte seinen Platz unter der Abwäsche. Wahrscheinlich der Ort, den Renner für den unglückseligen Friedensvertrag für den passendsten hielt.

Und so blieben Dr. Karl und Luise Renner während des Krieges unter Aufsicht der Gestapo in ihrem Haus in Gloggnitz, während den Kindern und Enkeln die Flucht ins Ausland gelang.

Zuerst verließen die Enkelkinder, die mittlerweile um die zwanzig Jahre alt waren, die Heimat. Dann folgte ihnen ihr Vater Hans Deutsch-Renner und schließlich auch die Mutter Leopoldine in die Emigration nach London. Das Nest war leer geworden.

Zwei Wochen vor Kriegsbeginn kehrte jedoch Leopoldine aus London zu ihren Eltern nach Österreich zurück, angeblich, um an ihrer Seite zu sein, da sie den Krieg ohne ihre Unterstützung nicht überleben würden. Vielleicht aber auch aus einem anderen Grund, über den der österreichische Politologe Norbert Leser in seinem Buch »Grenzgänger« eingehend spekuliert und den er als »ausgewachsenen Elektra-Komplex« ortete. Leser hatte Renners Tochter im hohen Alter in Wien kennengelernt, lange nach Renners Tod. Nach vielen Gesprächen und Begegnungen mit ihr schrieb er: »Man konnte sich, wenn man den Erzählungen Poldis lauschte, nicht des Eindrucks erwehren, daß der Vater die dominierende männliche Person in ihrem Leben war und auch nach ihrer Verehelichung mit Hans Deutsch geblieben ist.« Selbst Leopoldines Sohn, Karl Deutsch-Renner, bestätigte diese Perspektive, »daß nämlich die Bindung an die Eltern, im besonderen an den Vater, das tragende Element und beherrschende Motiv in Poldis Leben war, die eigene Familie demgegenüber an Bedeutung verblaßte und erst in zweiter Linie ins Spiel kam. Hans Deutsch scheint sich mit dieser zweitrangigen Rolle abgefunden zu haben, ja sie muß ihm zur zweiten Natur geworden sein. Er verehrte Karl Renner so sehr, daß es ihm nicht in den Sinn kam, dessen Dominanz in Frage zu stellen. Dies kam schon rein äußerlich durch die Führung des Doppelnamens zum Ausdruck.«
Norbert Leser meint, den Schlüssel für Leopoldines übergroße Anhänglichkeit an die Eltern in den ersten vier Lebensjahren gefunden zu haben, als sie bei Pflegeeltern war. Leser sieht diesen Umstand als Quelle übergroßer Gewissensbisse der Eltern, die diese durch nachfolgendes Verwöhnen wiedergutzumachen suchten. Leser schreibt: »Als die Eltern einige Jahre später in die Lage kamen, ihrem Kind etwas bieten zu können, wollten sie das Versäumte nachholen und reagierten ihre verständlichen Schuldgefühle dem Kind gegenüber dadurch ab, daß sie es verwöhnten und reichlich beschenkten, ihm alles durchgehen und zukommen ließen.« Diese Haltung habe in Leopoldine die Neigung zur Unselbständigkeit und Verschwendungssucht gefördert, meint Leser, Eigenschaften, die von vielen Nahestehenden der Familie Renner bestätigt wurden.
Wie auch immer, Leopoldine verbrachte den Zweiten Weltkrieg in Gloggnitz bei ihren Eltern statt bei ihrem Mann in London. Ihre Kinder nahmen es ihr unterschiedlich übel, hatten aber bald selbst mit ihrer Integration in den fremden Ländern zu tun. Hans Deutsch-Renner

schrieb in London mehrere Bücher, eines über »Weine und Weinbau«, ein anderes mit dem Titel »Ernährungsbräuche. Ursprung und Wandel«, das 1947 im Spinger-Verlag in Wien erschien. Nach dem Krieg kehrte Hans Deutsch-Renner nach Österreich zurück und lebte wieder unter einem Dach mit Ehefrau und Schwiegereltern, 1948 erlitt er seinen ersten Schlaganfall.

Renners drei Enkelkinder blieben im Ausland. John (Hans) D. Renner machte Karriere in einem Großspeditions-Unternehmen in New York, wo er heute noch lebt. Karl Deutsch-Renner wurde PR-Berater zahlreicher öffentlicher Institutionen, er lebt in Ottawa, Kanada. Nesthäkchen Francis (Franziska) heiratete einen amerikanischen Offizier, wurde Stammutter einer großen Familie und lebt heute, umringt von vielen Enkeln, in San Francisco. Das Land, das der Großvater gerne gesehen hätte, ist die Heimat der Enkel, Urenkel und Nachfahren geworden. Dem Staat, den er ab 1945 an vorderster Stelle wieder mit aufgebaut hat, haben sie aus gutem Grund den Rücken gekehrt.

Der Augenblick, in dem der mittlerweile 75jährige Renner im April 1945 von den Sowjets aus seiner Villa in Gloggnitz abgeholt und damit betraut wurde, die Wiederauferstehung der freien, demokratischen Republik Österreich in die Wege zu leiten, gehört zu den berührenden und hellen Kapiteln österreichischer Geschichtsschreibung. Am 1. April 1945 noch in einem Bunker vor den Gefechten der abrückenden deutschen Wehrmacht gegen den Vormarsch der russischen Truppen versteckt, befindet er sich am 3. April bereits in der örtlichen sowjetischen Ortskommandantur, um mit seiner Reputation und seinen politischen Erfahrungen für die Wiedererrichtung Österreichs zu arbeiten. Es muß nicht eigens erwähnt werden, daß der alte Mann den Weg zurück ins zerbombte Wien in Begleitung seiner Frau Luise und seiner Tochter Leopoldine antrat. Es war, als ob er sich in all den Jahren des Hausarrestes in Gloggnitz nur gut ausgeruht hätte, um noch einmal unter Aufbietung aller Kraft und Energie dieses neue Österreich dem Schutt des Weltkriegs zu entreißen. Dr. Karl Renner wurde als zweimaliger Staatengründer und zweimaliger Kanzler eines Landes, das jedesmal nach einem verheerenden Krieg vernichtet am Boden lag, zum Retter, zum »österreichischen Mythos«.

Als Staatskanzler, auf den sich alle vier Besatzungsmächte einigen konnten, wohnte er mit den Seinen zunächst in einer Villa in der Wenzgasse in Hietzing. Nach den ersten Volkswahlen zum Nationalrat, als er dem Bauernbündler und ÖVP-Gründer Leopold Figl als erstem gewählten Bundeskanzler Platz machen mußte, ernannte ihn der Nationalrat am 20. Dezember 1945 einstimmig zum ersten Bundespräsidenten der neuen Republik. Noch einmal mußte er umziehen. Sein letztes Heim wurde das efeubewachsene Haus in der Grinzinger Himmelstraße 26, das bis zum Ankauf der Amtsvilla in Wien-Döbling auf der Hohen Warte als Residenz des Bundespräsidenten diente. Auch sein Nachfolger als Staatsoberhaupt, Theodor Körner, hat nach ihm noch in der Grinzinger Villa gewohnt.

Die Sommermonate konnte Renner zu seinem Leidwesen nicht mehr in seinem geliebten Haus in Gloggnitz verbringen, zu diesem Zweck stand dem Ersten Mann im Staate nun die ehemalige Jagdvilla von Kaiser Franz Joseph in Mürzsteg zur Verfügung. Karl und Luise Renner mischten sich aber auch dort gerne unters Volk.

Das Ehepaar Renner symbolisiert den weiten Weg, den Österreich in diesem Jahrhundert in sozialen Belangen gegangen ist. Am Anfang des Weges standen ein Kleinhäuslersohn und ein Stubenmädchen ohne Rechte, ohne Geld, ohne Zukunft. Am Ende finden sich diese »Enterbten und Entrechteten«, zu denen Renner sich selber einst zählte, in den Prachträumen des Kaisers in der Hofburg wieder, an der Spitze des Staates. Ihr harter Lebensweg war auch ein Sieg der gerechteren Chancengleichheit über Standesdünkel und Klassenfeindschaft.

Renners letzte Lebenstage verliefen stürmisch. Am 14. Dezember 1950 feierte ganz Österreich seinen 80. Geburtstag, eine Feier folgte der nächsten. Am Weihnachtsabend erlitt er einen Schlaganfall, am 31. Dezember 1950 um ein Uhr früh verstarb er. Karl Renner, dessen Name unauslöschlich mit dem ereignisreichen Weg der österreichischen Geschichte in diesem Jahrhundert verbunden bleibt, war tot.

Seiner Witwe, die diesen Weg unverdrossen mit ihm gegangen war, wurde nun im Schloß Schönbrunn, im Parterre des rechten Flügels, eine Wohnung eingeräumt, in die sie mit ihrer Tochter und ihrem schwer leidenden Schwiegersohn übersiedelte. Hans Deutsch starb dort im Jahre 1952.

Die Kinder und Enkelkinder kamen häufig zu ihrer Großmutter und Mutter auf Besuch. Luise Renner überlebte ihren Mann um 13 Jahre. Sie ist im 92. Lebensjahr am 30. Juni 1963 im Bett ihrer Wohnung in Schönbrunn friedlich entschlummert.

Tochter Leopoldine, die ihre Mutter liebevoll betreute, übersiedelte nach dem Tod Luise Renners ins väterliche Haus in Gloggnitz und starb dort im Jahre 1977, gleichfalls hochbetagt in ihrem 88. Lebensjahr. Nach ihr wird das Haus in ein Karl-Renner-Museum umgestaltet. Es legt Zeugnis ab von einem großen Staats-Patriarchen, der auch ein außergewöhnlicher Familienmensch war.

Hilda Schärf

22. April 1886 – 21. Juni 1956

und

Dr. Martha Kyrle

geb. 17. April 1917

Als Adolf Schärf – nach Theodor Körner – im Mai 1957 Bundespräsident wurde, war seine Frau Hilda bereits ein Jahr tot. Sie hatte 1955 noch das Wiedererstehen des befreiten Österreichs durch den Staatsvertrag mitverfolgt, an dessen Zustandekommen ihr Mann als Vizekanzler maßgeblich beteiligt gewesen war, konnte aber die Krönung seiner politischen Karriere nicht mehr erleben: seine Wahl zum Staatsoberhaupt 1957. Sie war elf Monate zuvor an Herzversagen gestorben.
An ihre Stelle als First Lady Österreichs trat die gemeinsame Tochter Dr. Martha Kyrle, promovierte Ärztin, verheiratet mit Primarius Dr. Paul Kyrle und Mutter zweier Söhne. Sie wurde offiziell zur Ersten Frau im Staate bestimmt und hat die Republik an der Seite ihres Vaters würdig nach innen und außen vertreten.
Dr. Martha Kyrle war überhaupt vielleicht die erste First Lady eines österreichischen Bundespräsidenten, die in den Augen der Öffentlichkeit als solche wahrgenommen und auch geschätzt wurde. Sie war die erste, die mit Nerzstola und langen Roben diesem Repräsentationsamt einen Hauch jenes Glamours verschaffte, den man damals von diesem Amt bereits erwartete. Immerhin hatte im gar nicht mehr so fernen Amerika bereits Jackie Kennedy den Maßstab für Eleganz, Schick und Medienbeliebtheit einer First Lady gelegt. Im damals gleichfalls nicht so fernen Persien war es die junge Kaiserin Farah Diba, an deren Schönheit die First Ladies der Gastgeberländer gemessen wurden. Mit der zierlichen Eleganz von Martha Kyrle war Österreich da bestens bedient.
Wenn es Ehefrau Hilda Schärf also auch nicht gegeben war, ihren Mann bis in die Hofburg zu begleiten, so stehen über sie doch zahlreiche Angaben zur Verfügung. Und zwar deshalb, weil Adolf Schärf selbst seine Frau in seinen 1963 erschienenen »Erinnerungen aus meinem Leben« beschrieben hat, ausführlicher als so manch anderer seine Ehepartnerin.
Schärf ist einer jener wenigen Spitzenpolitiker, für die der Beruf zwar ein wichtiger Bestandteil des Lebens war, aber eben nicht der einzige. Mit fast schon tagebuchartiger Genauigkeit hält er neben seinem politischen Werdegang vom Sekretär im Nationalratspräsidium bis an die Spitze des Staates auch sehr genau das Werden und Wachsen seiner Familie fest. Um Hilda Schärf genauer kennenzulernen, ist es ein Leichtes, bei ihrem Mann Adolf Schärf – mit freundlicher Genehmigung von Dr. Martha Kyrle – nachzulesen und zu zitieren.
Adolf Schärf, geboren am 20. April 1890 in Nikolsburg in Mähren

(Vater: Stockdrechsler, Mutter: Perlenbläserin), war 15 oder 16 Jahre alt, als er mit seinem Bruder Josef nach Unterrohr bei Hartberg in der Steiermark kam, wo er zum ersten Mal jene Müllerstochter sah, die später sein Leben so bedeutend mitgestalten sollte. Als er sie zum zweiten Mal traf, war er bereits Jusstudent im zweiten Semester an der Universität Wien. Er schreibt: »Im Sommer des Jahres 1910 kam ich wieder nach Unterrohr bei Hartberg. Unterrohr liegt abseits der von Aspang über Hartberg nach Graz führenden Bahn an der Straße, die von Hartberg über St. Johann in der Heide nach Fürstenfeld geht ... In tiefster Einsamkeit lag dort an einem Seitenarm des Flusses eine Mühle. Von ihr kam man rascher in den auf ungarischem Boden liegenden Ort Wolfau als nach Unterrohr. In dieser Mühle lebte die Familie Hammer.«

»Nun, in Unterrohr sah ich wieder die Müllerstochter Hilda Hammer. Sie lebte als Telefonistin gewöhnlich in Wien und kam, wie in früheren Jahren, vor allem zur Sommerszeit auf Urlaub nach Hause. Ich war von der Erscheinung, ihrer schönen Sprache und ihrem Wesen sofort eingenommen, und ich bemühte mich lebhaft um ihre Bekanntschaft, um ihre Freundschaft ... Als ich Unterrohr verließ, war in meinem Herzen bereits eine Entscheidung gefallen: sie sollte mir die Gefährtin für das Leben werden!«

Als Schärf das Mädchen kennenlernte, war ihr Vater noch Besitzer dieser Mühle, mußte sie allerdings später aufgeben. Hilda ging mit ihren vorzüglichen Schulzeugnissen nach Wien, wo sie bei der Post eine Anstellung fand. Adolf Schärf schreibt: »Für Hilda war in den Jahren 1910 und 1911 eine Welt zusammengebrochen; sie entschloß sich nicht dazu, irgendeinen der zahlreichen Heiratsanträge anzunehmen, die damals an sie herangetragen wurden – sie schenkte mir, dem jungen Studenten, ihr Vertrauen.«

Während ihrer Verlobungszeit, in den letzten Jahren vor dem Ersten Weltkrieg, erschloß das junge Mädchen dem jungen Studenten eine neue Welt: Hatte er bisher nur das Studium, Arbeit und seine politische Tätigkeit gekannt, begeisterte sie ihn für Theater, Oper und Konzerte, während er sie ins politische Leben einführte.

Sie trafen einander so oft wie möglich. Hilda nahm sich vor, auch nach der Heirat einen Beruf auszuüben. Nur war es in der Monarchie den weiblichen Staatsangestellten untersagt zu heiraten. Hilda verließ die Post und trat bei der Arbeiter-Unfallversicherungsanstalt mit 1. Oktober 1912 als Telefonistin ein.

In ihrer neuen Umgebung lernte sie den Reichsratsabgeordneten Otto Glöckel und dessen Freundeskreis kennen. Otto Glöckel, geboren 1874, wurde schon im Jahre 1897 als Lehrer wegen seiner politischen Tätigkeit gemaßregelt und vom Dienst enthoben. Er hatte dann bei der Arbeiter- und Unfallversicherung Unterschlupf gefunden. Für Hilda und Adolf wurde die Freundschaft mit dem großen Schulreformer zu einem entscheidenden Erlebnis.
Die Karriere Adolf Schärfs ließ noch einige Zeit auf sich warten. Nach beendetem Jusstudium wurde er Rechtsanwaltsanwärter in der Kanzlei seines älteren Bruders Josef, meldete sich aber – 1914 war der Erste Weltkrieg ausgebrochen – im Jänner 1915 bei den Deutschmeistern als Einjährig-Freiwilliger und kam zu den Truppen in Bosnien.
Viele Liebesbriefe fanden den Weg von den Kriegsschauplätzen am Balkan nach Wien, die heute gesammelt im Archiv der Wiener Arbeiterkammer liegen und auch von zeithistorischer Bedeutung sind. Hilda schrieb ihm fleißig zurück und schickte ihm regelmäßig die »Arbeiter-Zeitung« mit. In seinen Lebenserinnerungen schreibt Adolf Schärf: »In der verhältnismäßigen Einsamkeit der Reserveoffiziersschule war in mir die Sehnsucht entstanden, Hilda zu bitten, mit der Hochzeit nicht zuzuwarten, bis ich eine Lebensstellung gefunden hätte, sondern mich trotz meiner militärischen Dienstleistung zu heiraten. Nach einigem Zögern willigte sie ein ... Sie ging auch auf den Vorschlag ein, die Ehe nicht vor einem Geistlichen, sondern vor dem Standesamt zu schließen. Ich folgte darin dem Beispiel meines älteren Bruders und meiner Weltanschauung. Wir verließen die katholische Kirche.«
Zur Vermählung kam Hilda mit ihrem Trauzeugen um eineinhalb Stunden zu spät, weil dieser von seinem Amt nicht früher loskommen konnte. Bräutigam Schärf dazu: »Aber ich wartete an jenem 2. Oktober 1915 im Wiener Rathaus, und ich habe es nie bereut.«
Während er weiter in den Schützengräben des Ersten Weltkriegs darbte, bekam Hilda 1917 im bereits kriegsbewirtschafteten Wien ihr erstes Kind. Seine Sorge galt mehr dem familiären Ereignis in der Hauptstadt als den Artilleriegefechten um ihn herum: In Rußland war im März die Revolution ausgebrochen, in Italien kam es im Mai zur allesvernichtenden Schlacht am Isonzo, an der Schärf teilnahm, in Wien kam Töchterchen Martha zur Welt: Adolf Schärfs zweite First Lady. Ihre Ankunft war für den 5. April 1917 errechnet. Mit Mühe hatte

Schärf für diesen Termin Fronturlaub bekommen. Doch Martha wollte erst am 17. April das Licht der Welt erblicken, als Schärf schon wieder in den Schützengraben zurück mußte.
In Anspielung auf die eine Stunde, die ihn einst bereits Hilda bei der Trauung warten ließ, und auf die verspätete Ankunft der Tochter war sein humorvoller Kommentar in der Familie zum geflügelten Wort geworden: »Die Damen des Hauses scheinen prinzipiell zu spät zu kommen!«
Durch anhaltenden Briefwechsel mit seiner Frau war der Soldat über die Fortschritte des Kindes stets auf dem laufenden. Sie indes erfuhr fast täglich vom verlustreichen Verlauf der Isonzoschlacht, in der Schärf mehrere Auszeichnungen erhielt. Er diente im Krieg bis zum bitteren Ende.
Dieses kam 1918. Die Monarchie brach zusammen, und jetzt wurden Männer wie Schärf zum Aufbau der Republik Deutsch-Österreich gebraucht. Es war Freund Otto Glöckel, der den erst kurz wieder zivil installierten Rechtsanwalt Schärf mit den Worten ins Parlament holte: »Geht's schlecht, so werden Sie aufgehängt, geht's gut, dann sind Sie bei einer großen Sache dabei!« Gemeint war die Teilnahme der Sozialdemokratischen Partei in Regierung und Parlament. Auch Hilda Schärf, obwohl zum zweiten Mal schwanger, sprach sich fürs »Dabeisein« aus.
Und aus den Trümmern des alten Systems entstand etwas Neues: Schärf wurde Parlamentssekretär eines der drei Präsidenten der Provisorischen Nationalversammlung, des Sozialdemokraten Karl Seitz. Nach dem Tode Victor Adlers am 11. November 1918 wurde Seitz Parteiobmann der Sozialdemokratischen Partei und Vorsitzender ihrer Parlamentsfraktion. Rein formal wurde Schärf Beamter des Parlaments.
Am 11. Mai 1919 brachte Hilda den geliebten Sohn Reinhold zur Welt. War Schärf bisher militärbedingt von zu Hause abwesend, so hielt ihn jetzt die in den Anfangsjahren der Republik turbulente Politik häufig fern. Auch Hilda ging weiter arbeiten. Schärfs Mutter betreute tagsüber die Kinder.
Trotz beruflicher Auslastung ist Schärf gedanklich keinen Augenblick vom Geschehen in seiner Familie getrennt. Ebenso ausführlich wie die Geburt der neuen Verfassung hält er in seinen »Erinnerungen« auch das Wachsen und Gedeihen der Familienmitglieder fest: die Ferienaufenthalte, die Schulerfolge, die Krankheiten. Besonders Ehefrau

Hilda hatte immer wieder unter den Folgen der kriegsbedingten Unterernährung zu leiden. Rührend hielt Schärf jede Verschlechterung des Gesundheitszustandes seiner Lieben fest: »Das Jahr 1924 wurde zu einem schweren, vor allem für Hilda, aber auch für die ganze Familie und für mich. An Martha wurde ein schwerer Lungenspitzenkatarrh festgestellt. Sie, die erst im Herbst in die Schule gekommen war, wurde Anfang 1924 in die Heilanstalt Grimmenstein bei Edlitz an der Aspangbahn gebracht. Mitte Februar mußte ihr Hilda nachfolgen. Sie litt an beiderseitigem Lungenspitzenkatarrh ... Mitte Juni erklärten die Ärzte der Heilanstalt unsere Tochter für geheilt ... Im Sommer erklärten nun die Ärzte in Grimmenstein auch Hilda für wesentlich gebessert; sie meinten, daß bei klugem Verhalten in zwei Jahren alles gut sein werde ... Eine Folge hatte die Grimmensteiner Kur zeitlebens für Hilda: um nicht andere zu gefährden, gab es von da für keinen aus der Familie mehr einen Kuß ihres Mundes auf einen anderen Mund.«

Noch während seiner zeitaufwendigen Parlamentstätigkeit wollte Schärf in den Anfangsjahren der Ersten Republik auch seine Rechtsanwaltsprüfung ablegen, doch dazu kam es erst viel später. Er sollte dieses zivile Berufsstandbein später noch mehrmals gut gebrauchen. Seitz war 1923 Bürgermeister von Wien geworden, Schärf blieb dennoch vorerst Sekretär des sozialdemokratischen Nationalratspräsidenten Matthias Eldersch, zuerst im Range eines Sektionsrates, später Hofrates. Er verfaßte nebenbei juristische Bücher und hielt Vorträge.

Ins Schwärmen aber konnte er über die Ausweitung seiner Freizeitaktivitäten mit Hilda geraten. Seine liebevollen Schilderungen lassen im Leser die Welt eines harmonischen, von bürgerlichen Werten geprägten Familienzusammenhaltes entstehen: »Hilda fühlte sich wohl; sie lief, so wie in den letzten Jahren, eis auf einem nahe gelegenen Platz – das Neue aber, das der Herbst 1925 brachte, das war die Teilnahme an einem regelmäßigen, Samstagnachmittag in einer Hernalser Tanzschule stattfindenden geschlossenen Tanzkurs für erwachsene Personen. Was immer auf dem politischen Himmel stehen mochte, die Samstagstunden von 4 bis 6 Uhr waren heiter, lebhaft und beschwingt. Hilda und ich kamen regelmäßig. Es waren sorglose Stunden; manchmal, sehr selten allerdings, kam auch Karl Seitz, um seine Walzerkunst wieder zu erproben.«

Ende März 1926 übersiedelte die Familie nach Hernals in ein Haus

Martha Kyrle und Adolf Schärf

Ecke Veronikagasse und Hernalser Hauptstraße; es hieß Seitzhof – doch lag keine Beziehung zum Bürgermeister gleichen Namens vor. Die Eckwohnung im dritten Stock bestand aus drei Zimmern, Badezimmer, Dienstbotenzimmer und Vorzimmer. Das Leben in dieser Wohnung gestaltete sich weit angenehmer als in der früheren. Die Kinder hatten keinen weiten Weg in die Schule; es gab den Eislaufplatz Engelmann und das Jörgerbad in der Nähe, in dem beide Kinder und auch Vater Schärf nun schwimmen lernten.
Den Sommer 1926 verbrachten die Kinder wie im Vorjahr in der Pension in Grado, beide erholten sich gut. Das Ehepaar verbrachte den Urlaub in Lochau am Bodensee. Beide fühlte sich damals gesund, keiner dachte an Krankheit. Sie machten Ausflüge bis in das höchstgelegene Dorf der Schweiz im Süden des Bodensees, sie fuhren nach

Zürich und besuchten den Vierwaldstätter See. Es war ein Urlaub so recht, wie sie ihn sich gewünscht hatten.

Umso erschrockener waren sie, als Hilda ganz unerwartet nach der Rückkehr vom Scharlach befallen wurde. Sie mußte sechs Wochen im Franz-Josef-Spital bleiben und war von ihrer Familie wegen Ansteckungsgefahr abgeschlossen. Nun waren aber die Kinder bereits so groß, daß sie dem Vater gleichwertige Begleiter auf seinen geliebten Wanderungen durch den Wienerwald sein konnten. Martha ging mit ihm von Nußdorf über den Nasenweg auf den Leopoldsberg, den Kahlenberg und dann den Rückweg über den Beethovengang – eine Übung, die sie auch später, als er bereits Bundespräsident wurde, traditionell beibehielten. Wenn es regnete, besuchte er mit den Kindern Museen oder historische Sehenswürdigkeiten Wiens. Martha und später Reinhold lernten auch das Spielen auf der Violine.

Nach ihrer Genesung hat sich Hilda endlich dazu entschlossen, ihren Beruf aufzugeben und sich ganz der Familie zu widmen. Martha kam in das Mädchen-Realgymnasium in der Albertgasse im 8. Bezirk; Reinhold ging weiter in die Volksschule am Elterleinplatz. Nun, im Genuß von mehr Freizeit, besuchte Hilda wieder wie früher zahlreiche volkstümliche Universitätskurse, wurde Mitglied des Volksheimes Ottakring; sie versuchte vor allem ihre Kenntnisse im Französischen aufzufrischen; auch Schärf selbst, der im Gymnasium nur die Anfangsgründe dieser Sprache erlernt hatte, ging in die Berlitzschule, um französische Lektionen zu nehmen. Mit noch mehr Eifer als früher besuchte Hilda nun Theater.

Martha Kyrle wird später sagen: »In unserer Familie wurde nie über Politik gesprochen, fast nur über Bücher, Theater und schöne Spaziergänge. Es war immer sehr lustig bei uns. Meine Mutter hatte viel Sinn für Humor. Nur wenn Vater singen wollte, fielen wir alle über ihn her, bis er aufgab, als Tenor hätte er es sicher nicht weit gebracht. Aber wenn es zum Schwimmen oder Eislaufen ging, waren wir immer begeistert von ihm. Er hatte überhaupt für den Sport viel übrig. Er war ein guter Wanderer und Bergsteiger. Ich glaube, es gibt keine Gegend in Österreich, die er sich nicht erwandert hätte. Als Kinder mußten wir stets mit, obwohl uns das durchaus nicht immer paßte.«

Während die Familie gedieh, begannen politisch die schmerzenden Jahre der Ersten Republik. In den Jahren 1930 bis 1934 verließen die politischen Kräfte des Landes den Weg der Gemeinsamkeit, alle Zeichen wendeten sich gegen die Demokratie. 1933 wurde Hitler in

Deutschland zum Reichskanzler bestellt, der sofort den Reichstag auflöste. Hitlers Vorgehen hat auch jene Kreise in Österreich ermuntert, die seit Jahren danach trachteten, die Demokratie zu beseitigen.
Eine kleine Geste verrät, wie diametral entgegengesetzt die Familie Schärf zur nationalfaschistischen Strömung der Zeit eingestellt war: Adolf Schärf hatte am 20. April Geburtstag – am selben Tag also wie Adolf Hitler, mit dem er ja auch den Vornamen teilte. Darüber hinaus war Ehefrau Hilda an einem 22. April geboren, der enge Freund des Hauses und spätere Vorgänger Schärfs als Bundespräsident, Theodor Körner, beging seinen am 24. April, und der von Tochter Martha Schärf fiel auf den 17. April. Es war Tradition, alle vier Geburtstage jedes Jahr gemeinsam im Hause Schärf zu feiern. An welchem Tag aber? Einstimmig beschlossen wurde, daß in keinem Fall am 20. April gefeiert werde, dem Wiegenfeste des »Führers«, aus welchem Anlaß das ganze Land mit Hakenkreuzfahnen geschmückt war. Dieser Tag kam nicht in Frage. So feierten alle vier einträchtig am 22. April, dem Geburtstage Hildas. Martha sagte rückblickend: »Körner und wir waren Lebensfreunde.«
Viele Stürme waren zu überdauern. Am 12. Februar 1934 war die Demokratrie beseitigt und mit ihr die Sozialdemokratische Partei aufgelöst und verboten. Adolf Schärf wurde, so wie die meisten seiner Parteikollegen, verhaftet, seines Amtes und Bundesratsmandates enthoben. Er saß zehn Wochen mit einigen Mithäftlingen in Zelle 69 des Polizeigefangenenhauses auf der Elisabethpromenade. Wieder erwies sich Hilda als vorbildliche, verläßliche Lebensgefährtin, denn sie versorgte den Inhaftierten regelmäßig mit Gebrauchsgegenständen und Nahrungsmitteln. In einem Brief aus der Zelle schrieb er ihr: »Ich muß Dir sagen, daß Du unter allen Frauen von Bekannten offenbar die tüchtigste und fürsorglichste bist; ich danke Dir für die vielen Mühen und Sorgen, die Du an mich wendest.«
Schärf kam mit der Elite der österreichischen Sozialdemokratie ins Anhaltelager Wöllersdorf, ein Konzentrationslager für mißliebige Politiker. Auch Freund Otto Glöckel, der ihn 1918 in die Politik geholt hatte, war dort inhaftiert.
Seine relativ frühe Entlassung am 17. Mai 1934 verdankte Schärf einem Eingreifen seiner Frau. Sie hatte einen Rechtsanwalt mobilisiert, der über Beziehungen verfügte. Es war nicht das einzige Mal, daß Adolf Schärf im Gefängnis saß. Zunächst einmal aber nahm er – 44jährig – die Tätigkeit seines zivilen Berufes wieder auf, wozu er

nun endgültig die Rechtsanwaltsprüfung ablegen mußte, zu der es im Jahr 1918 nicht mehr gekommen war.
Aber auch andere Familienmitglieder legten die eine oder andere Prüfung ab. Martha bestand im Frühjahr 1935 die Matura mit Vorzug. Es zog sie nicht in die Politik nach Vorbild ihres Vaters, sondern in die Welt des Theaters. Schon im Gymnasium hatte sie mehrfach schauspielerische Erfolge gehabt, und so blieb sie ihrem Mädchentraum treu und besuchte ab Herbst 1935 das Reinhardt-Seminar. Zusätzlich belegte sie an der Universität Anglistik-Kurse.
Im Herbst 1937 erhielt Martha Schärf ein Engagement ans Schauspielhaus Zürich. Bruder Reinhold machte Matura und trat den Militärdienst an, um ihn hinter sich zu bringen. An Krieg hat zu dieser Zeit niemand gedacht.
Kurz nach Österreichs Anschluß an das Dritte Reich kam Vater Schärf jedoch abermals in Haft: Die Anklage lautete auf anwaltliche Vertretung von »revolutionären Sozialisten«, darunter auch Franz Olah. Schärfs Frau Hilda gelang abermals »wie durch ein Wunder« seine vorzeitige Entlassung.
Der österreichische Militärdienst Reinholds ging nahtlos in den Dienst bei der Deutschen Wehrmacht über, in die das österreichische Heer zwangsweise eingegliedert worden war. Der Krieg hatte begonnen.
Martha hatte inzwischen in ihrem Beruf manche Erfolge zu verzeichnen, sie war zum Beispiel die Thekla im »Wallenstein«, beschloß aber, den Schauspielberuf an den Nagel zu hängen: »Mein Vater war in Haft, mein Bruder im Krieg, meine Mutter allein in Wien, da hatte ich keinen Kopf mehr, Theater zu spielen.« Sie kehrte zurück nach Wien und trat bei der Gemeinde als Fürsorgerin ein. Erst kurz danach entschloß sie sich, das Medizinstudium zu beginnen, wie ihre Eltern das schon immer wollten.
Die Familie übersiedelte von Hernals in die Josefstadt, Skodagasse 1, in der Schärf bis an sein Lebensende bleiben sollte. Anfang Oktober 1940 feierten Adolf und Hilda Schärf silberne Hochzeit.
Das Schicksal schlug am 21. Dezember 1941 zu: Die Post brachte die Nachricht vom Tod Reinholds in Rußland. Es war nicht der einzige Verlust an diesem Tag. Schärf schreibt: »Hilda, Martha und ich waren erschüttert. Wir konnten uns nicht fassen; nach dem, was uns Reinhold geschrieben hatte – er war wieder als Ordonnanzoffizier eingeteilt –, hatten wir nicht daran gedacht, daß er selbst so rasch an die

Kampffront kommen würde: alle drei, die wir zu Hause waren, konnten mit dem Tod Reinholds nicht fertig werden. Weiters wollte ich meine Mutter noch einmal im Spital aufsuchen – man teilte mir telefonisch mit, sie sei gestorben. Zwei Tote an einem Tag! Die Mutter und der einzige Sohn!«

Martha, die Tochter, wird später sagen: »Der Tod meines Bruders hat unserer Mutter das Herz gebrochen. Von diesem Schmerz hat sie sich eigentlich nie so richtig erholt.«

Nach dem mißlungenen Attentat auf Hitler am 20. Juli 1944 kam Schärf wieder in Haft, diesmal in Graz. Der Verdacht war zunächst auf alle Sozialdemokraten gefallen. Wieder war es Hilda gelungen, ihren Mann vor dem Abtransport in ein Konzentrationslager zu retten. Sie hat der Gestapo in Wien weismachen können, daß Rechtsanwalt Schärf einige kriegswirtschaftlich wichtige Betriebe in großen Prozessen zu vertreten habe. Ihr Mut war bewundernswert. In einem Nahrungsmittelpaket schmuggelte sie ihm einen Zettel zu, auf dem er lesen konnte: »Fürchte dich nicht, noch heute wirst du nach Wien überstellt werden.« Zwischen die Zeilen der Akten, die er in der Haft lesen durfte, schrieb sie ihm Nachrichten.

Nach fünf Wochen Haft kam Adolf Schärf frei. Später, gegen Kriegsende, als noch einmal eine Verhaftungswelle der Nazis drohte, hat ihn einmal seine Tocher, damals bereits Medizinstudentin, für einige Tage in einem Spitalsbett im Allgemeinen Krankenhaus unterbringen können.

Kurz nach Einmarsch der Roten Armee und der Befreiung Wiens war Schärf als einer der ersten um die Wiedererrichtung der Wiener Gemeindeverwaltung bemüht. Die Sozialistische Partei Österreichs wird neu gegründet, mit dem schon 75jährigen Karl Renner wird die Bildung einer Staatsregierung besprochen. Die Memoiren Adolf Schärfs enden mit dem Satz, der dem 20. April 1945 galt. »An meinem 55. Geburtstag trat ich aus dem Dunkel der Illegalität in das Licht, an meiner Seite Hilda und Martha.«

Kaum ein anderer großer Politiker hat in den Stunden der großen politischen Triumphe gleichzeitig so sehr seiner Lieben gedacht wie Schärf. Vielleicht war es diese Begabung fürs Private, die ihn so augenscheinlich zum Pater familias für alle Österreicher prädestinierte.

Martha beendete ihr Medizinstudium, doch mit der Gesundheit der Mutter ging es bergab. Für alle war das Ende des Krieges aber ein Glück und eine Freude. Schärf engagierte sich für den Aufbau von Österreich, stieg wieder in die Politik ein, zuerst als provisorischer

Vorsitzender des sozialistischen Parteivorstandes, dann als Vorsitzender und Vizekanzler. Er war einige Male mit dem österreichischen Verhandlungsteam in Moskau, um das Ende der Besatzung und Österreichs Freiheit auszuhandeln. Während einer dieser Moskauaufenthalte erlitt Hilda daheim in Wien ihren ersten Herzinfarkt.
Martha hatte beim Medizinstudium ihren späteren Mann, den angesehenen Chirurgen Prof. Dr. Paul Kyrle, kennengelernt. 1947 heirateten sie. Dr. Kyrle stammte aus einer bekannten Wiener Medizinerfamilie, in deren Wohnhaus in der Währinger Straße das junge Paar einzog. Der erste Sohn, Johannes, kam 1948 zur Welt.
Martha beabsichtigte, die Facharztausbildung für Dermatologie zu beenden, die Geburt ihres zweiten Sohnes, Paul-Alexander, 1956, zwang sie jedoch abermals zu einer Unterbrechung.
Dieses Jahr 1956 brachte für die Familie Schärf einige Veränderungen. Hilda Schärf starb an einem stillen Junimorgen, im 70. Lebensjahr. Offiziell war es ein zweiter Herzinfarkt. Man könnte auch volkstümlicher sagen, sie starb an gebrochenem Herzen.
Martha Kyrle über ihre Mutter und die Ehe ihrer Eltern: »Meine Mutter hat den Schock über den Tod meines Bruders nie wirklich überwunden. Sie ist letztlich daran gestorben. Mein Vater und meine Mutter haben sich deshalb so gut verstanden, weil sie ihr Leben gemeinsam aufgebaut haben, weil sie miteinander einen Weg gegangen sind, der aus ganz kleinen Verhältnissen aus eigener Kraft nach oben führte.«
Nur wenige Monate danach wird Adolf Schärf nach dem Tode seines Freundes Theodor Körner von der SPÖ zum Bundespräsidenten nominiert. Er ist 66 Jahre alt. Von der ÖVP designierter Kandidat ist der angesehene Mediziner Prof. Dr. Wolfgang Denk. Und diese Kandidatur entbehrt nicht einer gewissen Pikanterie. Ist Denk doch ein guter Freund der Mediziner-Familie Kyrle, also gewissermaßen ist Martha, die bei ihm auch ihre Chirurgieprüfung abgelegt hatte, nun mit beiden Präsidentschaftskandidaten aufs engste verbunden.
Martha Kyrle nahm diesen Zwiespalt jedoch gelassen. Für dieses Buch erinnert sie sich: »Die Familie Denk war natürlich von der anderen Partei, aber wir haben das einfach hingenommen, das war für uns nichts Besonderes. Ich habe meinen Mann nie gefragt, wen er wählt, und ich frage auch meine Kinder nicht, wen sie wählen. Das ist eine Sache, die jeder macht, wie er will.«
Schärf gewinnt die Wahlen 1957 mit 51,1 Prozent der Stimmen. Es war eine klare Sache. Mittlerweile hatte sich durch den Staatsvertrag

die politische Landschaft spürbar verändert. Österreich war seit 1955 frei und wollte auf der Weltkarte wieder als selbständiger Staat wahrgenommen werden. Mehr als vorher kam es jetzt auf die Präsentation dieses Landes im Konzert der selbstständigen Länder Europas und der Welt an. Den Staaten mußte klargemacht werden, daß sich Österreich seit dem Kriegsende aus dem Dritten Reich heraus zu einem verläßlichen und selbständigen Rechtsstaat gewandelt hatte, der auch wirtschaftlich wieder mitagieren wollte. Mehr als vorher war es nun notwendig, daß der Bundespräsident auf Reisen ging und sein Land nach außen repräsentierte.

Eine Frau war dazu traditionsgemäß ein notwendiger Bestandteil des Protokolls. Sowohl beim Empfang ausländischer Staatsoberhäupter in der Hofburg als auch bei Besuchen im Ausland. Schärf war aber Witwer. Was war zu tun? Zuerst dachte man, ihm bei diesen Anlässen die Frau eines anderen hochrangigen Politikers zur Seite zu stellen, etwa Frau Figl, die Frau des Außenministers, oder Frau Raab, die Gemahlin des Bundeskanzlers. Diese Idee erwies sich jedoch als nicht sehr glücklich. Denn diese Frauen wurden ja gleichfalls an der Seite ihrer Männer zu ähnlichen Aufgaben gebraucht. Sie waren unabkömmlich.

Nun gab es im Ausland, so in Italien und in Frankreich, bereits Beispiele dafür, daß verwitwete Staatsmänner zu Repräsentationszwecken mit ihren erwachsenen Töchtern auftraten. Darüber haben sich Martha Kyrle, ihr Mann und Präsident Schärf nun eingehend beraten.

Frau Dr. Kyrle erinnert sich, was der Familienrat ergab: »Ich war gerade auf Karenzurlaub mit meinem zweiten Kind und habe mich ohnehin auch um meinen Vater kümmern müssen, der ja verwitwet war. Da beschloß ich, meinen Arztberuf vorerst nicht mehr wieder auszuüben, sondern meinen Vater auf allen Reisen und bei anderen großen Repräsentationsaufgaben zu unterstützen. Ich wurde dann von der Präsidentschaftskanzlei als seine offizielle Begleitung festgelegt.«

Martha Kyrle, strahlende 40 Jahre alt, war die First Lady ihres Vaters.

Frau Dr. Kyrle hat ihren Beruf als Ärztin nicht gerne aufgegeben, erkannte aber die Unvereinbarkeit der beiden Tätigkeiten. Präsident Schärf hat weiterhin in seiner Privatwohnung in der Skodagasse gewohnt, seine Tochter lebte mit ihrer Familie in der Währinger Straße, der Weg zwischen beiden Wohnungen war nicht weit.

Die Reisen führten zunächst in die Sowjetunion, später nach Dänemark, Holland, Norwegen und Deutschland. Vor allem den nordischen

Staaten Europas war intensiv klarzumachen, daß Österreich nach 1955 nichts mehr mit der Ostmark zu tun hatte, die in Nationalsozialismus und Faschismus des Dritten Reiches verwickelt war. Im Gegenzug hat Martha Kyrle an der Seite ihres Vaters die Staatsoberhäupter der besuchten Länder in Wien empfangen, bei Gala-Empfängen in Schönbrunn oder in der Hofburg. So zum Beispiel Königin Juliane der Niederlande mit Prinzgemahl Bernhard und den drei Töchtern, den König von Schweden und den König von Dänemark. Diese glanzvollen Besuche waren damals jeweils aufs aufmerksamste von den Medien begleitet, nicht nur von den Zeitungen, auch schon vom damals noch jungen Fernsehen. Ein kleiner Höhepunkt an exotischer Eleganz war der Besuch König Bumipols aus Thailand und seiner schönen Frau Sirikit, die den Zauber Fernasiens ausstrahlte. Immer wieder kam der Schah von Persien nach Österreich und wurde zum persönlichen Freund von Vater Schärf und Tochter.
Weltpolitischer und medialer Höhepunkt der Ära Schärf war jedoch 1960 das erste Gipfeltreffen John F. Kennedys mit Nikita Chruschtschow in Wien. Mitten im kalten Krieg, inmitten der wie versteinert wirkenden Feindschaft der beiden Weltmächte, gaben einander der US-Präsident und der Herr der UdSSR in Österreichs Hauptstadt die Hand. Das war sensationell. Alle Welt blickte nach Wien, wo auf den Stufen der US-Residenz in Wien-Hietzing der mächtigste Mann des Westblocks dem mächtigsten Mann des Ostblocks entgegentrat und ihn lächelnd empfing. Die Bilder gingen um die Welt. Vater Schärf und Tochter Martha waren als Erstes Paar im Lande die vielbewunderten und vielbeneideten Gastgeber.
Martha Kyrles Aufgabe bestand auch in diesem Fall darin, das Damenprogramm zu bestreiten, das heißt, die große, schlanke Jackie Kennedy und die kleine, rundliche Nina Chruschtschowa durch die Schatzkammer zu führen, zu einer Vorstellung der Lipizzaner, in den damals besten Damenmodesalon der Stadt, zu Hautcouturier Fred Adlmüller und zu einem Mittagessen in den eleganten Rennverein im Palais Pallavicini.
Streng schied Martha Kyrle zwischen Politik und Repräsentation, fürs erstere stand sie nicht zur Verfügung, fürs zweitere schon. Sie nahm an keinen Maifeiern der SPÖ am Ring teil, auch die »amerikanischen Verhältnisse«, mit dem Familienleben Wahlkämpfe zu bestreiten, sollte erst viel später in Mode kommen. Überhaupt konnte man im Gespräch mit Dr. Martha Kyrle für dieses Buch feststellen, daß sie mit

ihrer noblen, man möchte fast sagen großbürgerlichen Gesinnung über die Niederungen des Politik-Alltags erhaben war. Disziplin, Noblesse, Anständigkeit, das zeichnete sie privat genauso aus wie auf dem Parkett der großen Weltpolitik.
Martha Kyrle liebte ihre Aufgabe als Erste Dame des Staates. Rechtzeitig erhielt sie das Programm des Staatsbesuches oder der Auslandsreise, um sich entsprechend vorzubereiten und einzukleiden. Ihre Roben erstand sie am liebsten im Salon Fred Adlmüllers, der so gut wie alle Damen der Gesellschaft ausstattete. Frau Dr. Kyrle war eine so elegante Erscheinung, daß zahlreiche Redakteure von Frauenzeitschriften ankamen, um über die Tochter des Bundespräsidenten zu berichten. Wenn es weder Staatsempfänge noch Auslandsreisen zu bestreiten galt, konnte man Vater und Tochter regelmäßig im Wienerwald spazierengehen sehen. Von Schärf stammt zwar der Satz: »Als Bundespräsident ist man schon sehr einsam!« An der Zuwendung der Tochter hat es aber gewiß nicht gefehlt.
1963 war die erste Amtsperiode des gewählten Präsidenten abgelaufen. Eine neuerliche Wahl stand bevor. Adolf Schärf kandidierte wieder. Sein Gegenkandidat war diesmal der sehr populäre Exkanzler und mächtige ÖVP-Politiker Julius Raab.
Raab war im Jahr 1963 jedoch gesundheitlich bereits angeschlagen, Schärf gewann mit 55,4 Prozent der Stimmen abermals das Rennen. Der Tochter war es recht. Wieder übernahm sie den Part der First Lady. Auch für ihre beiden Söhne war der Status des Großvaters als Erster Mann im Staate nichts Außergewöhnliches. Sie waren von klein auf daran gewöhnt.
In seiner zweiten Amtsperiode ist Adolf Schärf gestorben. Als er den Schah von Persien im Februar 1963 vom Flughafen abholte, zog er sich eine schwere Grippe zu, von der er sich nie mehr erholte. Der Schah fuhr nach Gastein zum Skifahren und rief täglich an, ob er den lieben Freund nicht im Spital besuchen könne. Doch der Patient winkte ab. Es ging ihm bereits zu schlecht. Schärf war im März 1963 innerhalb von zwei Wochen tot.
Für Martha Kyrle war der öffentliche Teil ihres Lebens damit noch nicht abgeschlossen. Jetzt den Beruf der Ärztin aufs neue zu ergreifen schien ihr zu spät. Dennoch blieb sie 16 Jahre lang noch Generalsekretärin der »Medical Women's International Organisation« mit einem Büro in Wien. Ärztinnen aus aller Herren Ländern haben sich alle zwei Jahre auf einem anderen Kontinent zu einem Kongreß zusam-

mengefunden. Und UNICEF, das Kinderhilfswerk der Vereinten Nationen, war in Österreich von Beginn an fest mit ihrem Namen verbunden. Österreich war unmittelbar nach dem Krieg in bezug auf Kinderhilfe ein sogenanntes Nehmerland gewesen. Österreich hatte die Hilfe von UNICEF gebraucht. Als es Österreich dann besserging, wurde das Nationale Komitee für UNICEF gegründet, das in Österreich bis heute Geld für Kinder in Entwicklungsländern aufbringt. Der Name Dr. Martha Kyrle wird für immer mit den bunten Kinderzeichnungen auf Weihnachtskarten verbunden bleiben, die in allen Schulen, Ämtern, Organisationen Österreichs in der Vorweihnachtszeit verteilt wurden und per Post ins Haus kamen, um mit Erlagschein bezahlt zu werden.

Emsige Mitstreiterin von Dr. Kyrle war Hilde Figl, die Frau des Kanzlers, Außenministers und zuletzt Landeshauptmannes von Niederösterreich, Leopold Figl. Beginnend in der Not der unmittelbaren Nachkriegszeiten haben sich diese beiden Damen gesagt: Gut, wir stehen da bei so vielen öffentlichen Anlässen herum, warum sollten wir diese Zeit nicht nützen, um eine Organisation, die nötig ist und Unterstützung braucht, zu vertreten!

Sie haben beide ihre gesellschaftliche Funktion durch eine zusätzliche soziale Aufgabe mit Sinn gefüllt.

Martha Kyrle ist bei Redaktionsschluß dieses Buches – schwungvoll in ihrem 82. Lebensjahr – immer noch Österreich-Präsidentin von UNICEF und Ehrenpräsidentin von »Rettet das Kind«, dem jetzt – gleichfalls großkoalitionär – Dr. Edith Mock, die Frau des Ex-ÖVP-Parteiobmannes, und Margit Fischer, die Frau des Nationalratspräsidenten, der der SPÖ entstammt, vorstehen.

Dr. Paul Kyrle starb im Jahr 1979, die beiden Söhne und ihre Familien sind jedoch Freude und Stolz der Mutter: Der ältere ist Protokollchef im Außenamt, der jüngere familientraditionell Professor für Interne Medizin am Wiener Allgemeinen Krankenhaus, beide sind verheiratet. Fünf Enkelkinder besuchen regelmäßig die weißhaarige alte Dame, die mit Wirtschafterin Trude und Spaniel Kira vor dem Kamin ihrer schönen großen Wohnung auf ein erfülltes Leben zurückblickt. Und zierlich und behend, wie ein junges Mädchen, in den Fotoalben und Aufzeichnungen der großen Schränke kramt, um interessierte Journalisten an diesem ereignisreichen Leben teilhaben zu lassen.

Margarete Jonas

13. Juni 1898 – 7. August 1976

Nach dem Junggesellen Theodor Körner und dem Witwer Adolf Schärf ist es 1965 im Wahlkampf um das Amt des Bundespräsidenten zwischen den Kandidaten Alfons Gorbach, Exbundeskanzler, und Franz Jonas, Bürgermeister von Wien, erstmals auch zu einer medialen Gegenüberstellung der beiden Ehefrauen gekommen: Zum ersten Mal erschienen in den Zeitungen ausführliche Porträts von der Steirerin Maria Gorbach und der Wienerin Margarete Jonas. Die Medien hatten dabei durchaus bereits an amerikanischen Verhältnissen Maß genommen; »Eine wird First Lady«, titelte die großformatige »Wiener Woche« ihre über mehrere Seiten reichende Reportage. Und Österreichs längst entschwundene Wochenschrift »Der Erzähler« erklärte ihren Lesern: »Wir sind ein konservatives Land. Wahlschlachten werden von Politikern ausgefochten, die Argumente, die ins Treffen geführt werden, liegen auf dem Gebiet der politisch-sozialen Leistung. Der gesellschaftliche Faktor wird kaum berücksichtigt. Dem amerikanischen Wahlkampf geben die beiden First Ladies die besondere Note. Bei uns hat diese zweifellos reizvolle Nebenfront bisher gefehlt.«

Der Blick ins Privatleben der Spitzenpolitiker war getan. Zum ersten Mal wurde nicht nur nach der politischen und moralischen Befähigung der Kandidaten gefragt, sondern auch nach der optischen Ergänzung durch die besseren Hälften. Kritisch, wenngleich höflich, kommt erwähnter »Erzähler« nach dem Interview mit den beiden Damen Gorbach und Jonas zu dem Ergebnis: »Keine von ihnen hat das Lächeln der Jacqueline Kennedy oder das Sprachwissen der Mammie Eisenhower. Es sind schlichte, bescheidene, liebenswerte Frauen, die an der Seite ihrer vielbeschäftigten Männer ihre untadelige Haltung und Opferbereitschaft mehrfach unter Beweis gestellt haben.« Man wollte keiner Bevorzugung oder Leser-Beeinflussung bezichtigt werden, so daß man abschließend, nach dem Porträt-Vergleich, diplomatisch blieb: »Jede von ihnen ist berufen, eine gute vorbildliche Landesmutter zu werden.«

Die Wahl ist mit überaus knapper Mehrheit von nur 82 000 Stimmen plus zugunsten von Franz Jonas ausgegangen. Im Juni 1965 sind er und seine Frau Margarete aus ihrer Wohnung im ersten Stock des Wiener Rathauses in die eben erst erworbene Amtsvilla des Bundespräsidenten auf der Hohen Warte in Wien-Döbling übersiedelt. Der Aufstieg des Schriftsetzerlehrlings aus ärmsten Verhältnissen an die Spitze des Staates war beispiellos. Grete Jonas ist diesen weiten Weg, der zugleich den Aufstieg der Arbeiterklasse im 20. Jahrhundert und die unermüdliche Arbeit an sich selbst spiegelt, von Anfang an mitgegangen.

Margarete Jonas verkörperte den Prototyp der korpulenten Wienerin. Mittelgroß, Dauerwelle. Haarfarbe hellbraun bis rötlichblond, je nach Tönung. Blaue Augen hinter hellbraun umrahmten Brillengläsern. Einziges Make-up: ein wenig Lippenstift. Schlicht gekleidet, dezenter Schmuck. Charakteristisch die kleine Lederhandtasche, die an kurzen Schlaufen am rechten Arm baumelte und die Trägerin immer ein wenig matronenhaft bieder aussehen ließ.

Ein Teil der Bevölkerung glaubte, sich über das Ehepaar Jonas Witze erlauben zu dürfen. So hieß es am Vorabend des Wahltages in Anspielung auf einerseits Gorbachs Beinprothese, die nach einer im Krieg erlittenen Amputation nötig geworden war, und andrerseits auf den fehlenden akademischen Grad von Franz Jonas: »Morgen entscheidet sich, ob uns ein Holzfuß oder ein Holzkopf regieren wird.« Diese Witze, die vorwiegend aus dem bürgerlichen Lager kamen, waren schlichtweg perfid. Wie muß ein Mensch sie empfunden haben, der aufgrund der unendlichen Armut der Eltern keine Chance gehabt hat, eine höhere Schule zu besuchen? Der schon als Kind mit Botengängen und Hilfsarbeiten zum Unterhalt der vielköpfigen Familie beisteuern mußte. Wer über die Kindheit von Margarete und Franz Jonas – und übrigens auch über die von Luise und Karl Renner, von Hilda und Adolf Schärf, von Rudolf und Hermine Kirchschläger – die Wahrheit erfahren möchte, sollte »Das rauhe Leben« von Alfons Petzold nachlesen, den Roman, der die »soziale Frage« in und um Wien um die Jahrhundertwende eindringlich realistisch behandelt. Margarete Jonas hat sich über diese gehässigen Anspielungen auf mangelnde akademische Titel und demütigenden Anzüglichkeiten über angeblich nicht weltgewandtes Auftreten stets sehr gekränkt, ohne sich dagegen wehren zu können. Noch dazu waren sie in der Sache falsch.

Eine der bösartigsten Verleumdungen, die über das Ehepaar kursierten, unterstellte, daß beide zu Hause miteinander nur tschechisch sprachen, da Margarete der deutschen Sprache nicht mächtig sei. Immer wieder wurde sie darauf angesprochen. Die Tatsache, daß sie im Gegenteil ausgezeichnet Deutsch – und auch Englisch – sprach, wurde immer wieder mit beleidigender Überraschung quittiert. Auch diese Behauptung stimmte nicht.

Im Unterschied zu den Eltern von Franz Jonas, die knapp vor seiner Geburt aus dem kargen Kleinhäuslergebiet der Böhmisch-Mährischen Höhe in der Umgebung von Iglau nach Niederösterreich zugezogen waren und zu Hause teilweise noch tschechisch miteinander verkehrten, war die Mutter Margaretes bereits gebürtige Floridsdorferin, als sie ihren Mann, den aus Böhmen zugewanderten Schlosser Eustachius Towarek heiratete. Gretes Vater war später Werkmeister bei den ÖBB Floridsdorf, es ging der Familie vergleichsweise besser als den erst später zu Wienern gewordenen Eltern von Franz Jonas, die ihr Leben stets am Rande des Existenzminimums fristeten. Das Ehepaar Towarek hatte sieben, das Ehepaar Jonas acht Kinder.
Mit Sicherheit war einer Margarete Towarek für die hohe Aufgabe im Staate, die sie später zu erfüllen hatte, nichts in die Wiege gelegt worden. Weder Reichtum noch Eleganz. Sie stammte aus dem jenseits der Donau gelegenen Arbeiterbezirk Floridsdorf, damals ein noch zu Niederösterreich gehörender Bezirk, der sich, ursprünglich agrarisch strukturiert, im Zuge der Zuwanderung aus den Ländern der Monarchie zu einem der am stärksten industrialisierten Vororte von Wien entwickelt hatte. Vom Glanz der k. k. Residenzstadt Wien war in den Baracken und Arbeiterunterkünften der Zuwanderer jenseits der Donau nichts zu spüren.
Grete Towarek kam als viertes von sieben Kindern am 13. Juni 1898 (hundert Jahre also, bevor diese Zeilen über sie geschrieben wurden) zur Welt. Franz Jonas wurde offiziell am 4. Oktober 1899 (nach einer Eintragung der Mutter in ihr Gebetbuch aber in Wirklichkeit schon am 29. September) in der Prager Straße 74 geboren, in einer Wohnung im Haus des Floridsdorfer Bürgermeisters Jennewein, die allerdings bald zu klein wurde. Grete wuchs in »den Nordbahnhäusern« in der Werndlgasse auf, Franz in den »Urban-Häusern« in der Demmergasse, in einer Werkswohnung der Schraubenfabrik Brevillier & Urban, in der Vater Jonas Arbeit gefunden hatte. Die beiden Floridsdorfer Arbeiterkinder besuchten dieselbe Volksschule und kannten einander mit Sicherheit vom Sehen, da sie beide in den Auen oder auf dem Überschwemmungsgebiet der Donau spielten. Als aber Frau Jonas später einmal gefragt wurde, wieso sie einander persönlich erst viel später kennengelernt hätten, sagte sie, daß es wahrscheinlich aufgrund einer gewissen Rivalität zwischen den Kindern der »Nordbahn«- und der »Urban«-Häuser zu keiner früheren Freundschaft zwischen ihr und Franz gekommen war.

Margarete und Franz Jonas

Grete Towarek besuchte die Bürgerschule, danach – mitten im Ersten Weltkrieg – eine Koch- und Haushaltsschule und trug als Kassiererin und Serviererin eines Restaurantbetriebes zum spärlichen Budget ihrer Eltern bei. Im Ersten Weltkrieg wurde die ohnehin schon drückende Armut in den Arbeiterfamilien durch die kriegsbedingte Lebensmittel- und Brennmaterialknappheit noch verstärkt. Dennoch konnten Gretes jüngere Geschwister der Reihe nach zu tüchtigen Krankenpflegerinnen, Schlossern, Lokomotivführern ausgebildet werden. Über Franz Jonas ist die Episode aus seiner Jugendzeit bekannt, die die ewige Geldnot weiter Teile der damaligen Arbeiterklasse auf berührende Weise illustriert: Als Vater Jonas schließlich einen Arbeitsplatz in der Gesenkeschmiede der Schraubenfabrik gefunden hatte und eine zweiräumige Werkswohnung beziehen konnte, hatte die Familie – zuzüglich des Hilfsarbeiterlohns, den die Mutter in einer Gemüsegärtnerei verdiente – zwar eine Existenz und ein Zuhause, an eine Weiterbildung der Kinder konnte aber unter so engen Verhältnissen nicht gedacht werden. Dennoch wollten die Eltern ihrem begabten und bildungshungrigen Sohn Franz eine bessere Zukunft ermöglichen. Nach drei Jahren Bürgerschule wurde ihm ermöglicht, statt als Hilfsarbeiter in eine Fabrik zu gehen, die Lehre als Schriftsetzer in der Druckerei Perschak zu beginnen, für die damals dem Lehrherrn zu bezahlen war. Als wieder einmal das Geld für die Lehre nicht aufzubringen war, griff die Mutter ins Küchenhäferl, in dem sie den Notgroschen angespart hatte. Mit den Worten: »Wird der Sepperl die Schuhe halt erst im nächsten Jahr kriegen« hat sie Franz das Lehrgeld für seine Berufsausbildung gegeben. Bruder Sepperl ist dennoch später aus eigener Kraft Bibliothekar geworden. Viel später hat Franz, der Älteste, seinem jüngsten Bruder Rudolf das Medizinstudium finanzieren geholfen.

Zeitzeugen können bestätigen: Es hat wenige Bücher im Hause der Familie Jonas gegeben, die wenigen aber waren vom mehrmaligen Gebrauch zerschlissen und zerlesen. Für Renommier-Bücher, die so mancher Bürgerstube den Hauch von Bildung verschaffen sollen, war in Jonas' Kinderstube kein Platz. Abends hat der Vater mit den Kindern bei der Petroleumlampe so lange gelesen, bis die Luft so aufgebraucht war, daß die Flamme von allein erlosch. Lektüre und Selbstbildung wurden in den ärmlichen vier Wänden der Familie Jonas groß geschrieben.

Daß Franz Jonas sich auch in der seit Beginn des Jahrhunderts in Floridsdorf aktiven sozialdemokratischen Arbeiterbewegung engagierte, verstand sich als Folge der persönlichen Prägung und aufgrund seines idealistischen Charakters von selbst.

Nach dem Krieg, in den Jonas als 17jähriger eingerückt war und in dem er im berühmten »Deutschmeister« Infanterieregiment bis zum Schluß in Italien diente, geschah es in einem Arbeiterheim der Partei, daß er 1921 seine künftige Frau kennenlernte. Grete Jonas hat in einem der wenigen Interviews, die sie gab, einmal selbst darüber erzählt: Jeder Bursche, der tanzen wollte, hatte damals ein Mädchen mitzubringen, damit es zu keinem Männerüberschuß käme. Der junge, blonde, schlanke Franz Jonas hatte kein Mädchen mit und mußte sich deshalb notgedrungen schon vor dem Eingang ins Arbeiterheim nach einer Partnerin umsehen. Da stand sie, Grete, gleichfalls ohne Begleitung in einer Gruppe, und er sprach sie an. Sie ging sofort mit ihm mit, obwohl er ihr doch fremd war. Als er sich dann an der Kassa als Tanzkursteilnehmer ausweisen mußte, hat sie ihm heimlich über die Schulter geschaut. Als sie in seiner Legitimation lesen konnte: Franz Jonas »Schriftsetzer«, waren ihre Bedenken zerstreut. Von da an gingen sie öfter miteinander aus.

Am liebsten fuhren sie in den Wienerwald. Dort wanderten sie oft stundenlang. Franz Jonas hatte seine Mundharmonika mit, und sie sang dazu mit ihrem dunklen Sopran. »Lustig ist das Zigeunerleben« und »Die blaue Blume« waren seine Lieblingslieder.

Ein Jahr später, am 22. Dezember 1922, haben sie geheiratet, er war 23, sie 24 Jahre alt. Als Mitglieder der Arbeiterpartei waren sie bereits aus der Kirche ausgetreten. Ihr Wunsch war es, standesamtlich im Steinernen Saal des Rathauses getraut zu werden. Was auch geschah. Daß der Bräutigam später 14 Jahre lang mächtiger Herr dieses Rathauses werden sollte und sie beide in dem neugotischen Prachtbau sogar wohnen würden, haben sie zum damaligen Zeitpunkt nicht ahnen können.

Die Hochzeitsreise ging in den Wienerwald. Sie hatten damals nicht gleich eine Wohnung. Erst fanden sie eine kleine Unterkunft in den sogenannten »Krankenhaushäusern« in Jedlersdorf. Als sie dort ihren ersten Hausstand gründeten, hatten sie – außer einigen vielgelesenen Büchern – nicht mehr als etwas Geschirr und Besteck. An den Ankauf von Möbeln war anfangs kaum zu denken. Später bekamen sie ihre erste kleine Gemeindewohnung im »Schlingerhof« in Wien-Floridsdorf zugewiesen. Dieser frühe Gemeindebau, ein Verdienst der unverzüglich mit den ersten Wahlen der jungen Republik in die Hände der Sozialisten übergegangenen Wiener Stadtverwaltung (»Das rote Wien«), wurde im Bürgerkriegsjahr 1934 in den erbitterten Kämpfen der verfeindeten Lager – Christlichsoziale gegen Sozialdemokraten – als rote Trutzburg heftig beschossen.

In den dreißiger Jahren arbeitete Jonas als Schriftsetzer bald in verantwortungsvollen Positionen und widmete sich auch der Parteiarbeit.

Grete besorgte den Haushalt. Nebenbei besuchte das Paar Abendkurse in den gleichfalls neu ins Leben gerufenen Volkshochschulen. Franz Jonas besuchte auch die Arbeiterhochschule, die damals hochrangig besetzte Kaderschmiede der Sozialisten, in der Max Adler, Otto Bauer, Karl Renner, Theodor Körner, Adolf Schärf unterrichteten. Sie hatten jetzt Zeit und Möglichkeit, mit großem Wissensdurst jene Bildung nachzuholen, die sie in ihrer Jugend schuldlos versäumt hatten. Mit großer Begeisterung gingen sie ins Burgtheater und in die Oper, freilich nur auf Stehplätze. Das Wiener Volksbildungswesen stand zu dieser Zeit in höchster Blüte, und Tausende Arbeiter, denen in der Jugend höhere Bildung versagt geblieben war, holten hier das Vorenthaltene nach. Zu den begeistertsten und fleißigsten Hörern der Wiener Volkshochschulen gehörte das Ehepaar Jonas, das damals die »Wissen-ist-Macht«-Parole der Sozialdemokratie in die Realität umsetzte.
Jonas war auch schon früh dem Arbeiter-Esperanto-Bund beigetreten, in dem er selbst bald zum Lehrer dieser auf Latein basierenden Misch- und Kunstsprache wurde. Er sah in ihr das absolut nötige Kommunikationsmittel zu einer vereinfachteren Völkerverständigung. Sie entsprach seiner pazifistischen, völkerverbindenden Grundhaltung. Die beiden waren darüber hinaus auch Mitglieder im Turnverein, im Gesangverein, und sie besuchten Kurse für Englisch und Italienisch, was ihnen später sehr zustatten kommen sollte.
Jeden Sonntag fuhren sie mit der Straßenbahn zum Wandern in den Wienerwald. Auf Kinder mußten sie verzichten. Anfangs konnten sie sich keine leisten, später waren sie ihr aus gesundheitlichen Gründen nicht mehr möglich. Im Ausgleich haben sie sich innig um ihre zahlreichen Neffen und Nichten gekümmert. Und vom »Schlingerhof« waren sie mittlerweile in eine schönere, größere Wohnung in der Weiselgasse umgezogen.
In diese Zeit – vor dem Anschluß Österreichs an Deutschland – fällt die Bekanntschaft des Ehepaares mit der um 17 Jahre jüngeren Floridsdorfer Handelsschulprofessorin Mag. Augustine Mayer. Sie sollte später, ab der Zeit, als Jonas Wiens Bürgermeister und später Bundespräsident wurde, auf allen großen Empfängen und während der Auslandsbesuche des Präsidentenpaares zur treuen persönlichen Begleiterin von Frau Jonas werden. Ohne ihre hilfreiche Mitwirkung wäre auch dieses ausführliche Porträt über Grete Jonas nicht möglich gewesen.
Augustine Mayer ist ebenso wie Franz und Grete Jonas in Floridsdorf zur Welt gekommen, allerdings erst im Jahr 1916. Bis zur 4. Klasse

besuchte sie dort auch das Gymnasium. Dann hatte sie das Glück, in die damals für ihr besonders fortschrittliches pädagogisches Konzept angesehene Schwarzwaldschule gehen zu dürfen, in der sie zum Beispiel bereits nach modernsten Methoden Englisch lernte, ein Gegenstand, der an den staatlichen Mittelschulen damals noch eher kümmerlich und praxisfern unterrichtet wurde. Auch bei Augustine Mayer stand Weiterbildung hoch im Kurs. In einem Italienischkurs in der Urania war ihr Franz Jonas als besonders guter und eifriger Schüler aufgefallen. Und er hat sie mit seiner Frau bekannt gemacht.

Jonas' Lerneifer zeigt sich auch darin, daß er sogar während seiner Haft im Jahre 1935, als die Arbeiterpartei im Ständestaat bereits verboten war und er neben vielen anderen (z. B. Bruno Kreisky) infolge seiner Teilnahme an der illegalen »Brünner Reichskonferenz der Vereinigten Sozialistischen Parteien Österreichs« wegen Hochverrats angeklagt war, sich unter Androhung des Hungerstreiks Bücher und Schreibzeug erzwang.

Ab dem Jahr 1936 war Jonas arbeitslos geworden, die Setzerei hatte mangels genügender Druckaufträge zusperren müssen, ab 1937 war er sogar »ausgesteuert«, was bedeutete, daß er nur noch eine unbedeutende Notstandshilfe bezog.

Als im März 1938 die Annexion Österreichs durch das Deutsche Reich erfolgte, hatte sich Jonas weitgehend von allen politischen Aktivitäten zurückgezogen. Statt dessen pachtete das Ehepaar einen Schrebergarten, baute sich dort eigenhändig ein Häuschen, betonierte kleine Wege, züchtete Blumen, Obst und Gemüse und erblickte darin einen neuen vorübergehenden Lebensinhalt. Grete war in dieser bescheidenen Idylle glücklich. Sie haben sie erst 1950, als Jonas Stadtrat für Bauwesen wurde und keine Zeit mehr für Gartenarbeiten hatte, aufgegeben.

Im Juni 1938 brachten in der Illegalität und im Widerstand gegen den Faschismus tätige Genossen Franz Jonas als Maschinensetzer zum »Tagblatt«, wodurch er nach langer Arbeitslosigkeit wieder beschäftigt war. Im selben Jahr gelang es ihm, einen Dauerposten als kaufmännischer Angestellter in der Wiener Lokomotivfabrik AG zu erhalten. Einrücken blieb Jonas erspart, weil diese Lokomotivfabrik bald zu einem »kriegswichtigen Rüstungsbetrieb« umgestellt wurde. Auch Grete war dort dienstverpflichtet.

1944 wurde im Zuge des amerikanischen Luftkrieges über Wien der Bezirk Floridsdorf eben wegen seiner Rüstungskonzentration besonders bombardiert. Auch zu Lande fand der Befreiungskrieg zwischen anrückender russischer Armee und den Widerstand leistenden deutschen Truppen besonders verlustreich statt. Das Ehepaar Jonas wurde zweimal ausgebombt. Und das kam so: Als Bombenangriffe und Artilleriebeschuß immer heftiger wurden, waren Franz und Grete Jonas in den Keller eines Verwandten geflüchtet. Ihre eigene Wohnung war bereits Wochen zuvor zerstört worden. Dem Ehepaar Jonas war außer ein paar Habseligkeiten nichts geblieben. Doch auch in das Haus des Verwandten, in dessen Keller sie geflüchtet waren, schlug eine Bombe ein. Schutt verlegte die Ausgänge, die Luft war von dichtem Staub erfüllt. Dazu kam noch, daß von oben Wasser zu den Eingeschlossenen durchsickerte.

Mühsam arbeiteten sich die Verschütteten nach oben. Was sie zu sehen bekamen, war ein Bild des Jammers: Floridsdorf brannte, die Straßen waren auf lange Strecken in Ruinenzeilen verwandelt. Es gab weder Wasser noch Gas oder Strom, keinen Straßenverkehr, keine Telefonverbindung, keine Polizei, keine Feuerwehr. Floridsdorf war besonders schwer getroffen worden. Die Brücken, die Floridsdorf mit den übrigen Stadtteilen Wiens verbanden, waren – bis auf einen schmalen Steg, der von der Reichsbrücke geblieben war – alle gesprengt. Floridsdorf und seine Bewohner waren total isoliert.

Ab April 1945 stellte sich Bezirksfunktionär Franz Jonas sofort an die Spitze des Wiederaufbaus, bald darauf installierte ihn Bürgermeister Theodor Körner zum ersten verfassungsgemäßen Bezirksvorsteher seines Heimatbezirks.

1948 wurde Jonas Stadtrat für Bau- und Ernährungswesen, und im Jahr 1950 wurde er in den Parteivorstand der Wiener SPÖ berufen. Als im Jahr 1951 Theodor Körner als Nachfolger von Karl Renner zum Bundespräsidenten gewählt wurde, gelang Jonas im Juni 1951 mit 76 von 92 Stimmen der Sprung an die Spitze der Wiener Stadtverwaltung. Er wurde Bürgermeister der Hauptstadt von Österreich und ist es 14 Jahre lang mit Würde, Anstand und hoher Sachkompetenz geblieben.

Das Wiener Rathaus wurde nun offizieller Wohnsitz des Ehepaares Jonas. Der kleine Schrebergarten war zu diesem Zeitpunkt ebenso aufgegeben wie die Wohnung in der Weiselgasse im 21. Bezirk. Grete Jonas wollte sich dennoch immer wieder ein kleines eigenes Häuschen kaufen, sie hat sich zeitlebens nach dieser bescheidenen Idylle am Stadtrand zurückgesehnt. Ihr Ehemann aber hat mit seinem jetzt ordentlichen Einkommen lieber die Vielzahl seiner und ihrer Neffen und Nichten unterstützt.

Daß sich Frau Jonas mit ihrem Wunsch nach einer eigenen Bleibe nicht durchsetzen konnte, ist ihr später zum Nachteil geraten: Als sie nämlich nach dem Tod ihres Mannes im Jahr 1974 nicht wußte, wohin sie ziehen sollte, nachdem sie in der Amtsvilla des Bundespräsidenten nicht länger bleiben konnte. Doch bis dahin ist es noch weit.

Ab 1951 hat sich das Ehepaar im ersten Stock des Rathauses wohnlich eingerichtet. Nun hat es materiell an nichts mehr gefehlt. Frau Jonas konnte sich wertvollen Schmuck und schöne Kleider leisten.

In einem der raren Interviews plauderte Frau Jonas einmal aus ihrem Nähkästchen: »Mein Mann hat gerne kräftige Wiener Hausmannskost. Auch Fisch schätzt er. Wählerisch ist er jedenfalls gar nicht. Ich koche selbst, wenn wir keine offiziellen Gäste haben und mein Mann nicht zu offiziellen Empfängen muß. Die Haushaltsschule, die ich als junges Mädchen besucht habe, kommt mir dabei sehr zugute. Leider hat mein Mann eine große Unsitte: Er, der sonst Überpünktliche bei Empfängen, Konferenzen und Besprechungen, kommt selten pünktlich zu Tisch von seinen Amtsräumen im zweiten Stock zu unserer Wohnung einen Stock tiefer. Wenn es gar zu lange dauert, rufe ich ihn über das Haustelefon an und erinnere ihn an den gedeckten Mittagstisch. Auf jeden Fall aber haben wir ein gemeinsames Frühstück. Es findet regelmäßig zwischen 6 und 6.30 Uhr statt. Um sieben sitzt mein Mann immer schon in seinem Amtszimmer.« Frau Jonas war mit der Welt zufrieden.

Nun hätte vor allem auch die Zeit der großen schönen Reisen beginnen können, von denen Frau Jonas früher immer nur träumen konnte. 1951 ist es zu ihrem ersten Flug gekommen – es ging nach Deutschland. Alle waren gebührend aufgeregt. Ihre erste weite Reise führte sie jedoch 1955 im Urlaub per Bahn nach Sizilien. Mit dem Austropa-Express ging es von Wien über Florenz und Rom nach Taormina, dort blieb die Reisegruppe einige Tage, besuchte die hellenistischen Kultstätten auf der Insel und fuhr mit dem Zug wieder zurück. Im Tanzwaggon herrschte vergnügte Stimmung.

Doch gänzlich ungetrübt sollte auch dieses Leben nicht verlaufen. In diesen Jahren ist Grete Jonas nämlich ensthaft krank geworden. Ein Darmleiden hatte sich eingestellt, 1960 mußte sie im Allgemeinen Krankenhaus operiert werden, bei dem Eingriff war den Ärzten jedoch ein irreparabler Kunstfehler unterlaufen, der die Lebensqualität von Frau Jonas fortan arg beeinträchtigen sollte. In der Folge konnte es vorkommen, daß ihr sowohl längeres Stehen als auch längeres Sitzen zur Qual wurden.

Ruhig, beherrscht und zurückhaltend, ertrug Grete Jonas ihr Geschick. Sie begleitete ihren Mann nicht zu allen Repräsentationspflichten, ging aber tapfer zu den unvermeidlichen mit. Dabei baute sie mehr und mehr auf die Unterstützung ihrer jungen Freundin von früher, Gusti Mayer, die beruflich mittlerweile zur Direktorin der Floridsdorfer Handelsakademie der Wiener Kaufmannschaft avanciert war. Da sie selbst keine Familie gegründet hatte, konnte sie reichlich Freizeit mit dem Ehepaar Jonas verbringen: »Bürgermeister Jonas, den ich, wie erwähnt, von gemeinsamen Volkshochschulbesuchen her kannte, hat mich 1954 eines Tages angerufen, ob ich am Sonntag Zeit für gemeinsame Ausflüge hätte. Sie hatten die Absicht, jetzt ihre Englisch-Konversation zu intensivieren. Diese Ausflüge fanden wir alle drei sehr nett, so daß mich Frau Jonas etwas später bat, ihr auch jeden Donnerstag Gesellschaft zu leisten, während ihr Mann bei den spät in den Abend hineinreichenden Fraktionssitzungen festgehalten war. Also kam ich von nun an auch jeden Donnerstag zu ihr auf Konversations-Besuch ins Rathaus.«

Der Lerneifer der beiden faszinierte die junge Freundin: »Für mich gehört Jonas zu den gebildetsten Menschen. Er hat alles gelernt, weil er es wissen wollte. Und er hat seine Frau in seinem Bildungshunger mitgerissen. Ich kenne viele Akademiker, die nicht annähernd über so viel Wissen verfügen wie er. Ein wirklicher Arbeiter-Intellektueller.«

Frau Mag. Mayer wurde zur engsten Vertrauten und Augenzeugin: »Das Ehepaar Jonas führte eine sehr harmonische Ehe. Sie lebten so bescheiden, wie sie dies aus ihrer Kindheit gewohnt waren. Jeden Abend gingen sie noch spazieren. Sie haben viel gelesen. Er schlug ihr immer wieder neue Bücher vor. Dann haben sie miteinander darüber gesprochen.«

Den beiden Freundinnen wurde der Donnerstagnachmittag bald zum Ritual: Bei Kaffee und (von Frau Jonas selbstgemachtem) Guglhupf parlierten sie Englisch, und abends gingen sie regelmäßig ins Theater oder in die Oper. Die Bürgermeisterloge stand ja allzeit bereit, Karten waren regelmäßig reserviert. Das gleiche galt bald auch für die Sonntage. Nach den traditionellen Wanderungen im Wienerwald haben sich Herr und Frau Jonas in Begleitung ihrer Hausfreundin in einem

der Theater Wiens, in der Volks- oder in der Staatsoper dem Kunstgenuß hingegeben.
Grete Jonas hat im Anschluß daran gerne über Stück und Aufführung diskutiert. In ihrem Opern- und Theaterführer hat sie regelmäßig eingetragen, wann und zum wievielten Mal sie ein Stück schon gesehen hat, sie war ein begeisterter Opern- und Operettenfan. Ihrer beider Lieblingsoper war »Fidelio« – Grete Jonas hat diese Hymne an Freiheit und Gattentreue an die fünfzehn Mal gesehen. Und dies, obwohl ihr langes Sitzen überaus beschwerlich war.
Für Grete Jonas waren die Jahre im Rathaus die schönsten. Als ihr Mann 1965, nach Adolf Schärfs Tod, als erster echter Arbeiterpräsident ins höchste Amt des Staates gewählt wurde, war sie darüber zunächst gar nicht erfreut. Sie empfand den damit verbundenen hohen Bekanntheitsgrad als Beeinträchtigung ihrer persönlichen Freiheit. »Jetzt kann ich nicht einmal mehr ein paar Würstel essen gehen«, hat sie ihrer Gefährtin Gusti Mayer geklagt, die sie ab nun weiterhin jeden Donnerstag statt im Rathaus in der Präsidentenvilla auf der Hohen Warte besuchte. Grete hatte sich am Wahlkampf kaum beteiligt, hat ungern Interviews gegeben, und wenn doch, hat sie jedesmal ihren Mann dabei gehabt. Er wollte anwesend sein, wenn Journalisten sie besuchten.
Wie schon im Rathaus hat auch in der Amtsvilla jeden Vormittag eine Haushälterin aufgeräumt und gekocht. Abends hat Frau Jonas selbst für das leibliche Wohl ihres Mannes gesorgt.
First Lady Grete Jonas hat Tagebuch geführt. Leider soll dies aber jemand geerbt haben, der nicht viel Kontakt zu ihr gehabt hat, so daß kein Zugang zu den Aufzeichnungen besteht. Doch Frau Mayer erinnert sich: »Sie sind auch noch als Bürgermeister viel mit der Straßenbahn gefahren, obwohl er einen Dienstwagen zur Verfügung hatte. Keiner von beiden hat den Führerschein gemacht, weshalb sie auch nie einen eigenen Wagen besessen haben, was sie hin und wieder sehr bedauert haben. Sie lebten überaus bescheiden. Am Abend genügte ihm oft ein Käsebrot. Das blieb auch so, als er Bundespräsident war.«
Das Ehepaar Jonas war das erste Präsidentenpaar, das in der eben erst erworbenen Amtsvilla auf der Hohen Warte einzog. Theodor Körner hat noch in einer Villa des Staates in der Himmelstraße in Grinzing gewohnt, Adolf Schärf aber hat es abgelehnt, nach Grinzing zu ziehen. Er war in seiner Privatwohnung in der Skodagasse geblieben, um der Familie seiner Tochter nah zu sein.

Auch Frau Jonas wäre gerne mitten im Zentrum in ihrer Wohnung im Rathaus geblieben, aber es half nichts, sie mußte umziehen.
Allmählich aber hat sie sich auch an die Präsidentenvilla gewöhnt: An die große Halle im Eingangsbereich, an die Bibliothek, an die Wohnzimmer und Küche angrenzten. Sie hat nichts am Grundriß ändern lassen. Erst unter Nachfolger Rudolf Kirchschläger ist es aufgrund erhöhter Sicherheitsvorkehrungen zum Bau eines Bunkers unter der Garage gekommen, bei welcher Gelegenheit auch ein Hallenbad errichtet wurde. Dem Ehepaar Waldheim war es vorbehalten, die eher kleine Bibliothek durch Zubau in den Garten hinaus in ein großes Speisezimmer für 25 Gäste umzuwandeln.
Empfänge fanden zu Zeiten der Präsidentschaft von Jonas noch ausschließlich in der Hofburg und nicht in der Amtsvilla statt.
Franz Jonas' erster Staatsbesuch führte im Mai 1966 zu Queen Elizabeth nach Großbritannien. Es war der erste und weltweit viel beachtete Staatsbesuch eines österreichischen Staatsoberhauptes in diesem Land einer Siegermacht. Frau Jonas war schon nicht mehr ganz gesund und nahm von da ab auf jede längere Reise und zu jedem Empfang ihre verläßliche Begleiterin Gusti Mayer zur Unterstützung mit.
»Wir waren damals schon sehr innig miteinander befreundet. Wir haben einander dreimal am Tag angerufen, so daß sie mir eines Tages sagte, sie wäre sehr froh, wenn ich mit ihr nach England mitkäme. So wurde ich etwas wie ihre Lady in waiting, ihre Gesellschaftsdame und Unterstützung.« Als Gast der Staatsreise war Mag. Mayer stets eingeladen, für ihre protokollarisch vorgeschriebene herrschaftliche Garderobe aber mußte sie selber aufkommen, »was für eine Lehrerin ganz schön teuer kam«.
Der Staatsempfang durch Queen Elizabeth wurde zum unvergeßlichen Ereignis: Vom Flughafen Heathrow fuhren die Gäste in Begleitung von Prinzessin Alexandra von Kent mit dem Salonwagen zur Victoria-Station, an der sie von der Queen und Prinzgemahl Philipp abgeholt wurden. Mag. Mayer lernte die taktvolle Herzlichkeit der damals 38 Jahre jungen Monarchin kennen: »Frau Jonas, immerhin schon 68, war müde von der Reise. Sie stützte sich auf mich und wollte etwas im Hintergrund bleiben. Da kam Prinz Philipp und fragte, warum wir uns denn so versteckten? Wir mögen doch nach vorne kommen! Die Queen meinte dann später etwas pikiert zu uns: ›I could have killed him, he knew she was ill!‹« (Ich hätte ihn umbringen können, er wußte doch, daß sie krank ist!)

Die Queen war informiert, daß Frau Jonas nicht lange stehen konnte. Doch es ging dann ohnehin bald per Staatskutschen in den Buckingham Palace. In der ersten Kutsche saß Queen Elizabeth mit Bundespräsident Jonas. In der zweiten Frau Jonas mit Prinz Philipp und in einer der nächsten folgte auch »Lady in waiting«, Gusti Mayer, mit dem britischen Botschafter in Österreich, Lord Pilcher.
Den ersten Tag und die erste Nacht hat ein kleiner Teil der Delegation im Buckingham-Palast zugebracht. »Zu Beginn gab es ein schönes Mittagessen mit der Queen, im allerengsten Kreis, an nur vier Tischen, es war wirklich großartig.«
Nun machten sich die zahlreichen emsigen Englisch-Stunden im Wienerwald und bei Kaffee und Kuchen bezahlt. Sprachexpertin Gusti Mayer: »Das Englisch von Herrn und Frau Jonas war sehr gut, mit einem Hauch wienerischem Einschlag, aber sie konnten sich beide fließend englisch unterhalten.«
Frau Mayer hat sich um die Garderobe von Frau Jonas gekümmert. Die meisten Roben waren – wie die der meisten First Ladies damals – bei Modezar Fred Adlmüller gekauft. »Früher hat Frau Jonas nähen lassen, das hat sie aber später aufgegeben. Sie hat gut ausgesehen. Sie war zwar etwas rundlich, hatte immer mit ihrer Figur zu raufen. Aber sie hatte ihr reizendes Wiener G'sichtl, für sie hat man sich mit Sicherheit nicht genieren müssen.«
Nach dem Staatsbankett am Abend kam der Haushofmeister zu Frau Mayer und lud sie ein: »The Queen wants you badly!« Sie begleitete Frau Jonas in den Salon, in dem die Königin saß. Für Begleiterin Mayer ein erhebender Moment: »Eine Reihe von Damen der Gesellschaft wurde Frau Jonas vorgestellt. Neben der Queen saß ihre Hofdame, ich saß neben Frau Jonas, das war gewünscht. Wir haben uns lange unterhalten, bis die Queen das Schlußwort sprach: ›I think you better go to bed now!‹«
Für jeden weiteren Abend mußten sowohl Frau Jonas wie auch ihre »Hofdame« in langen Roben gekleidet sein. Frau Mayer erinnert sich an die streng protokollarischen Kleidervorschriften: »Vor jedem Bankett wurde ich gefragt, was Frau Bundespräsident tragen würde. Ich mußte ihre Garderobe, ihren Schmuck, ihre Hüte, Handschuhe, Schuhe im Detail beschreiben. Vor dem Bankett mit der Queen war ich gefragt worden, ob sie ein Diadem tragen würde. Da sagte ich nein, bei uns gäbe es dies nicht, wir sind keine Monarchie. Da waren die Beamten sehr erstaunt.«

Frau Jonas trug ihren eigenen Schmuck, den sie sich selbst ausgesucht und gekauft hatte.
Aus Rücksicht auf ihre Gesundheit konnte Margarete Jonas auch zu allen späteren Auslandsreisen ihre Freundin als persönliche Stütze mitnehmen. Das war auch in Moskau so, anläßlich des Staatsbesuches 1968 beim sowjetischen Führungstrio Breschnew – Podgorny – Gromyko, bei dem die Gäste aus Wien im Kreml wohnten. Und das war auch so, als der Präsidententroß noch im gleichen Jahr samt Außenminister Kurt Waldheim und anderen Mitgliedern der Bundesregierung in Jugoslawien Marschall Tito einen Besuch abstatteten. Für Gusti Mayer vielleicht der lustigste und ungezwungenste Besuch bei einem ausländischen Staatschef: »Tito und seine Frau Jovanka haben uns auf seiner Geburtsinsel Brioni überaus herzlich empfangen. Er fuhr mit uns quer über diese Insel in eigens dafür gebauten kleinen Touristenwagerln. Bei Tito hat Präsident Jonas dann seinen 69. Geburtstag in einem Weinkeller gefeiert. Dieser Staatsbesuch war einer der nettesten. Titos Ehefrau Jovanka war wunderschön und reizend, es muß wohl zu einer Zeit gewesen sein, als Tito sie noch überaus verehrt hat.«
1974 kam es dann zu einer Entwicklung, die niemand vermutet hätte. Obwohl Margarete Jonas seit Jahrzehnten leidend war, war es dann doch er, der nun überraschend vor ihr starb. Es ist anfangs geheimgehalten worden, dann aber war es offensichtlich, daß Franz Jonas unheilbar an Krebs erkrankt war. Er lag einige Wochen in der Klinik Deutsch im Allgemeinen Krankenhaus. Täglich saß seine Grete an seinem Bett. Nachdem er tagelang schon nichts mehr gesprochen hatte, war jedermann über seine letzten Worte überrascht, als er klar und deutlich formulierte: »Ich frage mich, wie lange der Tod noch dauert?«
Am 24. April 1974 ist Franz Jonas verstorben, er war 75 Jahre alt.
Und wie auch sonst, war es wieder die Gefährtin des Paares, die zur Hilfe eilte. In den frühen Morgenstunden war Frau Mayer von der Klinik aus über den Tod des Bundespräsidenten unterrichtet worden. Sein Chauffeur holte sie aus ihrer Wohnung in Floridsdorf ab, gemeinsam mit der Wirtschafterin, Frau Pager, fuhren sie in die Amtsvilla, um die Witwe schonungsvoll in Kenntnis zu setzen. Es war sechs Uhr morgens, gemeinsam wurden sie dann alle drei ins Spital geführt.
Sein unvorhergesehenes Ableben stürzte Frau Jonas nun in Verzweiflung. 77jährig, wußte sie plötzlich nicht, wohin. In der Amtsvilla

konnte sie nicht bleiben. Von 1951 an hat sie in Dienstwohnungen gelebt. Ihre eigene Wohnung war aufgegeben. Sie hatte keine Bleibe, in die sie sich zurückziehen konnte. Und das Ehepaar Kirchschläger stand als Nachfolger im Präsidentenamt bereits vor der Tür. Es war kein angenehmer Zustand.

Gefährtin Mayer: »Da hat man ihr eine Gemeindewohnung in der Grinzinger Allee vorgeschlagen, wo die Straßenbahn vor dem Fenster vorbeifuhr, das war nicht schön. Da habe ich mich an Bundeskanzler Kreisky gewandt, der mich beauftragte, etwas Schönes zu suchen. Wenn ich etwas Passendes fände, würde man eine Lösung finden. Da bin ich bei Hausvermittlern auf Suche gegangen, bis ich in Grinzing ein passendes zweistöckiges Haus fand, das zum Verkauf anstand. Eine Baugenossenschaft hat es gekauft, und Frau Jonas mietete sich im ersten Stock mit Möbeln aus dem Bundesimmobiliendepot ein. Diese Wohnung war dann sehr hübsch, mit Balkon und Garten.« Jeden Sonntagnachmittag hat sich Justizminister Broda telefonisch bei Grete Jonas um das werte Befinden erkundigt.

Als es dann zwei Jahre später auch mit ihr zu Ende ging – es folgte noch eine Darmoperation –, hat Primaria und Gesundheitsministerin Ingrid Leodolter Frau Jonas vier Wochen lang persönlich im Sophienspital betreut. Auch Freundin Gusti, die von ihrer ersten Amerikareise zurückgekehrt war, hat sie täglich besucht. Auf Wunsch von Frau Jonas hat sie ihr noch jeden Tag von einer anderen Stadt ihrer schönen Reise durch die Vereinigten Staaten erzählt. Grete Jonas war wißbegierig bis zum Schluß. Am 7. August 1976 ist sie verstorben. »Es war kein schwerer Tod.«

Justizminister Broda war bei den Sterbe- und Begräbnismodalitäten behilflich. Bei der Beisetzung am 19. August im Ehrengrab der Bundespräsidenten am Zentralfriedhof waren sämtliche Regierungsmitglieder anwesend. Die Urne von Grete Jonas wurde an der Seite ihres Mannes beigesetzt.

Der Freundin ist Margarete Jonas unvergeßlich geblieben. Augustine Mayer, die zuletzt neben ihrem Posten als Direktorin der Handelsakademie Floridsdorf auch einen Lehrauftrag für italienische Handelskorrespondenz an der Wirtschaftsuniversität innehatte, ging 1982 in Pension. Sie hat die Freundin vermißt: »Grete war ein gütiger und liebevoller Mensch und sehr traurig darüber, daß sie keine Kinder hatte. Ich bin mit den Kindern des Bildhauers Giacomo Manzu, die ich eine Zeitlang betreut habe, zuletzt öfter zu ihr auf Besuch gekommen. Sie war ganz verliebt in den kleinen Mileto und seine Schwester Julia. Sie war sehr hilfsbereit, vielleicht nicht so hochgebildet, aber sie hat sich mit viel Intelligenz ein großes Wissen angeeignet. Wir haben die Liebe zur Natur, die Begeisterung für Theater und Oper miteinander geteilt. Sie hat mir sehr gefehlt.«

Herma Kirchschläger

geb. 15. Mai 1916

First Lady ist kein Beruf, sondern eine Aufgabe, der man sich als Ehefrau des Bundespräsidenten stellen muß.« Mit spürbarer Zufriedenheit definiert Herma Kirchschläger den »Beruf«, den sie zwölf Jahre an der Seite von Rudolf Kirchschläger ausgeübt hat: »Es ist eine Tätigkeit, die von Selbständigkeit und fast schöpferischer Freiheit ebenso bestimmt wird wie von der Zuneigung zum Ehemann, dem es gilt, die Erfüllung seiner Aufgabe zu erleichtern. Manchmal gelingt es, eine zusätzliche menschliche Note in dessen Wirken zu bringen. Das Wort meines Mannes, wer die Menschen nicht gern hat, soll nicht Politiker werden, gilt wohl auch für die First Lady.« Und Altbundespräsident Kirchschläger ergänzt den Rückblick: »Es gibt keine Schule für First Ladies, ebensowenig wie es eine Schule für Bundespräsidenten oder Ministerpräsidenten gibt, und im Unterschied zum Ehemann gibt es für First Ladies auch keine Vorschriften. Sie können und müssen daher in die Erfüllung ihrer Aufgabe ihre ganze Lebenserfahrung, ihre ganze Persönlichkeit, aber wohl auch die Liebe zum Ehemann und die Zuneigung zum Volk mit einbringen. So gesehen ist wohl auch das ganze Leben einer First Lady von Interesse.«

Herma Kirchschläger kam am 15. Mai 1916 in Wien-Margareten als Hermine Katharina Anna Sorger zur Welt. Es war die schwere Zeit der Lebensmittelknappheit und der Heizprobleme im und nach dem Ersten Weltkrieg, so daß die Eltern beschlossen, mit ihr und ihrem um zwei Jahre jüngeren Bruder für kurze Zeit aufs Land zu ziehen, um die Sorgen ums tägliche Überleben besser bewältigen zu können. Sie übersiedelten nach Kamegg, einem heute eingemeindeten Vorort von Gars am Kamp, und führten dort ein Gasthaus. Ihre Absicht, nach einigen Jahren wieder nach Wien zurückzukehren, verwirklichte die Familie nicht. Sie bauten im Gegenteil das Gasthaus zu einem kleinen Hotel aus und profitierten von dem guten Ruf, den das Kamptal in der Zwischenkriegszeit als Sommerfrische für die Wienerinnen und Wiener besessen hatte. »Mithörend und manchmal auch mitsehend, erlebte ich damit zwangsläufig so manches Menschenschicksal unter den Gästen, ein Umstand, der mich sehr früh über Sinn und Glück des Lebens und auch über meine Zukunft nachdenken ließ.«

Nach dem Besuch der Bürgerschule in Gars am Kamp machte sie die Aufnahmeprüfung in die Lehrerinnenbildungsanstalt der Englischen Fräulein in Krems. Doch es gefiel ihr dort nicht: »Mir hat die ganze Atmosphäre nicht gepaßt, und ich hatte nicht den Eindruck, daß ich mich hier wohl fühlen würde. Ich habe mich daher entschlossen, trotz der bestandenen Aufnahmeprüfung, auf den Besuch der Lehrerinnenbildungsanstalt zu verzichten und statt dessen ans Realgymnasium in Horn zu gehen.« Mit Fleiß und Energie setzte sie durch, daß sie von der vierten Klasse Hauptschule – die dreiklassige Bürgerschule war inzwischen in eine vierklassige Hauptschule umgewandelt worden – gleich in die fünfte Klasse Gymnasium gehen konnte. Sie nahm damit aber auch in Kauf, vier Jahre lang mit dem Fahrrad täglich von Kamegg nach Horn, also 9 km in jede Richtung, fahren zu müssen.

Man kann es Zufall oder Fügung nennen, daß ein Jahr zuvor ein Klassenlehrer an der Bürgerschule in Steyr dem bitterarmen Rudolf Kirchschläger den Rat gegeben hatte, sich doch für ein Studium an der damals neugeschaffenen Aufbauschule in Horn zu bewerben. Er würde die Fähigkeiten zum Studium mitbringen und sicher in Anbetracht seiner Armut einen Freiplatz im Studentenkonvikt erhalten. Kirchschläger hatte sich damals durch drei Jahre die Kosten für die Fahrt von seinem Wohnort in Kronstorf zur Bürgerschule in Steyr durch Arbeiten bei einem Friseur verdient. Seine Mutter hatte er verloren, als er drei Jahre alt war, sein Vater hat sich wieder vermählt und mit Rosa Kirchschläger noch zwei Mädchen bekommen. Als der Bub elf Jahre alt war, starb auch sein Vater. Kirchschlägers Stiefmutter wird von dem früh Verwaisten jedoch als Engel geschildert, sie hat den Buben trotz großer Not in dem Vorhaben, weiterzulernen, so gut es ihr möglich war unterstützt. Er war von der Aussicht, die Matura machen zu können, begeistert.

So fanden sich Herma und Rudolf zwar in verschiedenen Schulen, aber am selben Gang des alten Horner Piaristengymnasiums, wo das Schicksal sie einholte: Schüler Kirchschläger hatte einen guten Ruf, besonders in Mathematik. Dies führte dazu, daß ihn in einer Pause zwei Mädchen des Gymnasiums ansprachen, ob er ihnen beim Lösen eines Beispiels behilflich sein könnne, unter ihnen befand sich Herma Sorger. Da erwachte in ihm der Wunsch, ihr öfter zu begegnen. Herma heute: »Ich war damals 17, Rudolf 18 Jahre alt, wir haben uns von Anfang an gut verstanden. Er schien mir um vieles reifer als die anderen Mitschüler. Mich hat beeindruckt, daß er gerne auch über ernstere Dinge gesprochen hat. Dazu kam auch die ihm eigene Art, den Wert des Geldes, obwohl es ihm bitter fehlte, nicht überzubewerten. Unsere Liebe begann, so hatte ich das Gefühl, über die gegenseitige Wertschätzung.«

Herma und Rudolf wurden öfter mitsammen gesehen. Er besuchte auch die Eltern Hermas in Kamegg, und selbst die Professoren nahmen zur Kenntnis, daß hier eine innere Bindung im Wachsen war. Beide machten im selben Monat, im Juni 1935, die Matura. Danach gaben sie einander das Versprechen, sobald es ginge zu heiraten und gemeinsam durchs Leben zu gehen. Sie wußten dabei, daß sie auf die Erfüllung dieses Versprechens lange, etwa fünf Jahre, würden warten müssen. Sie wollten erst heiraten, wenn Rudolf einen festen Beruf hätte. Sie fühlten aber ihre Liebe stark genug, um im Warten durchhalten zu können.

Die Wartefrist war richtig eingeschätzt. Gleich nach der Matura hieß es Abschied nehmen. Rudolf fuhr zurück in seinen Heimatort Kronstorf und fand dort die Stelle eines aushilfsweisen Gemeindesekretärs. Herma hatte vorerst die ganze Last einer Postensuche in dieser Zeit zu tragen. Es gab kaum freie Stellen, und auf die, die es gab, warteten Männer und Frauen mit meist parteipolitischer Protektion. Für das Studium von Chemie oder Medizin aber, das sich Herma gewünscht hätte, fehlte es an Geld. So ging sie als Hauslehrerin nach Wien und gewann damit Einblick in wohlhabende Familien, aber auch ein herzliches Verhältnis zu Kindern.

Rudolf Kirchschläger begann mit dem Geld, das er sich in den dreieinhalb Monaten als provisorischer Gemeindesekretär erspart hatte, das Studium der Rechtswissenschaften an der Universität Wien. Herma und Rudolf konnten sich nunmehr wieder einmal wöchentlich für einen halben Tag treffen. Herma dazu: »Wir waren bescheiden, und außerdem war es eine Freude zu sehen, wie Rudolf von seinem Studium begeistert war.« Doch dieses Studium fand sein abruptes Ende, bevor es richtig begonnen hatte.

Nach dem Einmarsch der nationalsozialistischen Truppen des Deutschen Reiches in Österreich konnte man zwar das Studium an den Universitäten, sofern man nicht zu den ausgegrenzten Personen gehörte, ungehindert fortsetzen, ein Stipendium, eine Kollegiengeldbefreiung, einen Heimplatz aber konnte man nur behalten, wenn man einer der Gruppierungen der NSDAP beitrat. Viele, die bis dahin Gegner des Nationalsozialismus gewesen waren, wählten zu diesem Zweck das Nationalsozialistische Kraftfahrerkorps (NSKK). Kirchschläger widerstrebte ein solcher Scheinbeitritt. Er verzichtete daher auf die bisher innegehabten Studienerleichterungen und suchte sich eine Anstellung als Bankangestellter in Linz, die mit keiner Parteiauflage verbunden war. Aufgrund einer früheren Ferialbeschäftigung

Herma und Rudolf Kirchschläger

fand er sie in der Oberösterreichischen Volkskredit (heute Volkskreditbank). Ein Trost für das jähe Ende des Studiums war der Gedanke, daß nunmehr eine Eheschließung früher möglich werden könnte. Es war ein Irrtum.

Kirchschläger, Geburtsjahrgang 1915, mußte am 1. Dezember 1938 für zwei Jahre zum allgemeinen Wehrdienst einrücken. Wäre er Student geblieben, hätte er Aufschub des Militärdienstes bis zum Abschluß des Studiums erhalten. Für Bankangestellte gab es diesen Aufschub nicht, und so folgte der ungeliebte Wehrdienst mit all seinen Konsequenzen; nur daß er nicht wie erwartet zwei, sondern volle sieben Jahre dauern sollte.

Nach dem Feldzug gegen Polen bot sich eine erlaubte Möglichkeit, das rechtswissenschaftliche Studium noch bis Ende Jänner 1940 nach österreichischem Recht abzuschließen. Kirchschläger ersuchte um Studienurlaub, die Division lehnte ab. Die Ablehnung ärgerte auch einen Hamburger Hauptfeldwebel, der im allgemeinen in der Kompanie gefürchtet war. Er gab Mitte Dezember 1939 Kirchschläger einen Urlaubsschein von zwei Wochen und versprach ihm, bis zum Ende des

Studiums, also bis Ende Jänner 1940, alle zwei Wochen einen neuen Urlaubsschein zu senden. Auf diese Weise konnte Kirchschläger in einer Gewalttour mit zwei bis drei Stunden Schlaf pro Tag sein Jusstudium abschließen und Ende Jänner 1940 promovieren. Dem folgte eine provisorische Anstellung als Gerichtsreferendar – auf Kriegsdauer ohne Nachweis einer Parteizugehörigkeit –, und dies wieder erlaubte Herma Sorger und Rudolf Kirchschläger, ihr Eheversprechen endlich, im August 1940, einzulösen. Herma Kirchschläger erinnert sich: »Das lange Warten hat uns schon ein wenig alt gemacht. Nun aber waren wir wieder jung und voll Tatendrang und schauten trotz des Krieges mit guter Hoffnung in die Zukunft.« 1944 kam Tochter Christa zur Welt. Mutter und Tochter lebten in einer hübschen Villa in Kamegg.

Eines ist auffallend: Vom Zeitpunkt der Eheschließung an gibt es für Herma Kirchschläger anstelle des Wortes ich nur noch das Wort wir. Der Lebensweg von Rudolf Kirchschläger ist auch zu ihrem geworden.

Von ihrer einzigartigen Heldentat spricht Frau Kirchschläger dabei nur selten: In den letzten Kriegswochen war ihr Mann, der schon mehrmals schwer verletzt war, noch einmal verwundet worden. Zum Auskurieren wurde er in ein Lazarett nach Böhmen gebracht. Als sie Mitte April 1945 davon Nachricht erhielt, nahm sie die damals acht Monate alte Tochter samt Kinderwagen, einige Kleider und Lebensmittel und fuhr auf gewagte und abenteuerliche Weise nach Böhmen zu dem Lazarett. Rudolf Kirchschläger war bis dahin seit seiner Verwundung noch nicht wieder auf eigenen Beinen gestanden. Gemeinsam mit ihm setzte sie seine Überstellung zum Ersatztruppenteil nach Krumau an der Moldau durch – und rettete ihm das Leben. Dem Vernehmen nach wurde das Lazarett, das er dank ihrer Intervention verlassen hatte, hinterher von »tschechoslowakischen Befreiungskämpfern« angezündet. Viele sollen dabei den Tod gefunden haben. Der kleinen Familie aber gelang – wieder auf abenteuerliche Weise – der Weg nach Kronstorf, dem Heimatort Kirchschlägers. Ist es da ein Wunder, daß für Rudolf Kirchschläger heute noch der Schlußchor in Beethovens »Fidelio« mit dem Lob der Gattentreue zur Lieblingsmelodie zählt?

Ende Juli 1945, nach Entlassung aus der wegen der Verwundung Kirchschlägers sehr humanen amerikanischen Kriegsgefangenschaft, kehrte die Familie nach Kamegg zurück. Herma brachte die Wohnung in Ordnung, die in der kurzen Zeit der Besetzung Schaden gelitten hatte, Rudolf Kirchschläger aber begann am 15. August seine Gerichtspraxis am Bezirksgericht Horn. Nachdem ihm nach einigen Wochen ein Mann in sowjetischer Uniform mit Waffengewalt das Fahrrad weggenommen hatte, mußte er mit Krücken die täglich insgesamt 18 km zu Fuß humpeln. Kirchschläger war als Folge einer Kriegsverletzung ein gelähmtes Fußgelenk geblieben. Mit der ihm eigenen Selbstironie hat er dieses Handicap immer wieder weggesteckt: »Besser ein lahmer Fuß als ein lahmer Kopf!« war seine Devise.

Von den zwei Brüdern Hermas ist der ältere im Zweiten Weltkrieg gefallen. Lange Zeit hatte er als in Rußland vermißt gegolten. Der zweite, der mit 16 Jahren einrücken mußte, ist unversehrt zurückgekehrt und führt heute noch das »Gasthaus Erlinger« der Eltern in Gars am Kamp.

Die Lebensmittelversorgung war ähnlich zusammengebrochen wie nach dem Ersten Weltkrieg und dazu kam die persönliche Unsicherheit aufgrund von Exzessen mancher Besatzungssoldaten. Mittlerweile war 1947 auch Sohn Walter geboren worden. Eingedenk dieser schwierigen und gefährlichen Zeiten, meint Herma Kirchschläger: »Man mußte fast den ganzen Tag nur darauf verwenden, etwas zum Essen und zum Heizen aufzutreiben. Aber trotz allem, es war Friede, wir konnten beisammen sein, und es gab in der Nacht auch keinen Fliegeralarm mehr. Dies war ein so großes Geschenk, daß es alle Sorgen dieser Zeit aufwog.«

Nach einer weiteren Gerichtspraxis am Bezirksgericht Krems und an der dortigen Staatsanwaltschaft legte Rudolf Kirchschläger die Richteramtsprüfung ab und wurde im Juli 1947 Richter und Amtsleiter des Bezirksgerichtes Langenlois.

Für Frau Kirchschläger begann jetzt eine Art neues Leben. Sie gehörte zur »Gesellschaft der Stadt« und mußte doch als Frau des Richters eine gewisse Zurückhaltung üben. Es galt aber gleichzeitig auch, Bekanntschaften zu Menschen zu pflegen, die wegen ihrer Redlichkeit und Einfachheit Bewunderung verdienten. Rudolf Kirchschläger sah seine Aufgabe sehr stark als Friedensrichter. Abwechselnd kamen die betrogenen oder mißhandelten Frauen zu Rudolf Kirchschläger auf das Gericht oder zu Herma Kirchschläger in die Wohnung um Rat. Frau Kirchschläger erzählt: »Langenlois war eine schöne Zeit für mich, auch sehr lehrreich. Die Menschen zeichneten sich durch einen Hang zur Geselligkeit aus, wie es die Weingegend mit sich bringt.«

Als Tochter Christa die Volksschule in Langenlois beendet hatte, gab es keine Höhere Allgemeinbildende Schule am Ort, und in ein Konvikt eines Gymnasiums, wie Rudolf Kirchschläger es selbst erlebt hatte, wollten die Eltern ihre Kinder nicht geben. Auch eine tägliche Bahnfahrt nach Krems wollten sie den Kindern ersparen. So beschloß der »Familienrat«, gleich nach Wien zu übersiedeln, um Tochter und Sohn ein Universitätsstudium und gleichzeitig die Möglichkeit zu bieten, daheim und beisammen zu bleiben. Rudolf Kirchschläger hatte im Zuge der nächsten Ausschreibung von Richterdienstposten um einen Ratsposten am Landesgericht für Zivilrechtssachen in Wien eingereicht und diesen auch zugesprochen erhalten. Er wurde dann ab 1. Jänner 1954 vorerst dem Bezirksgericht Innere Stadt in Wien zugeteilt. Durch Zufall wurde dem Ehepaar in der Spitalgasse im 9. Bezirk vis-à-vis dem Carlsson-Park zu günstigen Bedingungen eine Wohnung vermitttelt. Die Übersiedlung nach Wien, die Haushaltsführung und vor allem auch die Angewöhnung der Kinder an die Großstadt erforderten von Frau Kirchschläger viel Kraft. Es war eine Umstellung, die durch finanzielle Engpässe noch etwas erschwert wurde.

Die wirklich ganz große Umstellung im Leben des Ehepaares erfolgte im Jahr 1954 durch die Zuteilung Rudolf Kirchschlägers in die Völkerrechtsabteilung des Bundeskanzleramtes, Abteilung Auswärtige Angelegenheiten. Sie war in ihren Umständen so ungewöhnlich und so unvorhergesehen, daß sie fast etwas Märchenhaftes an sich hatte: Sie erfolgte ohne Protektion, ohne Bewerbung, ohne irgendeine Parteizugehörigkeit des Familienoberhauptes.

Der Leiter der Völkerrechtsabteilung, Botschafter Dr. Stefan Verosta, wollte ins Ausland und suchte einen Nachfolger. Er wünschte sich hiefür einen Richter, denn er war überzeugt, daß Richter, gewohnt ihre Urteile unabhängig und ohne Weisung von oben zu treffen, entscheidungsfreudige Menschen seien. Er ließ sich vom Oberlandesgericht Wien eine Anzahl von Personalakten über Richter kommen, unter denen er seinen Kandidaten aussuchen wollte, darunter war auch die von Kirchschläger. Dieser hatte offenbar das Glück, daß er beim Vorstellen bei Verosta von der irrigen Annahme ausging, daß dieser eine Beeinflussung in einem konkreten in der Riemergasse anhängigen Verfahren beabsichtigte. Daher agierte Kirchchläger, der dem Ansinnen nie nachgekommen wäre, wohl etwas selbstbewußter als sonst. Nach zweimaliger Vorsprache wurde Kirchschläger als Landesgerichtsrat dem Bundeskanzleramt, Abteilung Auswärtige Angelegenheiten, bis auf weiteres zugeteilt.

Herma und Rudolf Kirchschläger waren sich dabei bewußt, daß es nunmehr galt, die Sprachlücken aufzufüllen. Herma hatte zwar vier

Jahre Schulfranzösisch intus, und beide hatten in Horn zwei Jahre Englisch als Freigegenstand gehabt, aber der Sprachunterricht leitete damals nur wenig zur praktischen Übung an. Kein Wunder, daß sich Herma daran erinnert, daß Rudolf damals den Kindern sehr eindringlich empfahl, lebende Sprachen zu lernen. »Ich kann mich gut erinnern. Er ist nach Hause gekommen und hat gerufen: ›Kinder, Sprachen lernen! Sprachen lernen! Aber nicht Latein und Griechisch!‹« Mit einer gewissen Genugtuung stellt Frau Kirchschläger heute fest, daß ihren Enkeln Englisch, Französisch, Spanisch, Holländisch, Tschechisch und Russisch geläufig ist.

Für Herma und Rudolf Kirchschläger aber bedeutete das Jahr 1954 durch die neue berufliche Verwendung eine ganz große Umstellung. Die Arbeitszeit nahm erheblich zu, und es galt, sich mit gesellschaftlichen Gewohnheiten vertraut zu machen, auch entsprechende Garderobe mußte angeschafft werden. Dabei hatte die Familie noch die Kosten der verhältnismäßig kurz zurückliegenden Wohnungsanschaffung in Wien nicht ganz verkraftet.

Das Klavierspiel, das Frau Kirchschläger einst in Langenlois noch gepflegt hatte, gab sie langsam auf, und auch die ursprüngliche Absicht, Russisch zu lernen, wurde zurückgestellt, denn nun galt es, sich mit den Regeln des im Außenamt geltenden Protokolls vertraut zu machen. Dieses regelt nicht nur Verhaltensweisen, sondern legt auch die Grundsätze der Bekleidung fest. Für Rudolf Kirchschläger genügte zu Beginn ein Smoking, Frack und Cut kamen später. Aufwendiger war die Ausstattung für Frau Kirchschläger. »Vormittags, einschließlich Mittagessen, waren Kostüme gefragt, immer mit Hut und Handschuhen. Nachmittags war das kleine schwarze Cocktailkleid erwünscht, gleichfalls mit dazupassendem Hütchen. Es wurde, um nicht zu langweilig zu wirken, durch aufeinander abgestimmte Accessoires wie Handschuhe und Halstuch oder auch Gürtel etwas abwechslungsreicher und attraktiver gestaltet. Abends hingegen wären Kostüme verpönt gewesen, zum Dinner trug man lang. Ein Hut wäre jetzt völlig unpassend gewesen, dafür mußte die Frisur sitzen.«

Rudolf Kirchschläger hatte damals von diesen Problemen wenig gemerkt. Er hatte auch die Erziehung der beiden Kinder weitgehend seiner Frau überlassen. Lediglich eine Mahlzeit – meistens das Frühstück – blieb noch für ein gemeinsames Beisammensitzen. Selbst der gewohnte Ausflug Sonntagnachmittag in den Wienerwald begann wegen oftmals dringender Arbeiten unsicher zu werden. Herma Kirchschläger erinnert sich: »Ich habe meinen Mann verstanden, daß er den Erwartungen gerecht werden wollte, hatte aber doch auch manchmal etwas Angst um seine Gesundheit. Er hatte aber andererseits auch das Glück, in eine ungemein interessante Zeit hineinzugeraten.«

Ein halbes Jahr nach seinem Dienstantritt im Außenministerium wurde die seit 1946 immer wieder vertagte Frage des Abschlusses des österreichischen Staatsvertrages erneut akut. Neben der politischen Abteilung des Außenministeriums war die Völkerrechtsabteilung auf Beamtenebene federführend. Kirchschläger war dadurch in den Brennpunkt des damaligen politischen Geschehens geraten. Frau Kirchschläger: »Ich erinnere mich noch wie heute: In der Nacht vom 14. auf den 15. Mai 1955 kam er nach der Außenministerkonferenz um etwa 2.00 Uhr früh nach Hause, weckte die Kinder auf und erklärte feierlich: ›Kinder, wir haben den Staatsvertrag, die Besatzungsmächte verlassen in spätestens einem halben Jahr Österreich!‹ Da wir ja mehr als acht Jahre in der sowjetischen Besatzungszone in Niederösterreich gelebt haben, wußten auch die Kinder, welche Freude uns dies bedeutete.«

Im Februar 1956 wurde Kirchschläger als Legationsrat 3. Klasse fix als Beamter des Außenamtes übernommen und in der Folge, da Dr. Verosta als Botschafter nach Warschau ging, mit der Leitung der Völkerrechtsabteilung betraut. Herma Kirchschläger spürte im Laufe der folgenden Jahre, wie ihr Mann immer stärker an Anerkennung und Einfluß gewann, er wurde schließlich stellvertretender Generalsekretär und Kabinettschef bei den Außenministern Bruno Kreisky und Lujo Tončić-Sorinj. Aus vereinzelten Erzählungen ihres Mannes wußte sie aber auch, daß er so ziemlich mit allen Kernproblemen der damaligen Außenpolitik befaßt war, mit der Südtirol-Frage, der europäischen Integration und der Interpretation der immerwährenden Neutralität.

Vielleicht hat Kirchschläger damals aber doch etwas zu sehr seinen dienstlichen Verpflichtungen gelebt, denn als die Tochter Christa in Maturanähe kam, sagte sie, daß sie zwar Jus studieren möchte, aber gewiß nie in den Auswärtigen Dienst eintreten oder einen Beamten des Außenamtes heiraten würde. Sie meinte damals zu ihrer Mutter: »Nachmittag bügelst du wie jede Hausfrau, und am Abend sollst du dann strahlend ausgehen.«

Frau Kirchschläger sah aber trotzdem in dem Tagesprogramm einer Diplomatenehefrau eine interessante Abwechslung. Sie hielt sich an

ihren Grundsatz: »Wenn ich etwas übernehme, dann mache ich es lieber gerne. Wenn ich es nicht gerne tue, leide ich sehr darunter und habe außerdem in der Regel keinen Erfolg.«
Im übrigen hat sie unter den gesellschaftlichen Verpflichtungen nicht besonders gelitten: »Die Ehefrauen der Kollegen meines Mannes waren in der Regel interessant und auch freundlich. Es war für mich neu, mit den Frauen der Politiker, Wirtschaftsfachleute und Wissenschafter persönlich bekannt zu werden. Ich habe dabei manches gelernt und hatte auch, wie etwa mit Frau Figl oder Frau Kreisky, freundschaftliche Kontakte. Rückblickend muß ich ein wenig schmunzeln, wenn ich daran denke, welche Scheu ich vor dem damaligen Bundeskanzler Julius Raab hatte. Er ließ so deutlich erkennen, daß er uns ›Weiberleut‹ bei Festen und besonderen Anlässen für überflüssig erachtete. Ich glaube, ich habe auch kaum mehr als zehn Worte mit ihm gesprochen.«
In guter Erinnerung ist ihr auch eine andere männerherrliche Begegnung geblieben. Es war damals im allgemeinen noch nicht üblich, daß Ehefrauen auf die Päpstliche Nuntiatur eingeladen wurden. Als der Apostolische Nuntius jedoch auf Urlaub war, lud sein Vertreter einige Österreicher, die mit der päpstlichen Außenstelle ständigen Kontakt hatten, mit deren Ehefrauen zu einem Mittagessen ein. Unter den Gästen befand sich auch der Abt eines bekannten Stiftes, der ob seiner sehr undiplomatischen Art bekannt war. Als er den Salon betrat und die Frauen sah, meinte er: »Jetzt werden die Weiberleut gar auch schon auf der Nuntiatur eingeladen!« Kirchschläger flüsterte seiner Frau zu: »Nimm es nicht ernst und sei recht freundlich zu ihm!« Und so tat sie es auch: »Ich habe mir von da an zur Gewohnheit gemacht, denjenigen, der sich mir gegenüber nicht schön benommen hat, besonders freundlich zu behandeln. Ich habe gefunden, es ist dies das beste Heilmittel.«
Gegen Ende 1966 überlegte das Ehepaar Kirchschläger, daß es doch einmal sinnvoll wäre, auf einen Botschafterposten ins Ausland zu gehen. Dafür sprachen nicht nur finanzielle Überlegungen, sondern auch das Interesse an einer etwas anderen Arbeit. Schließlich war auch ein Hauptgrund, der bisher gegen eine Auslandsverwendung gesprochen hatte, weggefallen, nämlich die Erziehung der Kinder. Die Tochter hatte nach Abschluß des Studiums geheiratet, und der Sohn studierte in Rom an der Gregoriana Theologie. Kirchschläger standen als Dienstorte Tokio, Israel und Prag zur Auswahl. Er entschied sich für

Prag, obwohl die ČSSR der einzige Staat war, mit dem Österreich die diplomatischen Beziehungen auf Gesandtschafts- und nicht auf Botschaftsebene unterhielt. Dazu Herma Kirchschläger: »Mein Mann ging mit offenem Herzen, aber auch aufgrund langjähriger Kenntnisse mit kühlem Verstand nach Prag. Es reizten ihn die geschichtliche Verbundenheit und die wechselweisen Gegensätze der beiden Nachbarstaaten, und er wollte auch der katholischen Kirche in Böhmen und Mähren im Rahmen des Möglichen etwas beistehen.«

Der erste Auslandsposten nach 13 Jahren Inlandsdienst stellte eine interessante Herausforderung dar, lag doch sein neuer Arbeitsplatz im kommunistischen Machtbereich, was das Vorhaben zwar interessant, aber auch mühselig gestaltete. So mußten die beiden davon ausgehen, daß in jedem der Räume sowohl der Residenz als auch des Amtsgebäudes Mikrofone angebracht waren, die zwar nicht immer, aber manchmal doch funktionierten. Weiters hatten sie bald durchschaut, daß ihr tschechisches Personal alle zwei bis vier Wochen zur Berichterstattung über die Hausherren bei der Geheimpolizei antreten mußte.

Die Kirchschlägers empfanden diese Einschränkungen als gute Schule für ein Leben im Auge der Öffentlichkeit. »Man mußte bei allem, was man tat oder sagte, damit rechnen, daß es einem einmal vorgehalten wird. Es war ein Leben gleichsam hinter einer Fensterscheibe, an das man sich gewöhnte.« Die Kirchschlägers, die stets ein reines Gewissen hatten, die in guter Ehe lebten, keine illegalen Geldgeschäfte betrieben und keine verbotenen Kunstschätze sammelten, empfanden die Bespitzelung obendrein als ungefährlich. Eine einzige Vorsichtsmaßnahme aber war zu bedenken: »Wichtig war, daß in unseren Gesprächen keine Namen genannt und keine Personen identifizierbar beschrieben wurden, die der tschechoslowakischen Staatsgewalt unterlagen. Wir hoffen, daß wir nie jemanden durch Namensnennung oder Identifizierbarkeit in Gefahr gebracht haben.«

Für Herma Kirchschläger überwogen im ersten Jahr die Haushaltssorgen. Lebensmittel, vor allem Gemüse und Obst, mußten aus Wien beschafft werden. Die Missionschefs wetteiferten in der Qualität der bei gesellschaftlichen Anlässen gebotenen Gastfreundschaft, die im wesentlichen den Frauen oblag. Da waren für die Hausfrau gelegentlich auch Kenntnisse im »Küchentschechisch« von Nutzen. Die Erwartung, daß Prag vielleicht auch etwas mehr Freizeit bringen könnte, hat sich nicht erfüllt. Aber dafür wurde die politische Entwicklung inter-

essant und spannend. Der Prager Frühling des Jahres 1968 und die drauffolgende Straf-Invasion der Warschauer-Pakt-Truppen waren aufregende Begebenheiten, die auch den Gesandten Österreichs erfaßten. In der Gesandtschaft mußte für die Aufnahme von Flüchtlingen vorgesorgt werden. Zwei große Kühltruhen wurden angeschafft und Lebensmittel bereitgestellt sowie Wasser in allen Badewannen gehortet. Rudolf Kirchschläger erwies sich nicht nur gegenüber Wien als ein Mahner zur Humanität, sondern auch als großzügiger Praktiker bei Handhabung der Visa-Erteilung. Die Tschechische Republik hat ihm hiefür 1996 als bis dahin einzigem Österreicher den Masaryk-Orden für Humanität und Menschenwürde verliehen.
Die Kirchschlägers waren nunmehr nach dem Prager Frühling in die Kälte des kommunistischen Winters gelangt und begannen allmählich, der diplomatischen Übung entsprechend, nach einem zweiten Auslandsposten Ausschau zu halten. Im Hinblick auf das in Prag erworbene Insiderwissen über angewandten Marxismus und Leninismus bot sich Moskau als nächster Posten an. Inzwischen aber hatte bei den österreichischen Nationalratswahlen die SPÖ unter dem Vorsitz des früheren Außenministers Kreisky die relative Mehrheit erhalten. Ohne jede Vorbereitung und ohne jeden Gedanken von seiten Kirchschlägers, eine Regierungsaufgabe anzustreben, ereilte ihn am 20. April 1970 bei der Brünner Messe der entscheidende Anruf. Kreisky lud Kirchschläger ein, als Außenminister mit »Blutgruppe null«, das hieß ohne Parteizugehörigkeit, in die neue Bundesregierung einzutreten. Auf die Anregung Kirchschlägers, doch Waldheim als Außenminister zu belassen, meinte Kreisky, dieser habe sich zu stark in der Wahlpropaganda für die ÖVP exponiert, er könne dies nicht verantworten. Auf den weiteren Einwand, doch einen der Kollegen im Außenministerium mit dieser Aufgabe zu betrauen, der sich für die Sozialdemokratie ausgezeichnet habe, antwortete Kreisky, er schätze sie alle sehr, aber er möchte keinem von ihnen den Vorzug geben. Daraufhin erbat Kirchschläger eine Bedenkzeit, die Kreisky aber im Hinblick auf die bereits durchgesickerten Mediengerüchte nur für kurz gewährte.
Rudolf und Herma Kirchschläger haben daraufhin in einem Brünner Hotel auf die eine Seite eines Papiers alle Argumente geschrieben, die für die Annahme des Angebots sprachen, und auf der anderen Seite alle jene dagegen. Die Pro-Argumente überwogen. Nach einer ziemlich schlaflosen Nacht fuhren sie im Auto nach Wien weiter. Rudolf Kirchschläger war wenige Stunden später Bundesminister für Aus-

wärtige Angelegenheiten und kehrte nur mehr kurz zur Verabschiedung nach Prag zurück.

Ein neuer Personenkreis schloß sich für die Ehefrau des Außenministers auf mit teils sehr interessanten Persönlichkeiten sowohl aus der Politik als auch aus dem Diplomatischen Korps. »Es war für mich ungewohnt, daß mein Mann und dadurch auch ich plötzlich ins Licht des öffentlichen Interesses gerückt waren. Mit einer gewissen Spannung durchblätterte ich anfangs jeden Morgen die Zeitungen nach guten oder auch kritischen Äußerungen über den Außenminister. Diese Neugierde legte sich wieder. Bald färbte die Ruhe meines Mannes gegenüber den Medien auch auf mich ab. Außerdem hatte er das Glück, daß die Grundeinstellung der Journalisten ihm gegenüber relativ freundlich war. Eine Hilfe waren hiebei auch die ausländischen Medien, deren Korrespondenten ihn zum Teil noch aus der Zeit des Prager Frühlings persönlich kannten und schätzten.«

Die gesellschaftlichen Verpflichtungen, vor allem die Abendveranstaltungen, nahmen jetzt besonders stark zu. Es gab wenige Abende ohne offizielles Essen oder Vortrag. »Es war ein Glück, daß die Kinder bereits aus dem Haus waren und der Vorwurf der Vernachlässigung nicht aufkommen konnte.« Da die Frauen der ausländischen Botschafter in Wien damals noch bei der Frau des Außenministers mindestens einen Antrittsbesuch und eine Abschiedsvisite zu absolvieren hatten, wurde auch die Wohnung immer stärker in die Erfüllung der Verpflichtungen mit einbezogen. Dazu kam, daß das soziale Engagement verschiedener Botschafterfrauen sehr groß war und Herma Kirchschläger an verschiedenen sozialen Initiativen mitwirkte. Eine neue Erfahrung waren auch die offiziellen Auslandsbesuche des Außenministers, zu denen nach damaliger internationaler Übung die Ehefrau immer mit eingeladen war.

Die Entgegennahme dieser Einladung war für Frau Kirchschläger nicht von vornherein selbstverständlich, denn es bestand damals noch die Praxis, daß die Frau des Außenministers sich das Flugticket selbst bezahlen mußte. Da die Delegation first class flog, war dies ein manchmal sehr erheblicher Betrag. Andererseits war es aber doch ein jeweils großes Erlebnis. Herma Kirchschläger heute: »Ich möchte keine der Reisen missen, vor allem die Chinareise wegen der völlig neuen fernöstlichen Eindrücke und die Italienreise wegen der Begegnung mit dem damaligen Außenminister Aldo Moro sind besonders fest in meiner Erinnerung verhaftet.«

Im vierten Jahr als Außenminister berichteten die Zeitungen immer offener über eine schwere Erkrankung von Bundespräsident Franz Jonas, und vereinzelt wurde in den Medien auch Kirchschläger als möglicher Nachfolger genannt. Herma Kirchschläger erzählt: »Mein Mann hat diese Anspielungen ursprünglich für Deutungen im Kaffeesud gehalten, also nicht ernst genommen. Eines Tages aber meinte er: ›Die Volkspartei greift meine Außenpolitik in letzter Zeit immer öfter an. Ich glaube, sie nimmt die Gerüchte über eine allfällige Kandidatur von mir für das Amt des Bundespräsidenten ernster als ich.‹«
Da Rudolf Kirchschläger aber nicht mehr so unvorbereitet überrascht werden wollte wie schon einmal bei der Ernennung zum Außenminister, wollte er diesmal gewappnet sein. »Ich glaube, wir sollten darüber nachdenken, ob ich im Falle eines Anbotes diese Kandidatur annehmen soll oder nicht«, sagte er zu seiner Frau. Diesmal stellten sie kein Pro-und-kontra-Register zusammen, dachten aber doch gründlich nach und kamen zu dem Schluß, keinerlei Initiative zu unternehmen und eine allfällige Kandidatur nur dann anzunehmen, wenn sie von einer wirklich breiten Schicht innerhalb der Sozialistischen Partei Österreichs getragen werde.
Kirchschläger hatte für Ende März seine bis dahin größte Besuchsreise nach Pakistan und der Volksrepublik China, Hongkong und Indien geplant. Bei der Verabschiedung von Bundeskanzler Kreisky am Vorabend der Reise erwähnte Kirchschläger auch die Frage, ob es nach Meinung des Bundeskanzlers notwendig wäre, im Falle eines Ablebens des Bundespräsidenten die Reise zu unterbrechen und vorzeitig nach Wien zurückzukehren. Kirchschläger war an dem ungehinderten Abschluß der Reise nicht nur politisch, sondern auch deswegen interessiert, weil er ja die sehr hohen Kosten des Flugtickets, immerhin 56 000 Schilling, für seine Frau bezahlt hatte, ein Betrag, der im Falle einer vorzeitigen Rückkehr verfallen wäre. Kreisky erwähnte ihm da gegenüber zum ersten Mal, daß in seiner Partei ernsthaft erwogen werde, ihn als Kandidaten für die Präsidentschaft aufzustellen.
Der Außenminister trat am nächsten Tag gemeinsam mit seiner Frau die Fernostreise an. Sie war vor allem in der Volksrepublik China reich an politischen und menschlichen Eindrücken, umso mehr, als die Kulturrevolution noch deutliche Nachwirkungen zeigte. Unmittelbar nach der Rückkehr nach Wien mußte Kirchschläger zur Teilnahme an einer außerordentlichen Generalversammlung der Vereinten Nationen nach New York. Einen Tag nach der erneuten Ankunft in Wien

starb Bundespräsident Jonas. Zwei Tage nach dem Begräbnis wurde Kirchschläger von der SPÖ tatsächlich als Präsidentschaftskandidat nominiert. Fast zur gleichen Zeit stellte die Österreichische Volkspartei den populären Innsbrucker Olympia-Bürgermeister Dr. Alois Lugger als Kandidaten auf.
Obwohl sie bislang keine politische Erfahrung und kaum jemals an einer Versammlung teilgenommen hatte, hat sich Herma Kirchschläger entschlossen, die Wahlwerbereisen ihres Mannes mitzumachen. Es war eine völlig neue Lebenserfahrung. Dazu Herma Kirchschläger: »Ich habe mir gesagt, wenn ich im Falle eines Wahlerfolges als Ehefrau des Bundespräsidenten wirken soll, dann muß ich wohl auch den Weg dorthin mit ihm gemeinsam gehen, und so habe ich ihn bei Versammlungen und auf Großkundgebungen begleitet und bin auch allein vor allem zu älteren und kranken Menschen gegangen und habe ihnen von meinem Mann erzählt.« Auch eine besondere Erfahrung konnte sie dabei machen: »Ich habe damals verstanden, was mein Mann wiederholt erwähnte, daß nämlich die Zustimmung aus einer großen Menschenmenge eine Art kräftespendende Medizin ist, die über alle Müdigkeit hinweg hilft. Ich habe damals aber auch erlebt und war unangenehm davon berührt, daß die alten Haßgefühle zwischen den politischen Lagern, die ich noch aus der Zwischenkriegszeit kannte, gar nicht so endgültig verschwunden waren. Sie kamen da und dort, wenn man ein wenig an der Oberfläche kratzte, überraschenderweise wieder zum Vorschein.«
Am 23. Juni 1974 wurde Rudolf Kirchschläger bei einer Wahlbeteiligung von 94,6 Prozent mit 51,7 Prozent der abgegebenen Stimmen zum Bundespräsidenten gewählt. Am 8. Juli fand vor der Bundesversammlung im Parlament die Angelobung statt. Damit war Rudolf Kirchschläger für sechs Jahre Bundespräsident der Republik Österreich und Herma Kirchschläger – nach amerikanischem Sprachgebrauch – die »First Lady« des Volkes.
Herma Kirchschläger fühlte sich ihrerseits nicht als »First Lady«, sondern schlicht als Ehefrau des vom Volk gewählten Bundespräsidenten. Sie versuchte ihr bisheriges Leben fortzusetzen und dabei vor allem dem Ehemann bei der Erfüllung seiner Amtspflichten zur Seite zu stehen. Rudolf Kirchschlägers Berufsverständnis bestand darin, nahe beim Volk zu bleiben, und seine Frau half ihm bei diesem Vorhaben. Sie war für alle Mitmenschen erreichbar und versuchte den Einfluß, der ihr gelegentlich als Frau des Bundespräsidenten zugeschrieben

wurde, für die Durchsetzung sozialer Anliegen zu verwenden. So arbeitete sie unter anderem im Internationalen Komitee für freiwillige Sozialhilfe mit und wurde dessen Ehrenpräsidentin, widmete sich in besonderer Weise der Abteilung Mutter und Kind der »Caritas Socialis«, nahm an den Hilfeleistungen der »Asean-Ladies« teil, nahm sich besonders der Bedürfnisse Körper- und Geistesbehinderter an und wurde Mitglied der aus Amerika stammenden, weltweiten Frauenvereinigung Beta Sigma Phi, deren Mitglieder monatlich einmal zu Vorträgen, Museumsbesuchen oder geselligen Abenden zusammenkommen und durch Besuche in Altenheimen Gutes tun.

Der Bundespräsident stattete den Bundesländern pro Jahr an die hundert Besuche ab. Sehr häufig begleitete sie ihn dabei. Sie hatte den wohl nicht unbegründeten Eindruck, daß die Frauen in den Veranstaltungsorten es schätzten, wenn sie mitkam, da diese dann auch eher von ihren Männern mitgenommen wurden. Die Zeit des Patriarchates war doch noch nicht abgelaufen. Frau Kirchschlägers Präsenz hatte aber noch einen weiteren Grund: »Ich wollte zusätzlich auch ein wenig auf meinen Mann aufpassen, daß er mit seiner Gesundheit haushielt. Der direkte Kontakt mit den Menschen brachte ja sehr viel zusätzliche Anstrengung mit sich. Ich habe aber auch Freude gehabt, Österreich so richtig kennenzulernen. Es ist ein wunderbares, vielgestaltiges Land, und auch die Menschen sind oft recht verschieden. Ich habe die Begleitung meines Mannes aber auch dazu benützt, um mit ihm in Ruhe reden zu können. Dies war allerdings meist nur auf den Rückfahrten möglich. Auf der Hinfahrt zum Veranstaltungsort hat er meistens noch seine Rede vorbereitet.« Von ihr weiß man, daß sie auf diesen langen Autofahrten gerne für die wachsende Schar ihrer Enkelkinder Pullover strickte.

Natürlich verlangte die Teilnahme an Festen, Bällen und insbesondere an Auslandsreisen eine entsprechende Garderobe. »Ich beschäftigte schon aus der Außenministerzeit einen kleinen Modesalon, der auf meine Wünsche weitgehend einging. Ich wollte bewußt nicht die Haute Couture des letzten Schreis tragen, sondern wählte eine gediegene Ausstattung, in der sich auch etwas die Amtsauffassung meines Mannes widerspiegelte.«

Die Haushaltsführung in der Amtsvilla auf der Hohen Warte einschließlich der Pflege des großen Gartens verlangte Umsicht und Zeit. Höflichkeitsvisiten und Bittbesuche wechselten einander ab. In gewissen Zeitabständen wurde auch die Bundesregierung eingeladen. Auch

Auslandsbesuche standen auf dem Programm, überwogen jedoch nicht. Herma Kirchschläger: »Die Besuche im Ausland und auch die Besuche ausländischer Staatsoberhäupter in Österreich erwecken nach außen mehr Aufsehen, als ihnen im Jahresablauf an Bedeutung zukommt. Mein Mann fuhr in zwölf Jahren 22mal zu Staatsbesuchen ins Ausland, ich begleitete ihn bei 19. Nahezu die gleiche Zahl von ausländischen Staatsoberhäuptern und deren Ehefrauen empfingen wir auch in Österreich. Dazu kamen noch einige informelle Kontakte mit den an Österreich grenzenden Ländern Ungarn, Italien und Deutschland. Ich habe dabei viele interessante Menschen kennengelernt, mit den Trägern großer Namen gesprochen und auch vieles gesehen, allerdings nur das, was die Gastgeber zu zeigen bereit waren. Mein Mann wies jedoch immer wieder darauf hin, daß all die Ehren, die uns erwiesen wurden, und all die Auszeichnungen und Titel in Wirklichkeit nicht uns gehörten, sondern ausschließlich der Republik Österreich zugute kamen. Es waren Höflichkeitsbeweise, die von und gegenüber austauschbaren Amtsinhabern dargebracht wurden. Es klingt ein bißchen naiv, aber ich habe tatsächlich manchmal an ein ganz schlichtes Sprichwort aus der Kinderzeit gedacht: In der Welt fährst du am besten, sprichst du stolz mit stolzen Gästen, mit bescheidenen sprich bescheiden, aber wahr und klar mit beiden.«

Eindrucksvoll, aber wohl auch anstrengend war der Besuch in den Vereinigten Staaten Amerikas. Für die neun Tage in den USA mußte die First Lady sage und schreibe neun Koffer mithaben, für jede Stadt einen mit einer komplett anderen Garderobe. Es war ja auf Schritt und Tritt bereits das österreichische Fernsehen dabei, man mußte jedesmal aufs neue gut angezogen wirken. Abwechslung war gefragt, auch bei Schmuck, Schuhen und Handtaschen. Frau Kirchschläger erwies sich als wahres Genie der Garderoben-Logistik: »Nancy Reagan, die akurate First Lady Amerikas, war eine besonders umsichtige Gastgeberin. Sie war die einzige, die den Gästen eine Hilfe für die persönlichen Dienste zur Seite stellte.« Auch ihr Besuch im Kreml blieb Herma Kirchschläger unvergessen: »Es war berührend, als beim festlichen Dinner der damals schon sehr kranke Breschnew aufstand und mir eine besonders schöne langstielige Rose überreichte. Durch den Dolmetsch ließ er sagen, das Reden mache ihm Mühe, ich solle aus dieser Rose seine freundlichen Gefühle erkennen.« Auch beim Schah in Teheran war sie überwältigt, »als die persische Kapelle plötzlich österreichische Volkslieder zu spielen begann«.

»Bei den Staatsbesuchen in Wien versuchten mein Mann und ich den Formalismus des Protokolls und auch die gelegentlich bestehende sachliche Spannung zwischen den Delegationen dadurch zu überspielen, daß wir nach der Ankunft den Staatsgast und dessen Ehefrau allein, ohne irgendeine Begleitung und auch ohne Außenminister, zu einem Essen zu viert in die Amtsvilla einluden. Miteinander zu essen und ungezwungen über Nettes zu reden war der beste Weg, um eine menschlich angenehme Atmosphäre auch für die anschließenden Sachgespräche herbeizuführen.«

Was anfangs für das Ehepaar Kirchschläger noch Neuland war, wurde im Laufe der Jahre zur Gewohnheit und zu einer Aufgabe, die Freude bereitete. Dazu kam, daß 79,9 Prozent der Wähler Rudolf Kirchschläger nach Ablauf der ersten Amtsperiode 1980 erneut das Vertrauen aussprachen und damit bestätigten, daß der rechte Weg der Amtsausübung gewählt war.

Herma Kirchschläger teilte die Vorbehalte des Bundespräsidenten gegen große persönliche Feste. Nach dem Erfolg der ersten Wahl im Jahre 1974 gab es kein Sektgelage, sondern Würstel, Gulasch und Bier im Rathaus, und nach der zweiten Wahl im Jahre 1980 ging das Ehepaar Kirchschläger mit Kindern und Schwiegerkindern in ein Wiener Restaurant zum Abendessen. Über kleine persönliche Gesten wie jene des Hauseigentümers in der Spitalgasse, der nach dem Wahlerfolg des Jahres 1974 noch am Abend den Hauseingang mit Grünpflanzen schmückte und zu einem Glas besonderen Weins einlud, konnte sich das Ehepaar jedoch freuen.

Der Abschied vom Amt fiel dem Bundespräsidenten und seiner First Lady nicht schwer. Er hatte von vornherein jede Anregung einer Verfassungsänderung zur Ermöglichung einer dritten Kandidatur zurückgewiesen. Dr. Rudolf Kirchschläger wurde als Bundespräsident in der gemeinsamen Sitzung des Nationalrates und des Bundesrates vom 8. Juli 1986 mit großer Würdigung verabschiedet. In seiner Abschlußrede dankte er auch seiner Frau mit den Worten: »Obwohl ich mir der notwendigen Abgrenzung des öffentlichen Mandats von der Privatsphäre immer bewußt war, bitte ich dennoch um Verständnis, daß ich heute zum Abschluß meiner öffentlichen Tätigkeit noch einen Dank anfüge: Es ist – fast würde ich sagen: zum ersten Mal – der Dank an meine Frau, die meine Aufgabe und Verantwortung vor allem auch in den zwischenmenschlichen Kontakten voll mitgetragen hat.« Das Hohe Haus applaudierte.

Nach der anschließenden Übergabe der Amtsgeschäfte in der Hofburg an den Nachfolger Dr. Kurt Waldheim bestellte sich Kirchschläger einen Fiaker und fuhr gemeinsam mit seiner Frau von der Hofburg zu einem Wiener Restaurant, in dem die ganze Familie bereits zum gemeinsamen Mittagessen wartete.

Schon in den letzten Wochen vor Beendigung der Amtszeit hatte das Ehepaar die Amtsvilla geräumt und war in ein Reihenhaus in Wien-Dornbach gezogen, das es während der zweiten Amtsperiode als Alterswohnsitz erworben hatte. Das Haus liegt nicht weit von den Ausläufern des Wienerwalds entfernt. Es weist keinen Luxus auf, besitzt aber angemessenen Komfort mit wohnlicher Atmosphäre. Die Arbeit für Rudolf Kirchschläger hat nicht aufgehört, weil sich noch immer, auch zwölf Jahre nach Verlassen des Amtes, Menschen mit ihren Anliegen und Sorgen an ihn wenden und, so der Altpräsident, »nicht glauben wollen, daß mir weder Entscheidungsmacht noch Einfluß zusteht«. 1990 überstand Rudolf Kirchschläger eine schwere und komplizierte Krebsoperation.

Im Jahr 1998 besuchte er, mittlerweile 83 Jahre alt und auf den Stock gestützt, unter anderem die Feierlichkeiten zum 80jährigen Jubiläum der Gründung der Republik. Still dachte er bei den Ansprachen an seinen eigenen weiten Weg zurück, den er in dieser bewegten Zeit vom kleinen verwaisten Landarbeiterbuben kontinuierlich an die Spitze des Staates gegangen war. Aufrecht, dem Glauben verwurzelt, aus eigener Kraft, mit großer Bescheidenheit. Seine Frau, 82, groß, schlank, mütterlich, das ergraute Haar immer noch in der strenggeordneten Aufsteckfrisur, war bei jedem Schritt, an jeder Weggabelung als innige Begleiterin an seiner Seite. Er erklärt das Phänomen der langen Gemeinsamkeit mit den schlichtesten Worten. »Wir haben uns einfach gern!«

Ein Ehepaar lehnt sich in dem Gefühl zurück, viel für Österreich geleistet zu haben. Und darüber hinaus befolgte Frau Kirchschläger ein in Vergessenheit geratenes Rezept: »Viele Menschen wissen leider nicht, was Liebe ist. Unsere Ehe ist wahrscheinlich deshalb so gut, weil ich meinen Mann geheiratet habe, um ihn glücklich zu machen. Und das hat wiederum mich glücklich gemacht.«

ELISABETH WALDHEIM

GEB. 13. APRIL 1922

Elisabeth Waldheim wurde im Juli 1986 unter den ungünstigsten Bedingungen First Lady. Ihr Mann, Dr. Kurt Waldheim, hatte die Wahlen in das höchste Amt des Staates gegen den Kandidaten der SPÖ, Arzt Dr. Kurt Steyrer, im zweiten Durchgang zwar mit einer klaren Mehrheit von 53,9 Prozent der Stimmen gewonnen. Das war bis dahin das höchste Ergebnis bei einer Erstkandidatur. Sieger sehen jedoch anders aus. Dabei wäre Frau Waldheim nach jahrzehntelangem Training auf internationalem Parkett – ihr Mann war Botschafter, Außenminister und zwei Amtsperioden hindurch Generalsekretär der Vereinten Nationen – geradezu die Verkörperung charmanter und disziplinierter Gastgeberkunst gewesen. Gerade sie, die wie keine andere tatsächlich die neue Sissy in der Hofburg hätte sein können, konnte ihre Talente nun – am Höhepunkt seiner politischen Karriere – nicht so richtig entfalten. Durch die turbulenten Begleitumstände von Kurt Waldheims Präsidentschaft waren ihr in all den Jahren die Hände gebunden.

Auf die Frage, wie sie diese Jahre der Anfeindungen und Beschuldigungen ihres Mannes bis hin zum Einreiseverbot in die Vereinigten Staaten (Watchlist) ertragen konnte, gab sie immer nur die eine gleichlautende Antwort: »Mit Gottvertrauen, der Überzeugung, daß ihm Unrecht geschehen ist, und dem festen Zusammenhalt in der Familie.«

Mit ihrer Selbstbeherrschung und Nervenkraft war sie wahrlich eine Eiserne First Lady. In ihrer ganzen Erscheinung ist Elisabeth Waldheim eine imponierende Frau. Neben ihrem ranken 1,90 Meter großen Mann wirkt sie kaum kleiner. Wie zwei österreichische Tannen stehen die beiden hochgewachsen, biegsam und von den Wurzeln bis zur Spitze perfekt nebeneinander. Wenn der Wind sie anbläst – und es waren gewaltige Stürme, denen sie zu trotzen hatten –, neigen sie sich synchron in dieselbe Richtung.

Mit ausgesuchter, gewandter Höflichkeit öffnet Sissy Waldheim die Türe zu ihrem bis in die Stuhlbeine und Zierpolster großbürgerlichen Reich. Kaiserin Elisabeth hat in Schönbrunn einst kaum imperialer gewohnt: Drei große hauptsächlich in Biedermeier eingerichtete Räume mit prächtigen Kristallustern an Decken und Wänden erlauben einen weiten Durchblick. Dahinter viele Nebenräume. Kurt Waldheim braucht Raum zum Aufundabgehen. Nirgends Unordnung, kein Staubkörnchen, das Reich einer perfekten Hausfrau und Gastgeberin. Der Lehrersohn und die Tochter eines Berufsoffiziers haben sich den

Traum feudaler, großbürgerlicher Pracht erfüllt. Kein Stück Moderne irritiert die Harmonie des vorigen Jahrhunderts.

Sissy Waldheim kam am 13. April 1922 in Wien als Elisabeth Ritschel zur Welt. Auch sie wurde wie eine ganze Generation von jungen Mädchen nach Kaiserin Elisabeth benannt. Ihre Eltern wollten sie eigentlich Liselotte nennen, da es aber als Namenspatronin keine Heilige gab, mußte man Zuflucht bei einer Kaiserin nehmen. Sissys Vater, Wilhelm Ritschel, war Berufsoffizier, nach dem Zusammenbruch der Monarchie ging er in die Industrie. Er hat sich, wie Elisabeth Waldheim angibt, »sehr schwer getan, eine Familie mit drei Kindern zu ernähren«. Wilhelm Ritschel wäre nämlich gerne Ingenieur geworden wie sein Vater, Elisabeths Großvater. Der hatte zum Beispiel die Lavanttalerbahn in Kärnten gebaut. Und zuvor noch die kleine Bahn von Mürzzuschlag nach Mürzsteg, die Abzweigung von der Südbahn zum Jagdschloß Kaiser Franz Josephs, dem heutigen Landsitz der österreichischen Bundespräsidenten. Daß dereinst seine Enkelin Elisabeth als First Lady in diesem Jagdschloß des Kaisers so manche Winterferien verbringen würde, hätte Großvater Ritschel nicht zu ahnen gewagt.

Die Zeiten waren schlecht, aber Wilhelm Ritschel war sehr an der Bildung seiner drei Kinder interessiert. Elisabeths Mutter, Hildegard Ritschel, geb. Jahutka, war Hausfrau. Das Elternhaus war katholisch, bürgerlich, deutsch-national. Der Vater hatte sich, Sissy Waldheim sagt es rückblickend, vom Anschluß Österreichs an Deutschland anfangs die Verbesserung der wirtschaftlichen Lage erwartet und war sehr bald Mitglied der Nationalsozialistischen Arbeiterpartei geworden.

Elisabeth war das älteste von drei Mädchen, ihre beiden Schwestern waren Zwillinge, Margaritha und Erika. Frau Waldheim erinnert sich nicht allzu gerne an ihre Rolle als älteste Schwester. »Ich mußte immer die Vernünftige sein! Angefangen hat es damit, daß ich in die Volksschule Notre Dame de Sion gehen mußte. Ich habe nicht eingesehen, warum ich, und die anderen nicht. In der Früh alleine von zu Hause weg, und die beiden anderen durften bleiben, das war schlimm für mich.«

Gewohnt hat die Familie damals im 8. Bezirk, die Klosterschule lag also praktischerweise gleich in der Nähe der Wohnung in der Burggasse. Sissy war dort im Halbinternat und fühlte sich eingesperrt, aber erst als die beiden jüngeren Schwestern in die öffentliche Volksschule kamen, durfte auch sie wechseln.

Als Elisabeth in Hietzing in die Mittelschule kam, verbrachte sie viele Nachmittage bei den Großeltern väterlicherseits und bei der Halbschwester ihres Vaters, die eine Konzertpianistin war und bei der sie auch Klavierstunden nahm. Hoffnungen auf ein Talent in dieser Richtung erfüllten sich leider nicht. Elisabeth blieb eine sehr mittelmäßige Klavierspielerin, aber »die Liebe zur Musik hat sich wenigstens in dieser Zeit entwickelt«.

In den Sommerferien fuhr die gesamte Familie aufs Land, an den Attersee in Oberösterreich. Man war zu neunt: Vater und Mutter Ritschel mit den drei Töchtern und die verwitwete Schwester des Vaters, gleichfalls mit drei Kindern, für die Sissys Vater Vormund war.

Ausflüge wurden unternommen, und Sissys Mutter hat mit Hilfe eines Bauernmädchens für alle gekocht und gewirtschaftet. Der Vater ist zu den Wochenenden gekommen. Sissy Waldheim erinnert sich trotz aller finanziellen Beengtheit an zwei volle Monate unbeschwerter, heiterer Sommerfrische. Der Attersee sollte ja später auch das Refugium der Familie Waldheim werden. 1960 haben die Waldheims dort ein eigenes Haus gebaut.

Sissy war noch keine 16 Jahre alt, als die Deutschen in Österreich einmarschierten, mit 17 trat sie dem BDM, dem nationalsozialistischen »Bund deutscher Mädel« bei, später war auch sie kurze Zeit Mitglied der NSDAP, trat aber auf Wunsch ihres künftigen Ehemannes bei der Verlobung mit ihm wieder aus. Frau Waldheim dazu: »Natürlich war ich beim BDM, wir sind ja gar nicht gefragt worden. Es war keine sehr glückliche und erfreuliche Zeit damals. Ich muß sagen, ich habe alle diese Sachen nicht sehr gerne gehabt, weil mir diese ganze Vereinsmeierei nicht sehr liegt.«

Nach der Matura wurde sie zum Arbeitsdienst einberufen, zu den Frühgemüse- und Frühobstplantagen nach Roisdorf bei Bonn. Es galt, Tonnen von Kirschen, Weichseln und Erdbeeren zu pflücken. Keine leichte Arbeit für ein junges Mädchen aus der Stadt: »Ich glaube, ich habe mir dort auf diesen Äckern mein Rückenleiden geholt. Denn wir sind tagelang gebückt gestanden und haben Erdbeeren gepflückt. Aber die Leute, bei denen ich war, vor allem die Familie Löhrer, haben mir bis zu ihrem Tod geschrieben und den Eltern mit dem Zug immer Obst nach Wien geschickt, das war besonders rührend.« Sissy war damals das erste Mal alleine von zu Hause weg.

Das war im Sommer 1940. Fünf Monate lang dauerte der Arbeitseinsatz, bis im Herbst in Wien das Universitätsstudium begann. Den Va-

Elisabeth und Kurt Waldheim

ter freute es, daß sich seine Älteste für das Jusstudium entschied. Er selbst wurde zum zweiten Mal in seinem Leben zum Kriegsdienst verpflichtet. Er leitete die Werkzeugkompanie der 45. Infanterie-Division an der Ostfront, so daß er, wie er bitter anzumerken pflegte, sowohl seinen 25. als auch seinen 50. Geburtstag in Rußland verbrachte. Sissy erinnert sich: »Meine Mutter hat immer darunter gelitten, daß sie keinen Buben zur Welt gebracht hatte, als mein Vater aber wieder einmal von der Front zu Hause war, sagte er: ›Jetzt bin ich froh, daß wir keinen Sohn haben.‹«

Das Geschick wollte es, daß Elisabeths Wahl des Studienfaches gleichzeitig eine noch viel weitreichendere Entscheidung für ihr Leben mit sich brachte. Es geschah 1942 vor dem »Schwarzen Brett«,

jener Anschlagtafel an der Fakultät, an der sich alle Studierenden über Professoren, Vorlesungen und Prüfungstermine informieren konnten. Und da stand eines Tages die Studentin Elisabeth Ritschel davor, groß und schlank und fesch, und zu ihr gesellte sich ein Student eines höheren Semesters, gleichfalls sehr groß, sehr dünn und hinkend – Kavallerist Kurt Waldheim, vom Kriegsdienst zu Hause auf Genesungsurlaub nach einer Fußverletzung im russischen Winterfeldzug.
Elisabeth hat die Umstände der Begegnung immer in einem etwas anderen Licht gesehen als er. Sie sagt: »Er behauptet immer, ich habe vor dem schwarzen Anschlagbrett sehr hilflos ausgesehen und ihn um Rat gefragt, was ich denn inskribieren sollte. Nun, gar so hilflos war ich sicher nicht, hörte aber gerne seinen Rat. Aber es stimmt, ab dem Zeitpunkt war er voll Interesse für mich. Ich weiß nicht, ob ich mich damals gleich verliebt habe. Wir waren dann in diversen juristischen Kursen zusammen, haben uns näher kennengelernt, und er hat immer angerufen, bis er wieder zum Militär zurückmußte. Ich war damals 20 Jahre alt. Danach ist er immer nur anläßlich von Genesungs- und Heimaturlauben nach Wien gekommen. 1943 haben wir uns verlobt. Das war zu Weihnachten, auch während eines Heimaturlaubs.«
1941 bereitete Hitler seinen Rußlandfeldzug vor. Die Aufklärungsabteilung 45, der Leutnant Kurt Waldheim zugeteilt war, wurde an die Ostfront verlegt. Sissy studierte mit sehr viel Freude Jus und beendete das Studium 1943 nach sechs Semestern mit dem Magisterium. In den Sommerferien war sie vorher zu unbezahltem Arbeitsdienst im Allgemeinen Krankenhaus, später an diversen Gerichten (Bezirksgericht Dornbirn, Handelsgericht Wien) zugeteilt. Nach dem Studium absolvierte sie 25 Monate Gerichtspraxis, beginnend am Amtsgericht Liesing, später am Oberlandesgericht Wien und diversen anderen Dienststellen, und bereitete sich auf die Assessorprüfung vor.
Sissy wohnte allein zu Hause bei ihrer Mutter. Die beiden Schwestern waren zuerst beim Arbeitsdienst und danach zum Kriegsdienst überstellt worden. Eine arbeitete in einer Munitionsfabrik bei Baden. Die Schwester Kurt Waldheims war Tramwayschaffnerin auf der 5er-Linie. Sissy, die Studentin, war kriegsdienstbefreit: »Die Frauen wurden für den Kriegsdienst verpflichtet, das ist mir, weil ich studierte, erspart geblieben.«
Ein glückliches Ende nahm auch der private Teil der Geschichte, die am Schwarzen Brett ihren Anfang genommen hatte. Im Sommer 1942 kam Waldheim mit einer leichten Verwundung – ein Granatsplitter

hatte ihn am Bein getroffen – nach Hause. Im Sanatorium Wolfsbergkogel, einem Kriegslazarett am Semmering, kurierte er im Winter 1943 während eines Genesungsurlaubes sein Leiden aus. Er verwendete die Zeit, um bei Alfred Verdross, Universitätsprofessor für Völkerrecht, seine Dissertation (Thema: »Die Reichsidee des Konstantin Frantz, politischer Schriftsteller des 19. Jahrhunderts und Gegner Bismarcks«) zu schreiben. Sissy, mit der er bereits verlobt war, hatte sich in einem kleinen Zimmer im Semmeringer Hotel Panhans eingemietet und ihm das Manuskript in die Schreibmaschine getippt. Und dies, obwohl sie gar nicht Maschinschreiben konnte. Sissy Waldheim: »Bei Gericht hatten wir Sekretärinnen, die alles tippten, das war besser als heute. Es war auch das einzige Mal, daß ich etwas mit zwei Fingern getippt habe.«
Im August 1944 – die große Offensive der Alliierten stand bevor – fand die Hochzeit statt. Gegen den Rat ihrer Eltern, denen der Krieg nicht als geeigneter Zeitpunkt zur Familiengründung erschien, heirateten die Jungen. Es war auf beiden Seiten eine Liebesheirat. Auf Sissys Wunsch ging die Hochzeitsreise nach Mariazell. Auf dem Weg dorthin fielen Bomben, die Hochzeitsnacht verbrachte das Brautpaar in einem überfüllten Luftschutzkeller in St. Pölten.
Für die Verehelichung ist Sissy, die – wie viele der nationalsozialistischen Verführung Verfallene – aus der Kirche ausgetreten war, auf ausdrücklichen Wunsch ihres Mannes wieder in die katholische Kirche eingetreten. Sissy Waldheim heute: »Dieser feste Glaube, der für meinen Mann immer eine Selbstverständlichkeit war, hat mir später sehr viel Halt gegeben.«
Die »Affäre Waldheim«, die die Österreicher in den Jahren 1985, von der Wahlkampagne, bis 1992, dem Ende der Amtszeit Waldheims als Bundespräsident, polarisierte, hat sich weltweit in den Schlagzeilen der größten Medien niedergeschlagen. Waldheims Gegner warfen ihm vor, in seinem vor dem Wahlkampf erschienenen Buch »Im Glaspalast der Weltpolitik« über seine Zeit als Ordonnanzoffizier im Stab der Heeresgruppe E im Hauptquartier in Arsakli bei Saloniki ab Herbst 1943 keine ausführlichen Angaben gemacht zu haben. Sie bezichtigten ihn, von den Judendeportationen in Saloniki gewußt, sie aber nicht verhindert oder wenigstens sabotiert zu haben. Seine Beteuerungen, laut Soldbuch zu dieser Zeit überhaupt nicht im von den Deutschen besetzten Griechenland gewesen zu sein, sondern sich auf Genesungsurlaub in Wien befunden zu haben, nutzten ihm nichts. Be-

sonders ungeschickt kam seine Entschuldigung »Ich habe nur meine Pflicht getan!« an. Das Land war polarisiert, die Gegner beschuldigten ihn, als Kavallerist Mitglied der SA-Reiterstandarte und ganz allgemein ein »Kriegsverbrecher« gewesen zu sein. Eine international besetzte, objektive Historikerkommission hat beide Vorwürfe zwar entkräftet, der Wirbel, angefeuert von der Polemik des World Jewish Congress in New York, der sogar zu Waldheims Einreiseverbot in die USA geführt hat, war aber kaum zu stoppen. Waldheim galt für Freund und Feind als Prototyp des eilfertigen österreichischen Mitläufers. Daß bei der weltweiten Empörung auch die Abrechnung Israels mit einem UN-Generalsekretär eine Rolle spielte, der in der Nahost-Krise stets auch den Standpunkt der Araber, speziell der Palästinenser vertreten hatte, mag ebenfalls eine Rolle gespielt haben. Fazit: Innen- und außenpolitisch sind in Österreich all jene tiefen politischen Wunden aufgebrochen, die in fünfzig Jahren mangels profunder Auseinandersetzung mit dem Nazi-Unrecht nie geheilt waren. Waldheims zwar passives, aber historisches Verdienst besteht darin, der Katalysator gewesen zu sein, der die Wunden und Verletzungen zum Vorschein brachte.

Hier, in diesem Buch, geht es aber um das Porträt der Ehefrau. Sie sagt zu Recht, sie zu könne zu obigen Vorwürfen keine Angaben machen: »Ich war weder am Balkan bei den grausamen Kämpfen der Deutschen Wehrmacht gegen Titos Partisanen noch in Saloniki bei den verachtenswerten Judendeportationen dabei.« Wie bei vielen Österreichern dieser Generation ist diese Art der Entschuldungs-Einsicht richtig, moralisch greift sie aber nicht tief genug.

Sissy Waldheim war im letzten Kriegswinter mit Sorgen ganz anderer Art befaßt: Sie erwartete ihr erstes Kind.

In den Erinnerungen Kurt Waldheims schlägt sich die Geburt der älteren Tochter in einem Absatz nieder. Er schreibt: »Im letzten Kriegsjahr wurden die Luftangriffe auf Wien immer heftiger. Als sich die alliierten Armeen auf ihrem Vormarsch aus dem Osten und dem Süden immer mehr Wien näherten, suchte Sissy Zuflucht im Westen der Steiermark, in Ramsau bei Schladming. Dort kam am 7. Mai 1945 unser erstes Kind, Liselotte, in einem Bauernhaus auf die Welt.«

Für die werdende Mutter stellten sich die zwei letzten Monate ihrer Schwangerschaft dagegen kaum als Kurzgeschichte dar. Frau Waldheim braucht mehr als einen Absatz, um die dramatischen Ereignisse ihrer Flucht aus Wien zu erzählen, die auch deshalb hier etwas ausführlicher wiedergegeben werden sollen, weil sie kein Einzelschicksal waren und hier auch stellvertretend für andere über das Leben von Frauen in den schweren Stunden des Kriegsendes zu schreiben ist. Sie erzählt:

»Es war ganz schrecklich, im 45er Jahr ein Kind zu bekommen, mein Vater war in Rußland, mein Mann auf dem Balkan, meine Mutter und ich waren alleine, Bomben fielen auf Wien. Mein Schwiegervater wollte immer, daß das Kind in Baden auf die Welt kommt, wo er und seine Frau lebten. Er dachte, daß ihm, dem anti-nationalsozialistisch eingestellten Schulinspektor, der vom Dienst als unzuverlässig suspendiert worden war, von den Russen nichts passieren würde. Kurze Zeit lebte ich auch bei ihnen, dann aber, als die ersten ungarischen Pferdewagen mit Flüchtlingen auftauchten, bekamen wir es alle mit der Angst zu tun. Berichte von schlimmsten Vergewaltigungen gingen dem Einmarsch der Sowjettruppen voran. Da sagte mein Schwiegervater: ›Du mußt weg!‹ Nur wußte ich nicht, wohin. Ich hatte keine Verwandten am Land. Da erfuhr ich von einer Schulfreundin, daß sie in die Ramsau gefahren ist, um ihr Kind dort zu bekommen. Da habe ich mit meiner Mutter versucht, auch dorthin zu gelangen. Eine wirkliche Odyssee begann. Wir landeten in einem Lazarettzug, der in den Westen fahren sollte. Die Züge sind in Wien jedoch ewig umgeleitet worden – irgendwohin auf die Vorortelinie, da die meisten Gleisanlagen bereits durch Bomben zerstört waren. Wir haben meist nicht gewußt, wo wir uns befanden, der Kinderwagen stand immer zwischen zwei Waggons außen festgemacht. Ich war im achten Monat schwanger, und wir sind schon mit den Windeln, dem Kinderwagen, dem Kochtopf und der ganzen Ausrüstung unterwegs gewesen. Und dann haben wir immer jemanden in Papier gewickeltes Geld aus dem Zug hinuntergeworfen und gebeten, derjenige möge im Kaffeehaus, das der Schwester meiner Schwiegermutter gehörte, anrufen und ausrichten, wo der Zug gerade steht. Das ging so zwei Tage lang, dann hörten wir, daß der Zug nach Prag umgeleitet wird. Das war für uns furchtbar, denn wir wollten nicht in die Tschechoslowakei. Da kam zum Glück gerade mein Mann für zwei Tage nach Wien. Er hat versucht, uns aus dem Zug herauszuholen, was ihm auch gelungen ist. Dann hat ein Kamerad meines Vaters aus dem Ersten Weltkrieg zu meinem Mann gesagt: ›Du, ich fahre mit einem Lastwagen mit Munition in Richtung Westen. Hinter dem Führersitz ist so ein Bett für den Beifahrer, da kann sich deine Frau niederlegen.‹ Mein Mann mußte wieder zurück, sein Urlaub war abgelaufen. Meine Mutter und ich sind dann mit dem Lastwagen nach Schwarzach-St. Veit und von dort mit dem Zug nach Schladming gekommen. Von Schladming hinauf in die Ramsau sind wir zu Fuß gegangen, ein Ochsenwagen hat uns die Gepäckstücke und den Kinderwagen aufgeladen. Oben in der Ramsau wurden wir wegen Überfüllung mit Flüchtlingen nicht gerade willkommen geheißen. Sie haben gesagt: ›Die Wiener gehören auf die andere Seite nach Salzburg.‹ Meine Mutter hat dann fürchterlich zu weinen begonnen und gesagt: ›Sehen Sie nicht, diese Frau ist hochschwanger!‹ Da haben wir ein Mansardenzimmerl bekommen im Rittiser Hof. Ein winziges kleines Zimmer, wo wir sehr nett aufgenommen wurden. Zur Entbindung durfte ich hinunter in ein Bauernzimmer, wo gerade zehn Tage vorher die Tochter des Bauern entbunden hatte. Meine Mutter glaubte immer, ich würde mein Kind auf der Wiese verlieren, während wir in stundenlangen Fußmärschen um Lebensmittel ins Dorf gingen. Doch es ist Gott sei Dank in einem Bauernbett auf die Welt gekommen, mit Hilfe der Frau des eingerückten Dorfarztes, die Zahnärztin war, und der Hebamme Frieda Kargel, deren Gehilfin meine Mutter war. Es ist mir damals ziemlich mies gegangen.«

Zeitensprung in das Jahr 1995, fünfzig Jahre danach: »Jetzt haben sie den Weg dort nach meinem Mann benannt, ganz rührend, den Waldheim-Weg, welch ein Unterschied zu 1945!«

Das Kind – es war ein Prachtmädchen mit 3,50 kg – kam am 7. Mai 1945 unter Kanonenfeuer zur Welt. An der Enns lieferten einander die Russen und die Amerikaner wegen der Brücke härteste Gefechte, die in den Bergen ohrenbetäubend widerhallten. »Eigentlich hat man es nur einem wirklich couragierten amerikanischen Oberst zu danken, daß er den Brückenkopf nicht freigegeben hat, sonst wären die Russen schon damals in Schladming und Ramsau einmarschiert. Die deutschen Soldaten sind alle über den Dachstein hinüber ins Salzburgische gezogen. Es war fürchterlich, da sind sie gekommen mit ihren Zigarettenschachteln in Hunderterpackungen, ich weiß nicht welche Sorte, ich habe nie geraucht, die haben sie bei den Bauern gegen einen Kilo Brot eingetauscht. Alle, die von den Russen weit weg wollten, sind über den Dachstein auf die andere Seite, um wenigstens in die amerikanische Kriegsgefangenschaft zu gelangen.«

Das einzige, das in dieser Zeit der totalen Auflösung offenbar ausgezeichnet funktioniert hat, war die Feldpost. Sissy hat ihrem Mann ge-

schrieben, daß sie in der Ramsau eingelangt sei, daß sie hoffe, daß alles gut ginge und sie einander bald wiedersehen würden. Als er gegen Kriegsende in den Raum von Triest versetzt wurde und sich die deutsche Armee bereits in Auflösung befand, ist Waldheim dann auf abenteuerlichen Wegen von Triest bis nach Villach und in die Ramsau gekommen. Er beschreibt diesen beschwerlichen Marsch in seinem Buch »Die Antwort«: Hinter dem Tauerntunnel sei er in die Hände der bereits einmarschierenden Amerikaner gefallen, konnte sich aber vor einer Gefangennahme retten und sich dann »irgendwie« doch noch zu Frau und Kind durchschlagen. Töchterchen Liselotte war gerade drei Tage alt. Frau Waldheim erinnert sich. »Meine Mutter hat vor lauter Freude die ganze Fleischration verbraucht, die wir hatten. Es war Pferdefleisch. Mein Mann war ganz ausgehungert, und er bekam vom unerwarteten Essen schreckliche Wasserblasen auf Armen und Beinen. Als ihm die Zahnärztin eine Kalziumspritze gegeben hat, ist er vor Erschöpfung zuerst einmal kurzfristig ohnmächtig geworden.«
Wieder hat Waldheim die Wochen und Monate dieser quälenden Not mit diesen heute schier unvorstellbaren Überlebensanstrengungen in seinem Buch vergleichsweise nüchtern abgehandelt. Es scheint seinem Temperament – der diplomatischen Disziplin? einem angeborenen Hang zum Understatement? – zu entsprechen, mit Gefühlen eher hinter dem Berg zu halten.
Im Gedächtnis seiner Frau sind die Mühen dieser Tage detailreicher und dramatischer haften geblieben. Wie er keine Entlassungspapiere von der Wehrmacht hatte, daher auch keine Lebensmittelkarten bekommen konnte; wie Angehörigen von nicht ordnungsgemäß entlassenen Wehrmachtsangehörigen unter Strafe verboten war, solche zu beherbergen, und wie er sich deshalb – trotz Auflösung des Nazi-Ordnungssystems – diese Entlassungspapiere auf weiteren Fußmärschen besorgen wollte; wie er dann in ein amerikanisches Lager nach Bad Tölz gekommen sei und dort, ausgehungert, mit anderen gefangenen Wehrmachtssoldaten die unteren, weißen Teile des Schilfrohrs gekocht und gegessen habe, um zu überleben.
Dramatisch auch, wie er nach der Entlassung von den Amerikanern wieder zu Frau und Kind in der Ramsau zurückfand; wie im Juli alle gemeinsam zu anderen Bauern in Obermeggenbach bei Haag am Hausruck übersiedelten, wo Waldheims Schwester ihnen eine Unterkunft fand, wo die Versorgungslage besser als im Gebirge war und wo ihnen die hilfsbereite Bauernfamilie Kortner, die selbst zehn Kinder

hatte, über den Sommer 1945 Unterkunft und Verpflegung gewährte. An die Bitternis dieser Tage mag Sissy Waldheim Jahre später, wenn sie in der Limousine des UN-Generalsekretärs durch New York chauffiert wurde, noch oft gedacht haben.
Vor allem aber die Rückkehr nach Wien im überfüllten, fensterlosen Viehwaggon ist ihr als traumatisches Ereignis in Erinnerung geblieben. In diesem Viehwaggon ist sie Ende August 1945 drei Tage und drei Nächte von Haag über Salzburg nach Baden bei Wien zurückgekehrt, mit Schwägerin, Mann und Baby, mit Sack und Pack, Koffern und Kinderwagen, unter Bedingungen, die man sich heute, mehr als ein halbes Jahrhundert danach, gar nicht vorstellen kann!
Jeder, der den Nazikrieg und die Zeit unmittelbar danach miterlebt hat, weiß selber mehrere solcher dramatischer Überlebens-Geschichten zu erzählen oder hat sie als Kind von seinen Eltern und Großeltern gehört. (Es sollen darüber aber nicht jene Millionen vergessen werden, die Jahre zuvor, eingepfercht in Viehwaggons, ohne Wasser, ohne Luft, ohne Verpflegung, eine schreckliche Reise antreten mußten, die nicht als Flüchtlingstransport zurück in die Heimat, sondern in die Vernichtung führte.)
Kurt und Sissy Waldheim sind mit ihrer vier Monate alten Tochter wohlbehalten in Baden bei seinen Eltern gelandet. Ein naher Bombeneinschlag hatte deren Haus zwar arg beschädigt, und alle Fensterscheiben waren geborsten, es war aber bewohnbar.
Elisabeth Waldheim wird den Anblick ihres Mannes bei der Ankunft in Baden nie vergessen. Nachdem die Uniform abgelegt war, besaß er so gut wie keine Zivilkleidung. Wie viele elegante Maßanzüge am Ende seiner Diplomatenkarriere später auch in seinem Kleiderschrank gehangen haben mögen, zu Beginn war es um ihn, um mit den Worten seiner Frau zu sprechen, »traurig bestellt«: »Aus einem Rock von mir haben wir ihm eine kurze Hose genäht. Dazu trug er eine Steirerjacke von mir mit Brusteinnähern. Im Rucksack hatte er etwas Essen und einen Regenschutz.«
Die russischen Soldaten, die anfangs noch im Haus der Schwiegereltern einquartiert waren, wurden bald danach an einen anderen Ort übersiedelt, so daß Sissy und Kurt Waldheim in Baden ihr erstes kleines Familiennest bauen konnten. Kurze Zeit arbeitete Kurt Waldheim am Bezirksgericht Baden als Richteramtsanwärter, bewarb sich aber schon im Winter 1945 um Aufnahme in den diplomatischen Dienst im Außenamt. Als fertiger Jurist und Absolvent der zweijährigen Konsu-

larakademie bestand er das Préalable, die Aufnahmeprüfung in das Auswärtige Amt, ohne Probleme. Er wurde Sekretär von Außenminister Karl Gruber, dem knochenharten Tiroler Patrioten und Widerstandskämpfer.
Waldheims Vater war alt und grau geworden, aber er konnte wieder seinem Beruf nachgehen. Er wurde Schulinspektor im Bezirk Baden. Für viele ältere Menschen war das Elend der Nachkriegszeit ein Jammer ohne Ende. Nur die jüngeren – unter ihnen Sissy Waldheim, die damals 23 Jahre alt war – haben voll Zuversicht gedacht: Irgendwie wird es schon weitergehen!
Da sie Akademikerin war, erhebt sich die Frage, ob es Frau Waldheim nicht leid getan hat, ihre Berufsstätigkeit aufgegeben zu haben. Nun, zuerst, knapp nach der Eheschließung im Jahr 1944, hat ihr eine höhere Macht die Entscheidung abgenommen, erzählt sie, denn es war damals noch ausgeschlossen, daß zwei Eheleute gleichzeitig auf der Lohnliste des Staates standen. Nur einer von ihnen durfte beim Staat verdienen. Sissy Waldheim: »Bevor ich verheiratet war, habe ich als Gerichtsreferendar 178 Reichsmark bekommen, also furchtbar wenig. Mein Mann bekam als Assessor auch nur um etwas mehr. Also haben wir uns für sein Gehalt entschieden. Ich habe aber weiter gearbeitet, ohne dafür bezahlt zu bekommen, mußte dafür aber keinen Kriegsdienst leisten. So hart und reglementiert war dies damals alles.«
Ob sie gerne berufstätig geblieben wäre? Frau Waldheim über das Leben an der Seite eines Diplomaten: »Ich habe mein Studium sehr ernst genommen und habe mit dem Gedanken gespielt, zum Jugendgericht zu gehen. Ich habe aber sehr bald geheiratet, und als mein Mann unmittelbar nach dem Krieg die Diplomatenlaufbahn einschlug, wäre es gar nicht anders gegangen, als zu Hause zu bleiben. Ein eigener Beruf wäre mit seinen Verpflichtungen unvereinbar gewesen. Anfangs tat es mir etwas leid, später nicht mehr. Das ist für die heutigen Diplomatenehen schwieriger. Wenn die Frauen ihren Beruf nicht aufgeben wollen, wird es problematisch. Das muß man sich vorher gut überlegen, denn wenn man im Ausland ist, bekommt man dort fast nie eine Arbeitsgenehmigung.«
Wieder erinnert sich Ehefrau Sissy an die Bekleidung, mit der Kurt Waldheim im Außenamt antrat: »Er hat ja nichts zum Anziehen gehabt. Mein Schwiegervater war einen Kopf kleiner, und seine Hosen sind meinem Mann bis zu den halben Waden gegangen. Westen hatten wir jedoch genug, weil die Russen nichts damit anzufangen wußten.

Und so ist er dann ins Außenamt: mit zu kurzen Hosen und einer Weste und einem Rock mit zu kurzen Ärmeln.«
Darüber hinaus trat er im Außenministerium mit zwei weiteren »Handicaps« an: Waldheim hatte kein Vermögen, und er war schon verheiratet, das heißt, seine familiären Verhältnisse gereichten ihm nicht gerade zum Vorteil. Sie wurden als Einschränkung der Bewegungsfreiheit gewertet. Daß er sogar schon eine Tochter sein eigen nannte, traute er sich dem Generalsekretär des Außenamtes, Heinrich Wildner, erst gar nicht zu sagen.
Um in der ersten Nachkriegszeit vom Amt in Wien nach Baden zur Familie zu gelangen, mußte Waldheim wegen der allseits zertrümmerten Verkehrslinien weite Wege zu Fuß zurücklegen. Die Straßenbahn ging bis Mödling, dann folgte ein dreistündiger Fußmarsch. Um sich sein Los zu erleichtern, nahm er sich in Wien ein kleines Untermietzimmer. Höchst amüsiert wird Frau Waldheim nie vergessen, daß ihrem Mann in diesem Untermietzimmer Damenbesuch verboten war, auch die Ehefrau durfte, wenn sie von Baden nach Wien kam, aus Gründen des Anstands nicht bei ihrem Mann übernachten. So prüde konnten die Sitten im Wien der Nachkriegszeit sein. Schließlich erhielten sie über Freunde ihre erste eigene Wohnung am Börseplatz. Aber dann ging es ohnehin bald auf den ersten Auslandsposten, im Jänner 1948 nach Paris.
Abermals war Sissy Waldheim schwanger. Sie erwartete ihr zweites Kind: »Auf Diplomatenfrauen wurde bei Versetzungen nie Rücksicht genommen!«
Paris! Die Stadt der relativen Unversehrtheit, in der es wieder fast alle Lebensmittel zu kaufen gab! Die Metropole Europas, deren pulsierendes Leben durch Krieg und Besatzung so gut wie kaum Schaden gelitten hatte, muß sich nach dem zerbombten, zwangsbewirtschafteten, notleidenden Wien wie Kaviar zu Kartoffeln ausgenommen haben: »Paris war das Paradies. Als wir weg aus Wien sind, hat eine Tante zu mir gesagt: ›Bitte, wenn du nur ein paar Kartoffeln übrig hast, dann denke an uns.‹ In Wien gab es ja nichts. In Paris hat man Fleisch und Obst, Gemüse und auch Zucker, Datteln und Rosinen bekommen. Ich habe jede Woche Pakete gemacht und an Schwiegereltern, Eltern und Tanten geschickt. Dann sind in Paris schon bald die Lebensmittelkarten abgeschafft worden. Da sehe ich noch vor mir, wie ein Freund einmal einen gerollten Kalbsnierenbraten, den ich angebraten und mühseligst eingepackt hatte, denn Plastiksackerl gab es ja damals noch

keine, für den Botschafter in London mitgenommen hat. Denn auch in London war es damals um die Lebensmittel viel schlechter bestellt als in Frankreich.«

Wie in fast allen anderen Städten auch, in die Kurt Waldheim im Laufe seiner beruflichen Tätigkeiten kam, mußte Sissy zuerst einmal für die Familie Quartier machen. Diese Aufgabe sollte sie nie wieder los werden. Sie hat es darin zur Meisterschaft gebracht. Locker könnte sie heute ein Immobilienbüro samt Inneneinrichtungsberatung leiten, wenn sie dies wollte.

Die Expertin angemessener Diplomatenbehausungen: »In Paris sind wir in der ersten Zeit im Hotel gewesen. Ich kann mich noch an die französischen Betten, grand lit genannt, erinnern, mit dieser Mulde in der Mitte. In so einem Bett konnte ich im achten Monat schwanger nicht lange liegen, und so habe ich mich auf die Suche nach einer Wohnung gemacht und auch eine an der Place de Passy gefunden. Dort waren wir für den Anfang sehr glücklich. Gerhard ist hier auf die Welt gekommen.«

Zur Sprachbarriere meinte sie: »Ich hatte zwar Englisch gelernt in der Schule, mehr schlecht als recht auch Französisch, hatte aber schon alles vergessen. Deshalb habe ich mich sofort daran gemacht, Französisch zu lernen. Ich schrieb mich in die Berlitz-School ein, noch am ersten Tag in Paris. Da wir für die Kinder einen Garten wollten, habe ich in La Celle St-Clou nach einem Jahr ein hübsches kleines Haus gefunden mit einem reizenden, großen Garten. Das Besondere war, daß uns der Hausbesitzer die Villa nur unter einer Bedingung überließ, nämlich weiterhin den Garten betreuen zu dürfen. Nun ja, etwas Schlimmeres sollte mir nicht passieren. So wurden wir handelseins. Und ich sehe noch heute den kleinen Gerhard auf seinen wackligen Beinen hinter Monsieur LeDuc, der Tulpen setzte, hinterher wanken und alle Pflanzerln wieder herausreißen. Da LeDuc selbst drei Kinder gehabt hatte, war er voll Verständnis. Es waren sehr schöne Jahre. Unser Missionschef, Botschafter Vollgruber, war Junggeselle, und so lernte ich bei ihm die ersten Repräsentationsaufgaben als Diplomatenfrau. Das war in Paris für mich nicht einfach, weil ich die beiden kleinen Kinder hatte und wir doch weit draußen wohnten. Ich habe dann rasch den Führerschein gemacht, um leichter zwischen La Celle St-Clou und Paris hin und her fahren zu können. Man mußte ja beweglich sein.«

In Paris konnte Tochter Liselotte bereits in den französischen Kinder-

garten und danach ins Lycée gehen, dadurch lernte sie Französisch wie ihre Muttersprache.
Von Frankreich kehrte die Familie Ende 1951 nach Wien zurück. Kurt Waldheim wurde Personalchef im Außenamt. Für Sissy hieß dies, wieder auf Wohnungssuche zu gehen, diesmal in Wien: »Als wir 1951 nach vier Jahren aus Paris nach Wien zurückkamen, konnten wir in unserer Wohnung am Börseplatz nicht schlafen, denn unter uns war eine alte Druckerei, deren Maschinenlärm Schlafen unmöglich machte. Also mußten wir eine neue Wohnung finden, was damals in Wien gar nicht einfach war und lange Zeit dauerte. Durch Zeitungsinserate haben wir vier Jahre später eine Wohnung in der Reichsratstraße gefunden. Das war in unserer Diktion ›die Wohnung mit den 1000 Türen‹, denn sie hatte übermäßig viele. Ich wollte damals nur weg aus der alten Wohnung, wir haben also diese Türen-Wohnung genommen und mußten damals eine größere Ablöse hinlegen, was für uns schwierig war. Aber mit vereinten Kräften haben wir es geschafft. Dann habe ich angefangen, viele Türen zu eliminieren und meine erste Wohnung umzubauen. Leider wußte ich nicht, daß wir kurz darauf ohnehin nach New York versetzt werden würden.«
Mitten im Wohnungs-Umbau – es war 1955 im Jahr des Staatsvertrages (Leopold Figl ist Außenminister, Karl Gruber Botschafter in Washington) – erfolgte die erste Berufung nach New York. Waldheim wurde der jüngste Gesandte bei den Vereinten Nationen, die das freie Österreich am 21. Dezember 1955, exakt an Waldheims Geburtstag, als Mitglied aufgenommen haben.
Auf Wohnungssuche in New York: »Schrecklich war die Wohnung, die er dort am Central Park angeboten bekommen hat, eine kleine Wohnung, zwar mit ebenso kleiner Miete, aber mit den Abzügen aus der Hotelküche darunter, also heiß, stinkend und ohne Aircondition, so daß er oft ins Kino gegangen ist, sich die Nachtvorstellungen angeschaut hat, um der Hitze zu entrinnen. Ich bin mit den Kindern im September nachgekommen. Da mieteten wir ein Haus in Pelham, NY, bis mein Mann zu Ostern 1956 nach Ottawa versetzt wurde.«
Zu den ersten Pflichten erfolgreicher Diplomaten-Ehefrauen zählt die Kunst des edlen Kochens. Sissy Waldheim hat es darin zur Meisterschaft gebracht: »Meine Mutter hat gesagt, wenn du studieren willst, mußt du vorher kochen und nähen lernen. Nähen ist mir zwar nicht besonders schwergefallen, außer Knopflöcher schlingen, aber Kochen gefiel mir besser. Das ist mir auch zustatten gekommen, denn ich ha-

be später immer Köche und Köchinnen gehabt, und wenn diese merkten, daß man selber nicht kochen konnte, war man verloren. Ich erinnere mich an das Staunen meiner Resi später in Ottawa: ›Jessas, die Gnädige versteht was vom Kochen!‹ Sie war eine der besten Köchinnen, die ich je gehabt habe, sie war das Erbstück unseres Vorgängers. Wir haben zwar ein ungeeignetes Haus und ein kleines Büro vorgefunden, aber eine herrliche Köchin. Ich hatte insoferne Glück, als nämlich schon in Paris keiner der beiden Botschafter-Vorgesetzten meines Mannes verheiratet war, der eine war Junggeselle, der andere Witwer, so daß ich mich darum kümmern mußte, wenn sie in den Botschaften größere Essen gaben.«

Das Los einer Diplomatengattin nimmt Sissy Waldheim nicht kritiklos hin: »Ich habe immer gesagt, die Botschafterfrauen sind die besten unbezahlten Angestellten des Staates, denn wir waren ja immer vollständig eingebunden in die Arbeit des Mannes. Die Zeiten haben sich geändert, und die heutigen jungen Frauen machen das nicht mehr so gerne. Mir machte es Freude. Ich kann die Nächte nicht zählen, in denen ich als junge Frau für Cocktails und Essen Süßigkeiten gemacht habe, Petits Fours, Vanillekipferl und Sachertorte. Ich habe zwar ein Mädchen zur Hilfe gehabt und ein Kindermädchen, solange die Kinder noch nicht im Schulalter waren. Die wurden aber nicht vom Staat bezahlt, sondern von uns privat. Ersparen konnte man sich da nichts. Wir haben auch nur jedes zweite Jahr einen bezahlten Heimaturlaub zugestanden bekommen, was in Paris egal war, denn da hatten wir das Auto, um nach Österreich zu fahren, aber in Amerika hat das eine große Rolle gespielt.«

Waldheim war vorerst Gesandter, später Botschafter in Ottawa, Kanada, von wo er dann jedes Jahr für dreieinhalb Monate zur Generalversammlung der UNO nach New York übersiedelte. Wieder hatte seine Frau das Wohnproblem am Hals: »Die Residenz des Botschafters in Ottawa war zur damaligen Zeit geschmacklich noch nicht befriedigend, aber gemütlich. Zuerst waren, über eine Eisentreppe erreichbar, auch die Botschaftsbüros darin untergebracht, aber diese kamen dann später in ein eigenes Gebäude.«

Als Delikatesse der Jahre in Nordamerika erlebten die Waldheims die erlesenen Feste bei der geselligen Operndiva Maria Jeritza. Die Sängerin, eine begeisterte Österreicherin, wohnte in New Jersey und gab zu jedem nur erdenklichen Österreich-Anlaß große Empfänge. Sie stellte den Waldheims und den Töchtern oft ihre Sitze in der »Met«

zur Verfügung. Ebenso lud Rudi Bing, der damalige Direktor der New Yorker Oper, die Freunde aus Österreich immer wieder gerne ein.
Im vierten Jahr des Botschafterpostens in Ottawa kam Nachzüglerin Christa zur Welt. Wir schreiben das Jahr 1959. Sohn Gerhard war elf, Tochter Liselotte vierzehn Jahre alt. Für Frau Waldheim waren die kanadischen Jahre »die unbeschwertesten, die glücklichsten und auch die erfülltesten meines Lebens«. Liselotte war im Lycée Français in Montreal, weil es in Ottawa noch keines gab, und Gerhard in einem englisch-kanadischen Internat, dem Ashbury-College, Nesthäkchen Christa zu Hause. 1959 endete die Idylle aber schon wieder. Turnusmäßig ging es wieder nach Österreich zurück. Nun wird Waldheim politischer Direktor des Außenamtes.
Fünf Jahre später, 1964, wird er Ständiger Vertreter Österreichs bei den Vereinten Nationen und Präsident der UN-Weltraum-Kommission. Seine Karriere wurde für seine Frau zur Übersiedlungsodyssee. Wieder war in New York eine passende Unterkunft zu finden. Anfangs wohnte die Familie in der zu kleinen Wohnung des kinderlosen Vorgängers Botschafter Matsch, 1016 Fifth Avenue. Frau Waldheim: »Bis zum Jahre 1968 sind wir schon zig Male übersiedelt. Kein leichtes Los für eine Mutter von drei Kindern, die immer wieder unter der Ortsveränderung gelitten haben. Im Ausland haben sie überall immer wieder die Freunde verloren. In Wien mußten sie jedesmal von den Großeltern, Kusinen und Freunden Abschied nehmen. Sie mußten neue Sprachen lernen, durften aber auch Deutsch nicht verlernen. Es war nicht leicht für sie.« Im Gegenzug wuchsen alle Waldheim-Kinder mehrsprachig auf.
Das Haus am Attersee wurde 1960 eigens zu dem Zweck gebaut, einen stabilen Familienmittelpunkt zu haben, einen Ort, an dem alle Mitglieder aus allen Richtungen immer wieder zusammenkommen konnten.
1968 bietet Bundeskanzler Josef Klaus in seiner ÖVP-Alleinregierung Kurt Waldheim per Telefon das Außenministerium an. Kurt Waldheim antwortet, gleichfalls noch am Telefon: »Darf ich das noch mit meiner Frau besprechen!« Nach einem halben Tag Bedenkzeit entschließt er sich, das Angebot anzunehmen, und begleitet kurz nach Amtsübernahme – ausnahmsweise einmal allein ohne seine Sissy – den Kanzler, dessen Frau und die Delegation nach Japan.
Frau Waldheim saß noch in New York, packte wieder einmal den gesamten Hausrat zusammen, konnte aber das Übersiedlungsgut im

New Yorker Hafen nicht einschiffen, weil die Dockarbeiter streikten. Sie folgte ihrem Mann mit eineinhalbmonatiger Verspätung nach Wien. Das Übersiedlungsgut kam erst drei Monate später, nach Beendigung des Streiks, nach.

Von 1968 bis 1970 war Elisabeth Waldheim somit die Frau des österreichischen Außenministers. Queen Elizabeth von England stattete Wien ebenso einen Besuch ab wie die holländische Königin Juliane, von der Elisabeth Waldheim als Ehrendame einen Orden erhielt. Gewohnt hat man in der Reichsratstraße 17, weil man es vorzog, nicht in die Amtsresidenz des Außenministers in Hietzing einzuziehen. Es war eine sehr angenehme große eigene Wohnung, in der Sissy Waldheim viele Essen und Cocktailempfänge gab. Sie war in ihrem Element, doch sie denkt auch mit Wehmut an diese Zeit. »Ich habe nie die Stunden gezählt, die ich gestanden bin. Ich weiß nur, damals legte ich den Grundstein für meine wehen Beine.«

Als Waldheim Außenminister wurde, war Franz Jonas Bundespräsident. Mit ihm und seiner Frau Margarete besuchten sie unter anderem die Schweiz, Jugoslawien und auch die Sowjetunion. In Moskau bewohnten sie das Kronprinzenappartement. Frau Waldheim verteilte an das Dienstpersonal Lippenstifte, Puderdosen und Haarsprays, die sie eigens zu diesem Zweck mitgenommen hatte, da diese Dinge zu dieser Zeit in Moskau sehr gefragt waren. Im Austausch wurde die Delegation aus Österreich mit allem Luxus bewirtet, von dem einfache Sowjetbürger nur träumen konnten: Kaviar, gebratenes Fleisch, Würstl zum Frühstück – selbst Frau Waldheim, die sonst nicht gerne frühstückt, war von der Gastfreundschaft überwältigt.

In den Wiener Jahren, als der Vater an der Spitze des Außenministeriums stand (Jänner 1968 bis April 1970), gingen die beiden Töchter ins Lycée Français in Wien, der Sohn kam ins Internat des Theresianums. Als Kurt und Sissy Waldheim nach Ablauf dieser Zeit (nach dem Ende der Regierung Klaus) wieder nach New York zurückgingen, blieb Sohn Gerhard zum Kummer seiner Mutter im Theresianum in Wien zurück. Zum ersten Mal war die Familie nicht mehr vollständig beisammen. Auch die ältere Tochter Liselotte blieb in Wien, sie hatte begonnen, Jus zu studieren, und traf erst nach Abschluß des ersten Studienabschnittes wieder mit den Eltern zusammen, holte sich an der Columbia University, School of International Affairs, ihren Master Degree und folgte dann ihrem Lehrer als dessen Assistentin in die UNO, als dieser dort zu arbeiten begann. Als Kurt Waldheim 1972

Generalsekretär wurde, warf man ihm kurzfristig Vetternwirtschaft vor. Einige meinten, er habe seine Tochter protegiert. Aber dem war nicht so. Liselotte Waldheim war schon lange vor ihrem Vater als Angestellte der Vereinten Nationen tätig gewesen. Sie ging 1971 dann von New York zur UNO nach Genf.

Der Wahlsieg der SPÖ bereitete der ÖVP-Alleinregierung unter Josef Klaus und damit auch Waldheims Tätigkeit als Außenminister ein jähes Ende. Klaus' Nachfolger im Kanzleramt, Bruno Kreisky holte sich Rudolf Kirchschläger in die Regierung. Nun konnte sich Waldheim aussuchen, ob er als Botschafter nach Moskau, London oder New York gehen wollte. Auch Frau Waldheim hatte dabei ein Wörtchen mitzureden: »Mein Mann hat mich also gefragt: ›Bist du böse, wenn wir wieder zurück nach New York gehen?‹, und ich habe gesagt: ›Nein, ich wäre nur sehr gerne nach London gegangen.‹ Ich wäre auch gerne wieder einmal nach Paris zurück, wo wir die Botschafterresidenz mit eingerichtet haben, aber die Entscheidung fiel auf New York!«

Unter der Regierung Kreisky I kehrten die Waldheims im September 1971 dann nach New York zurück, diesmal war nur mehr die jüngere Tochter Christa mit dabei. Es war wie ein Nachhausekommen in die alte Botschafterresidenz in 1016 Fifth Avenue.

Das Problem der ewigen Ortswechsel, Haus- und Wohnungssuchen verdient eine eigene Würdigung, denn es macht sich ein Normalsterblicher kaum eine Vorstellung davon, was hier so manche Botschafter-Ehefrau zu bewältigen hat: »Schon 1964, bevor wir diese Wohnung im Namen der Republik Österreich gekauft haben, habe ich ungefähr sechzig oder siebzig Wohnungen angeschaut, zwei oder drei haben mir auch gefallen und wären preislich machbar gewesen, aber der bürokratische Vorgang, ehe man sie für den Staat erwerben konnte, hat jedesmal so lange gedauert, daß sie alle schon weg waren. Bis auf diese eine letzte, von der Witwe eines Oberst, der gerade gestorben war. Sie war in tadellosem Zustand, und wir haben irgendwie eine sympathische, nette Wellenlänge gehabt, aber auch hier erlebten wir die komischsten Sachen: Die Eigentümer der Wohnungen waren eine Hausgemeinschaft, die mitsprechen durfte beim Verkauf einer Wohnung. Die haben gefunden: ›Na ja, die beiden sind zwar ein sympathisches Paar, aber wir können doch nicht an ein kommunistisches Land verkaufen!‹ – ›Wieso kommunistisches Land?‹ habe ich gefragt. Bis ich begriff: Alle Nachrichten aus Ungarn und dem Ostblock sind damals über ›Vienna, Austria‹ gekommen. Den Irrtum konnte ich aufklären, dann aber wieder zweifelten sie, ob wir auch die Instandhaltungsgebühren würden bezahlen können. Es gab immer wieder Troubles. Doch ich habe den Kauf mit unendlicher Mühe bei allen Wohnungsinhabern des Hauses durchgesetzt. Mit einem zusätzlichen ungewöhnlichen Bonus: Der Besitzer war bei dieser Wohnung von Anfang an praktischerweise nicht der jeweilige Missionschef, der sie beim Botschafterwechsel an seinen Nachfolger verkaufen muß, was jedesmal viel Geld kostet, sondern die Republik Österreich. Diese Wohnung, in der auch Bush und die Rockefellers zu Besuch waren, ist eine wirklich schöne Wohnung, oberhalb des Metropolitan Museums und gleich gegenüber dem Central Park gelegen, mit einem herrlichen Ausblick. Sie war schön hergerichtet und ist seither die Residenz des österreichischen Botschafters bei der UNO. Es war ein guter Kauf, und ich war sehr froh, sie gefunden zu haben. Wir mußten nur mehr ausmalen und konnten schon einziehen. Da bei den Umzügen erfahrungsgemäß immer große Schäden entstehen, wurde der Großteil der Möbel vom Staat angeschafft und blieb an Ort und Stelle. Ich wählte die Möbel in Wien und teilweise auch in New York aus. Die persönlichen Sachen, wie Schlafzimmer, Lampen, Bilder, Bücher und andere Einrichtungsgegenstände stellten wir zur Verfügung.«

Edith Platzer, die Frau des langjährigen Botschafters in Washington, hat die Arbeit der Botschaftersgattin einmal auf eine Kurzformel gebracht: »From the mink to the sink« – vom Nerzmantel zum Abwaschschaffel. Sissy Waldheim kann dem nur zustimmen: »Man muß repräsentieren und gleichzeitig die Residenz samt Haushalt und Dienstpersonal in Schwung halten. Man muß das gerne machen, sonst geht es nicht. Man hat sozusagen immer die Flagge Österreichs hochzuhalten. Dabei muß man für alle möglichen Fragen gewappnet sein: Wie viele Einwohner hat Tirol? Welche Opern werden heuer in Salzburg gespielt? Warum gibt es in Wien während der Sommermonate keine Oper? Was sind die besten und billigsten Hotels? Was kann man in Mayerling sehen? Man ist das Fremdenverkehrsbüro, das Kulturinstitut und das Konsulat in Personalunion. Man hat die Arbeit des Botschafters bestmöglich zu unterstützen.«

Im Herbst 1970 trat das Ehepaar Waldheim erneut ins Rampenlicht der österreichischen Innenpolitik. Die ÖVP nominierte Waldheim zu ihrem Kandidaten für die damals fällige Bundespräsidentenwahl. Gegenkandidat war der amtierende Bundespräsident Franz Jonas, dessen erste Amtsperiode von sechs Jahren eben beendet war und der ein zweites Mal kandidierte. Die Chancen für Waldheim bei den Wahlen im Frühjahr 1971 waren nicht eben groß, auch seine Frau rechnete nicht wirklich mit einem Sieg. »Ich war nicht besonders glücklich über die Kandidatur, denn es war klar, daß Jonas mit dem Bekanntheitsgrad des Bürgermeisters von Wien und dem Bonus der ersten sechs Jahre als Bundespräsident nicht zu schlagen war. Aber mein Mann konnte mit 47,2 Prozent der Stimmen dennoch einen sehr schönen Erfolg erzielen. Wir waren nicht unglücklich, denn wir mochten beide das Ehepaar Jonas gerne.«

Das Glück ist den Waldheims allerdings treu geblieben, denn kurz nach der Wahlniederlage wurde Waldheim – wieder exakt an seinem Geburtstag am 21. Dezember 1971 – einstimmig an die Spitze der Vereinten Nationen gewählt, es war ein beachtlicher internationaler Erfolg für einen Österreicher! Er blieb für die Dauer von zehn Jahren, von 1972 bis 1981, zweimal fünf Jahre, Chef dieser weltumspannenden Organisation.

Und wieder war eine Behausung zu suchen. Bis Sommer verblieben die Waldheims noch in der Residenz des nachfolgenden österreichischen UN-Botschafters, Peter Jankowitsch, weil der Vorgänger Waldheims bei der UNO, Exgeneralsekretär U Thant, außerhalb New Yorks gewohnt hatte, in einem Haus, das nicht übernommen werden konnte, weil der Eigentümer es niederreißen ließ, um an der Stelle ein großes Appartementhaus zu errichten. Der neue österreichische Botschafter mußte bis zum Auszug der Waldheims mittlerweile im Hotel wohnen. Der Zustand war unerträglich, und Frau Waldheim wurde ungeduldig: »Im Juni habe ich zu meinem Mann gesagt, wenn wir nicht bald etwas finden, dann gehe ich zurück nach Wien, denn wir können ja nicht ewig in der Wohnung des Botschafters Jankowitsch wohnen. Die UNO muß uns ein Quartier zur Verfügung stellen, warum kümmert sich denn niemand darum? Dann sind wir mit Tochter, Dackel und österreichischem Hausmädchen, das ich nicht entlassen wollte, ins Hotel Carlisle übersiedelt, ein sehr nobles Hotel, welches die UNO als Quartier bezahlte. Und wieder habe ich Häuser und Wohnungen angeschaut, nach dem alten Prinzip ›Do-it-yourself‹.«

Der UNO-Generalsekretär besitzt im UNO-Hauptquartier am East River im 38. Stock ein kleines Appartement mit Arbeitszimmer, Speisezimmer, kleinem Badezimmer und winzigem Schlafraum mit kleiner Couch. Im Speisezimmer hat er öfters kleine Essen gegeben, so eines

Tages auch für den Administrator des Marshallplanes, Paul Hoffmann, und seine energische, politisch aktive Frau Anna. Diese half Frau Waldheim dann für die UNO ein Haus zu erwerben, von dem sie über mehrere Ecken erfahren hatte, daß es zu haben war. Mit Hilfe Frau Hoffmanns erreichte Sissy Waldheim, daß der Besitzer, Arthur Houghton, der Präsident von Steuben Glass, der UNO das Haus schenkte. Nur die Betriebskosten waren zu bezahlen. Die komplizierte Abwicklung des Schenkungsvorganges mit all seinen Steuerproblemen und die Einrichtung des Hauses blieben, neben den Anwälten der UNO, wieder einmal Frau Waldheim vorbehalten. Sie organisierte der UNO das prachtvolle Haus 3, Sutton Place, mit schönem Garten am East River, in dem jetzt schon der dritte UN-Chef nach Kurt Waldheim wohnt. Quartiermutter Waldheim: »Da stand ich also wieder in einem leeren Haus, das der UNO gehörte. Da habe ich zuerst einmal in Wien um 12000 Dollar die nötigsten Möbel und Hausrat eingekauft. Dann bekam ich 100000 Dollar für die Einrichtung vom damaligen Präsidenten der Liga der Vereinten Nationen, Joe Segel. Ich habe dann am Ende noch 20000 Dollar eingespart und nicht vom Verrechnungskonto verwendet. Ergänzt wurde die Einrichtung im Laufe der Zeit durch diverse Geschenke der verschiedenen Länder-Delegationen, z. B. kam ein Paar silberne Kerzenleuchter von den Deutschen und ein schöner Teppich von Peter Loeb, dem UN-Beauftragten des Bürgermeisters von New York. Die Bilder erhielten wir als Leihgabe vom Metropolitan Museum of Art. Es war ein erhebendes Gefühl, im Keller des Museums zu stehen und aus großen Schiebe-Wänden Bilder alter Meister aussuchen zu dürfen. Sie haben dem Haus viel Glanz verliehen.«

Die »Sissy aus Österreich« war zweifellos eine der vorzüglichsten First Ladies am East River. Besonders während der drei Monate der alljährlichen Generalversammlung waren täglich Mittag-, Abendessen und Empfänge zu organisieren, bei denen die Gattin des Generalsekretärs in der Regel zwischen Ehrengast und Gastgeber saß. In den Belangen der Weltpolitik mußte sie ebenso firm sein wie in den Krisen der Küche. Schon beim Erstellen der Speisekarte hätte sich sonst so mancher Fauxpas ergeben:

So wollte einmal eine junge österreichische Köchin mit schöner Handschrift die Menükarten, die immer in Englisch abgefaßt waren, selbst schreiben. Normalerweise wurden sie in der Protokollabteilung der UNO auf der Maschine getippt. Frau Waldheim aber willigte ein.

Bis das Malheur dann passierte. Der Generalsekretär selbst hat den Fehler noch rechtzeitig erblickt. Erbost die Menükarte schwingend, rief er: »Wer hat denn diesen Unsinn geschrieben?« Als Dessert war vermerkt: »Nigger in a Shirt with Chocolate Sauce.« Wenn der gute alte »Mohr im Hemd« geahnt hätte, welch Rassen-Unruhen er hätte auslösen können! Vorsorglich hat Frau Waldheim die Nachspeise mit politisch zweifelhaftem Namen für alle Zukunft in Schokolade-Mandel-Pudding umgetauft. Eine Politikkrise war verhindert.

Von den drei Kindern hat nur noch die Jüngste, Nesthäkchen Christa, mit den Eltern in New York zusammengelebt, wo sie das Lycée Français besuchte. Tochter Liselotte war in Genf. Sohn Gerhard studierte in Wien Jus und hat danach zusätzlich in Harvard den Master of Business Administration gemacht. Um ihr die Einsamkeit etwas erträglicher zu gestalten, wurde für Christa ein Dackel angeschafft. Christa hat das Leben als Tochter des UN-Generalsekretärs – ein Sicherheitsbeamter mußte sie auf Schritt und Tritt begleiten – nicht sehr behagt, so daß sie mit 18 Jahren zum Studium nach Wien zurückging. Das Familiennest, obwohl schön und elegant, war nun allmählich leer geworden.

Nachdem also, zum Schmerz der Eltern, auch die jüngste Tochter aus dem Haus war, konnte die Ehefrau den höchsten UN-Beamten umso leichter auf seinen ausgedehnten Reisen begleiten – quer durch Europa, Afrika, die Golf-Staaten. Überhaupt ging es häufig in den arabischen Raum, wo Waldheim sich großer politischer Sympathien erfreute. Nur in den Nahen Osten, der zur damaligen Zeit – Israel, PLO, Libanon – ein zu explosives Pulverfaß für Damenprogramme gewesen wäre, kam sie nicht mit.

Freilich hatte diese interessante Reisebegleitung auch ihre Schattenseiten. Die Frau des Generalsekretärs bekam nicht immer nur das zu sehen, was sie wollte: »Man hat mir oft ein Programm gemacht, das mich dann ziemlich traurig stimmte. Heime für Behinderte, Heime für Schwererziehbare, Spitäler für unheilbar Kranke. In den Entwicklungsländern war man sehr stolz auf diese sozialen Errungenschaften. Ich hätte ab und zu jedoch auch gerne anderes gesehen. Meist hat man für mich einen Wohltätigkeitsbasar veranstaltet, bei dem ich Dinge kaufen mußte, die ich kaum brauchen konnte. Ich habe es gerne gemacht, aber es war anstrengend. Mein Mann hat von dem weniger gesehen, er war hauptsächlich bei seinen Konferenzen.«

Auch in New York war Charity großgeschrieben. Die Frau des UN-Ge-

nerals hat sich unermüdlich um Fundraising für das Kinderhilfswerk der Vereinten Nationen, UNICEF, bemüht. Einmal sogar mit großer medialer Begleitmusik am Kennedy-Airport, wo Stewardessen das erste Mal bei den Passagieren das aus fremden Währungen übriggebliebene Kleingeld erbaten. Diese Sammelaktion wurde ein großer Erfolg. Frau Waldheim redete ihrem Mann dann auch zu, schmissige Popgruppen wie die Beach Boys bei einem Festabend in der UNO auftreten zu lassen, gleichfalls für UNICEF. Sie hatte zwischen Dinners, Cocktails und Charity alle Hände voll zu tun. Auch das kulturelle und gesellschaftliche Leben – Metropolitan Opera, Theater, Vernissagen, Feste bei der Österreich-Diva Maria Jeritza – kam nicht zu kurz.
Für Sissy Waldheim, die ein schönes Englisch spricht, war New York eine unvergeßliche Zeit: »Diese Stadt ist ein kolossal stimulierender Ort.« Auch sportlich hatte New York so manchem Familienmitglied viel zu bieten. Waldheim, der das Reiten 1936 beim österreichischen Bundesheer gelernt hatte und der auch im Krieg bei der Kavallerie eingesetzt war, ist in all den US-Jahren immer ein begeisterter Reiter geblieben. Er hat auch seine beiden Töchter mit dieser Begeisterung angesteckt. Nur der Sohn ist Pferden stets ferngeblieben. Auch Frau Waldheim hat es zu keiner großen Meisterschaft gebracht. »Mein Mann hatte ein Pferd bei Freunden, ich dagegen habe das Reiten bald wieder wegen meiner Rückenschmerzen beendet, habe es aber gerne gesehen, wenn mein Mann mit den Töchtern geritten ist.«
Als sich die Waldheims 1981 aus New York zurückzogen, hat es wegen eines Mißverständnisses kurz einen medialen Wirbel gegeben, den Elisabeth Waldheim aber sehr bald aufklären konnte. Das Gerücht tauchte auf und wurde in einigen Medien in der Wahlzeit auch veröffentlicht, sie habe aus dem Haushalt des UN-Generalsekretärs silberne Löffel mitgenommen. Der Vorwurf schmerzte, wurde jedoch bald entkräftet: »Einige der Dinge, die der Nachfolger meines Mannes, Pérez de Cuéllar, nicht behalten wollte, haben wir der UNO abgekauft. Er war aus Peru und hatte seinen eigenen Geschmack bezüglich Silber und seine eigenen Sachen. Das Silberbesteck habe ich anfangs in Österreich für die UNO gekauft, bei unserem Abschied ihr aber wieder abgekauft. Alles mit Rechnungen belegt. Der Vorwurf war also falsch und ziemlich unerfreulich.« Eingedenk der Fülle an Dienstleistungen, die Sissy Waldheim – unbezahlt – im Dienste der Republik erbracht hat, mußte diese böse Verdächtigung sie doppelt hart treffen.
Noch unerfreulicher ist es jedoch in den Jahren danach gekommen:

Zunächst hat Waldheim in der Zeit nach der UNO noch drei Jahre lang zahlreiche Vorlesungen an amerikanischen Universitäten wie Georgetown und Florida gehalten. Waldheim hat sein Buch »Im Glaspalast der Weltpolitik« geschrieben, Sissy Waldheim hat sich nach einem Leben im Dienste der Diplomatie und Politik bereits auf etwas ruhigere Jahre einzustellen begonnen. Kurt Waldheim war mittlerweise 65 Jahre alt, er hätte im Dezember 1983 ruhigen Gewissens in Pension gehen können. Doch es kam total anders.
Sie kamen zurück nach Wien. Frau Waldheim hatte 1982 eine große Wohnung im 1. Bezirk gefunden und gemeint, jetzt bleiben wir einmal hier in unserer Heimatstadt. Doch es sollte nicht zum Ruhestand kommen. Im Gegenteil. Die Jahre 1985 bis 1992 sollten das Ehepaar an den Rand der physischen und psychischen Belastbarkeit bringen.
Angefangen hat es mit einem Unfall. Kurt Waldheim wollte den Ring überqueren, übersah eine Straßenbahn und lief in sie hinein. Es war der D-Wagen, unter den (im dafür bestimmten Auffangnetz) Waldheim unfreiwillig zu liegen kam. Dem Wagen (die Wiener sagen scherzhaft »der Waache« zu ihm, im Unterschied zum T-Wagen, den es auch einmal gab) war nur das vordere Licht zertrümmert worden, auch das Unfallopfer hatte es nicht allzu schlimm erwischt. Waldheim hatte zwar Beulen am ganzen Körper, verzichtete aber auf einen längeren Spitalsaufenthalt. Er trug den Schmerz mit Gelassenheit, als ob er vorausgeahnt hätte, daß es in der Folge noch wesentlich dicker kommen würde. Gemessen an dem, was kam, kann das Unglück mit der Straßenbahn in der Tat als Lappalie abgetan werden.
Kurt Waldheim wird 1985 zum zweiten Mal in seiner Karriere von der ÖVP ins Rennen um das höchste Amt im Staat geschickt. Und diesmal gewinnt er. Ausschlaggebend für den Sieg war die Meinung von 53 Prozent der Österreicher, sich von keiner ausländischen Macht, etwa dem World Jewish Congress, in innere Angelegenheiten dreinreden zu lassen. 47 Prozent haben ihn nicht gewählt. Wie auch immer: Während zahlreiche Staaten zur »Waldheimat« auf Distanz gingen, zog der Wahlsieger mit Ehefrau Sissy in die Amtsvilla des Bundespräsidenten auf der Hohen Warte ein.
Es wäre nicht Innenarchitektin Sissy Waldheim gewesen, hätte sie nicht die eher unpraktische Amtsvilla in Döbling baulich sofort vorteilhaft verändert. Sie hat mit Zustimmung der zuständigen Bundesstellen das winzige Speisezimmer für nur sechs Personen in den Garten hinein vergrößert. Dadurch konnten auch Abendessen bis zu 24

Personen in der Residenz und nicht nur in der Hofburg gegeben werden, was dem Staat billiger kam. Sie muß es ja wissen: »Es ist eigentlich ein sehr unwohnliches Haus, das schönste sind der Garten und die Terrasse, aber es ist kein Haus für einen Bundespräsidenten.« Dennoch wohnten sie dort und walteten sechs Jahre ihres Amtes.
Die Kinder sind in alle Winde zerstreut, Tochter Liselotte Natural-Waldheim arbeitet nach wie vor bei der UNO, sie war einmal verheiratet, ihr Sohn ist gerade 21 Jahre alt und studiert Wirtschaftswissenschaften in England. Sohn Gerhard Waldheim hat in einer Bank in der Schweiz eine führende Position inne, er ist verheiratet und hat zwei Söhne, 20 und 22 Jahre alt. Auch sie studieren. Christa Karas-Waldheim ist mit ÖVP-Generalsekretär Othmar Karas verheiratet, hat ihr Jusstudium mit dem Doktorat abgeschlossen und dann zwölf Jahre als wissenschaftliche Assistentin am Institut für Europarecht an der Akademie der Wissenschaften gearbeitet. Sie war danach als Büroleiterin des führenden internationalen Wirtschaftsseminar- und Kongreßveranstalters »Euroforum« tätig. Vor kurzem hat sie sich entschlossen, sich neben der Unterstützung ihres Mannes beruflich ganz der künstlerischen Tätigkeit als Gold- und Silberschmiedin und der Malerei zu widmen.
In seinem dritten Buch, »Die Antwort«, hat Kurt Waldheim, emotionaler als gewohnt, noch einmal die Fakten über seine Kriegsjahre niedergeschrieben und dokumentiert, um seine Gegner einmal mehr von seiner Sichtweise zu überzeugen. Das Buch erschien 1996. Es ist »meiner Frau Sissy und unseren Kindern Liselotte, Gerhard und Christa sowie unseren Schwiegerkindern Anne und Othmar in Dankbarkeit gewidmet. Sie haben es mir durch ihr Vertrauen und ihre Treue in schweren Stunden ermöglicht, die mir vom Schicksal auferlegte Last in Würde zu tragen.«
War es Schicksal oder nicht doch auch mangelhaft zum Ausdruck gebrachte Reue über das kollektive Fehlverhalten der Österreicher im Nazi-Reich? Wer mag dies beurteilen?
An ihre Zeit als First Lady von Österreich denkt Elisabeth Waldheim mit gemischten Gefühlen zurück. »Ich habe mich als First Lady von Österreich nicht anders verhalten als in all den Jahren in New York. Ich habe dort viel getan und hätte auch hier wahrscheinlich viel mehr tun können, wäre die Situation anders gewesen. Ich habe mich sehr oft in vielen Dingen zurückgehalten. Die Rolle an sich war mir nicht fremd.«
Frau Waldheim hatte rein äußerlich längst ihren eigenen gediegenen

Stil gefunden. Früher war es eine Schneiderin, die ihr die Kostüme und eleganten Kleider nähte. Nach deren Tod hat sie sich vor allem für die zeitlosen Abendroben bei Wiens erster Couture-Adresse, Fred Adlmüller, eingedeckt. Sie kaufte auch bei Resmann in Salzburg oder bei Fürnkranz und in kleinen Boutiquen, um für alle Repräsentationspflichten stets gut ausgestattet zu sein. Nicht aufdringlich, doch qualitativ hochwertig. Der Friseur wird jede Woche einmal oder bei besonderen Anlässen aufgesucht.

Ihr Arbeitsstil hat sich gegenüber früher nicht geändert. Sie hat hüben wie drüben ihre Post selbst beantwortet, sie beanspruchte dazu – wie etwa im Weißen Haus üblich – kein eigenes Büro, sondern hat ihre Funktion an der Seite ihres Mannes immer als Ergänzung aufgefaßt. Sie hat sich in Wien weiterhin noch lange um die Weihnachtsbasare der UNO, der »Caritas Socialis« und diverser anderer Charity-Organisationen bemüht, hat dann aber diese Aufgaben allmählich an Jüngere weitergegeben.

Die Contenance wurde bewahrt, der Schock saß jedoch tief. Für dieses Buch faßt Sissy Waldheim im Jahr 1998, also sechs Jahre nach dem Ende der Präsidentschaft ihres Mannes, zusammen: »Es war eine schreckliche Zeit, die wir nur überstehen konnten, weil wir viel Gottvertrauen und ein reines Gewissen hatten. Ich kann es nicht anders beschreiben. Ein unendlicher Zusammenhalt in der Familie und die Kinder waren wirklich die einzige Barriere. Meinem Sohn hat die Affäre nicht gut getan. Er hat ja in Amerika einiges für meinen Mann zum Guten zu wenden versucht, doch vergebens. Ich will mich eigentlich nicht daran erinnern. Man hat dies alles nur mit viel Liebe, Zusammengehörigkeit, Verständnis und Glaubensstärke ausgehalten. Die objektiv und international zusammengesetzten Historikerkommissionen, vor allem die englische, haben alle zugunsten meines Mannes entschieden, und dennoch agierte eine Gruppe von Menschen voll Haß. Das ist mir unverständlich. Was die Watchlist betraf, also das Verbot, in die Vereinigten Staaten einzureisen, so hat mir dies nicht viel ausgemacht. Denn wir haben reichlich Gelegenheit gehabt, Amerika ausführlich kennenzulernen. Unsere Freunde von drüben besuchen uns regelmäßig in Wien. Sogar eine Delegation der American Veterans Association besuchte meinen Mann noch während seiner Amtszeit als Bundespräsident und übergab ihm die Urkunde der Ehrenmitgliedschaft ihrer Organisation.«

Kurt Waldheim hat für die zweite Amtsperiode nicht mehr kandidiert.

Er hat gespürt, daß die Gräben des Hasses und der Polarisation, auch die internationale Isolierung Österreichs anhalten würden, solange er das Land nach außen hin vertrat. Er verzichtete: »Das tue ich meinem Land nicht an.«

Das Leben der Waldheims ist seither zwar wieder gewohnt harmonisch, aber immer noch nicht ganz ruhig verlaufen. Kurt Waldheim leitet die Liga der Vereinten Nationen in Wien. Das Ehepaar ist mehr denn je auf Reisen, endlich kann auch er die Sehenswürdigkeiten jener Länder besichtigen, die er früher zwar bereist, aber kaum touristisch kennengelernt hatte. Immer noch kommen zahlreiche Briefe aus aller Herren Ländern ins Haus. Er erledigt seine Korrespondenz im Büro der Liga, sie beantwortet ihre Briefe mit der Hand. Beide haben sich daran gewöhnt, keine Dienstautos, Chauffeure, Sicherheitsbeamte mehr um sich zu haben. Sie gehen viel zu Fuß, viel in die Oper, in den Musikverein zu Konzerten und ins Theater. Sie führen ein reges kulturelles und gesellschaftliches Leben. Sie ist jetzt seine Chauffeurin, und als ein amerikanischer Tourist ihn einmal erstaunt ansprach, wie es denn möglich sei, daß ein Expräsident so ungeschützt auf der Straße spazierengehen könne, hat er auf seine Frau gezeigt: »Hier ist meine Security« – ein Kompliment und auch die Wahrheit. Sissy Waldheim war seine verläßlichste Lebensversicherung.

Die Töchter haben beide studiert und – anders als die Mutter – die Berufstätigkeit trotz Verehelichung nie aufgegeben. Für Frau Waldheim wäre ein von ihrem Mann unabhängiges Berufsleben unvorstellbar gewesen. Doch sie versteht auch die Zeichen der Zeit. Ihre Älteste, Liselotte Natural-Waldheim, war froh, einen eigenen Beruf zu haben, als ihre Ehe nach zehn Jahren auseinanderging. Bei den Themen Scheidung und Ehebruch, wie dem ihres Amtsnachfolgers, kann Sissy Waldheim nicht mitreden. Was ihrer Nachfolgerin in der First Lady-Position, Edith Klestil, passierte, war Frau Waldheim stets erspart geblieben: »Unsere Ehe war immer eine von beiden Seiten geschätzte. Er hat immer gesagt, ohne dich wüßte ich nicht, wie ich das täte, und ich habe immer gesagt, lächerlich, ich wüßte nicht, wie ich ohne dich zurechtkäme. Das heißt nicht, daß wir immer einer Meinung sind, aber wir sprechen uns bei Problemen immer aus.«

Obwohl sie nicht ausschließlich an die Sterne glaubt, meint sie, daß ihr Sternbild, Widder, und seines, Schütze, eben sehr gut zusammenpassen. Noch viel wichtiger aber: Sie sagt, es war eine Liebesheirat

und wird es bis zum letzten Tag bleiben. Im August 1994 feierten sie in ihrem Haus am Attersee mit all ihren Kindern und Freunden goldene Hochzeit. Im Dezember 1998 richteten ihm seine Lieben zum 80. Geburtstag ein schönes Jubiläumsfest aus.
Kurt Waldheim, endlich privat. Er ist dank Familie ein glücklicher Mensch.

Edith Klestil

geb. 13. November 1932

Mit Edith Klestil ist in mehrfacher Hinsicht eine Wende in der Wahrnehmung der »Ersten Frau im Staate« eingetreten. Erstens hatte noch nie zuvor im Wahlkampf eines Präsidenten sein Privatleben eine so große Rolle gespielt. Früher hat es sich zwar von selbst verstanden, daß der oberste Repräsentant der Republik ein möglichst respektables Ehe- und Familienleben vorzuzeigen hatte, doch es wurde darüber kaum gesprochen. Im Vordergrund stand er. Im Wahlkampf 1991/92 wurde sichtbar gemacht, daß auch der Leistung der Ehefrau durch all die Jahre seiner Karriere hindurch eine nicht zu unterschätzende Bedeutung zukam. Diese Botschaft kam an. Ein Großteil der Wähler hatte sich für den dynamischen Kandidaten Thomas Klestil entschieden, weil er eben auch eine ebenso loyale wie dynamische Partnerin vorweisen konnte und auch hergezeigt hat. Vor allem sein heiles Privatleben war sein größter Trumpf. Als Beamter des Außenamtes war er eine nur in Diplomatenkreisen anerkannte Persönlichkeit, der breiteren Öffentlichkeit bislang völlig unbekannt. Es hat hinterher in zahlreichen Briefen und Grußworten seinen Niederschlag gefunden, daß der Wahlsieg nicht nur sein Einzelwerk, sondern der Erfolg eines Paares war, das der Bevölkerung gefiel.
Umso größer hinterher die Enttäuschung, als sich herausstellte, daß das hergezeigte Bild von der Ehe-Idylle nicht mehr stimmte. Knapp zwei Jahre später kam ans Tageslicht, daß der Präsident schon lange eine heimliche Geliebte hatte und damit seiner Ehefrau das Leben schwermachte. Und nun kam es zu einem in Österreich noch nie dagewesenen Eklat: Ehefrau Edith spielt dieses Täuschungsmanöver nicht länger mit, sie hält es für unwürdig, nach so vielen Jahren des Zusammenhalts und gemeinsamen Aufbaus die betrogene Ehefrau zu sein. Statt stillzuhalten, wie zahlreiche Politikerfrauen es vor ihr getan hätten, wählt sie den anderen Ausweg. Sie verläßt ihren Mann. Fünf Jahre danach kommt es zur Scheidung, aus Alleinverschulden des Mannes, was sich bei einem katholischen Spitzenpolitiker der ÖVP wahrhaftig als epochale Premiere herausstellte.
Edith Klestil, geschieden im 66. Lebensjahr, wurde zum Exempel eines nicht eben glückhaft verlaufenen Frauenschicksals. Sie hatte ihren Beruf bereits in jungen Jahren aufgegeben, um ihren Mann in seiner Karriere als Diplomat zu unterstützen, hatte wesentlichen Anteil am Gelingen seines Aufstiegs und wurde dann einer Jüngeren wegen verlassen. Diese Botschaft, an der kaum jemand Gefallen fand, bekam Österreich auf höchster Ebene vorexerziert. Obwohl durchaus im Ein-

klang mit dem Verhalten in breiten Teilen der Bevölkerung, wurde dieses Signal als nicht eben vorbildhaft empfunden. Vor allem zahlreiche Frauen konnten diese Vorgangsweise nicht billigen, die obendrein dadurch verschärft wurde, als der Bundespräsident mit der Gefährtin seit Jugendjahren nach der von ihm verschuldeten Trennung kein Wort mehr wechselte.

Das Leben von Frau Klestil stellt sich, wie das jeder anderen First Lady zuvor auch, als einziges Dienen an seiner Seite dar. Sie war die erste, die den Dank dafür nicht ernten durfte.

Sie wurde am 13. November 1932 als Edith Wielander in Wien geboren. Vater Leopold Wielander, 1896 in Wien zur Welt gekommen, war Postbeamter. Mutter Rosa war im gleichen Jahr in Iglau, südlich von Prag, geboren worden. Sie war 37 Jahre alt, als Edith zur Welt kam, Edith blieb ein Einzelkind. Die Familie wohnte in der Petrusgasse im 3. Bezirk, wo Edith auch zur Volkschule ging, die Mutter war zu Hause.

Da sich gleich dem Wohnhaus gegenüber die Maschinenfabrik Warchalowski befand, die kriegswichtiges Material herstellte, hatte die unmittelbare Umgebung Ende des Zweiten Weltkriegs unter zahlreichen Bombenabwürfen zu leiden. Überall Bombentrichter, Ruinen, zersplitterte Fenster. Die Petrusschule wurde zur Hälfte weggerissen, die andere Hälfte war von Flüchtlingen aus der Slowakei okkupiert, so daß Edith fast alle Schulen des 3. Bezirks, die noch unversehrt geblieben waren, aufsuchen mußte.

Nach der Pflichtschule besuchte sie die Bundeslehr- und Versuchsanstalt für Textilindustrie in der Spengergasse und arbeitete gleich danach in der Textilbranche auf dem Spezialgebiet Wirkerei und Strickerei. Ediths erste Erzeugerfirma lag in der Berggasse 19 im 9. Wiener Gemeindebezirk, im Parterre links des berühmten Wohnhauses von Sigmund Freud. Da standen die Maschinen einer kleinen, aber sehr exklusiven Wirkerei und Strickerei. Später wechselte Edith Wielander zur Firma Marvienne-Weigl am Heumarkt, deren Nachfahre in der Strickwarenerzeugung Haider-Petkov heute noch existiert. Diese sehr gefragte Wirkwarenerzeugung beschäftigte damals zahlreiche Entwerfer, und Edith wurde eine von ihnen. Aufwendige Pullover und Jacken-Kombinationen wurden hergestellt, zum Teil reich bestickt. Unter anderen kaufte dort der Modesalon der Zeit, Fred Adlmüller, ein. Rund 90 Prozent der Artikel gingen in den Export.

Als Edith 18 war, starb ihr Vater, und sie mußte dazusehen, ein bißchen mehr zu verdienen, ihr Monatslohn von 560 Schilling war auch für damalige Verhältnisse sehr gering. Sie wechselte zur weit größeren Firma Mascheck in der Wipplingerstraße, auch ein sehr exportorientierter Betrieb, mit Erzeugung und Verkauf, in dem sie drei Jahre lang blieb. Ihre vorletzte Arbeitsstätte lag in der Rotenturmstraße, in der sie, jetzt bereits als Direktrice, Damenoberbekleidung entwarf. Infolge Teilung des Betriebes kam es dann noch zu einem weiteren Wechsel. In diese Zeit fällt aber bereits ihre Verehelichung mit dem jungen Diplomaten Thomas Klestil und auch die Geburt ihrer Tochter Uschi. Als diese fünf Monate alt war, hörte Edith zu arbeiten auf. Im Dezember 1959 – die neue Winterkollektion war abgeschlossen – gab sie ihren Beruf, den sie überaus liebte, auf und folgte ihrem Mann auf seinen ersten Auslandsposten nach Paris.

Thomas Klestil, gleichfalls Jahrgang 1932, hatte sie kennengelernt, als sie noch in der Spengergasse zur Schule ging. Beide waren um die 17 Jahre alt, als sie einander zum ersten Mal trafen. Wichtigster Ort der Zusammenkunft der Jugendlichen aus Wien-Erdberg – Thomas Klestil wohnte in der Apostelgasse 33 – war damals das »Salesianum« in der Hagenmüllergasse, ein Jugendwohnheim und- zentrum, das zur Salesianerkirche gehörte und von den Salesianerpatres im Geiste des Turiner Jugend-Seelsorgers Don Bosco geführt wurde. Allen voran hat sich damals Pater Fritz Debray mit sehr viel Engagement jener jungen Menschen angenommen, die ihre Väter im Krieg verloren hatten. Thomas Klestil gehörte zu ihnen. Er war das fünfte Kind einer Kriegswitwe und Schüler des Hagenmüller-Gymnasiums in unmittelbarer Nachbarschaft des Salesianums. Er verbrachte damals nach der Schule sehr viel Zeit in den Jugendgruppen von Pater Debray, und dort begann auch die lebenslange Freundschaft mit Jazzer Joe Zawinul.

Klestil hat sehr gut Geige gespielt, spielte auch bei Messen mit, und diese Messen hat gelegentlich Edith besucht. In den Jungschargruppen für Buben und Mädchen gab es Diskussionen, Sportveranstaltungen, Musikabende und auch bescheidene Bälle. Edith, obwohl nicht bei der Jungschar, kam zum Volkstanzen in die Pfarre. Bei diesen ersten »Nachkriegs-Belustigungen« (Edith Klestil) lernten die beiden einander kennen. Auch die ÖVP hatte damals bereits bezirksweise wieder kleine Bälle veranstaltet, vornehmlich im zum Teil noch von Bomben beschädigten Großrestaurant »Schwechaterhof« auf der Landstraße. In diesem »Schwechaterhof«, einem gutbürgerlichen

Edith und Thomas Klestil

Gasthaus der Schwechater Bierbrauerei, heute ein Shopping-Center, haben Thomas und Edith Klestil am 8. Juni 1957 auch ihre bescheidene Hochzeitstafel ausgerichtet, nachdem Pater Debray sie vorher in der Salesianerkirche getraut hatte. Edith Klestil: »Es hat sich damals eben alles im Grätzel um Erdberg und die Landstraße abgespielt.«
Kennengelernt hatten die beiden einander Ende der vierziger Jahre, aber erst rund sieben Jahre später konnten sie heiraten, nachdem Thomas sein Welthandelsstudium beendet hatte. Pater Debray, der das Paar getraut hatte, blieb ihm auf den wichtigsten familiären Stationen als treuer Beistand verbunden, und er hat viele Verwandte des Paares auf ihrem letzten Weg begleitet. Auch das 25jährige Hochzeitsju-

biläum haben Thomas und Edith in alter Verbundenheit in der mittlerweile schön restaurierten Jugendstil-Kapelle im Salesianum gefeiert. Nur die Taufen der Kinder konnte Pater Debray nicht spenden, denn da hielt sich das Paar bereits jedesmal an einem anderen Ort im Ausland auf.
Ihre erste, nur 39 Quadratmeter große Wohnung befand sich in Grinzing in der Himmelstraße, neben dem Haus des Dirigenten Karl Böhm. Thomas und Edith Klestil waren die einzigen Mieter zweier alter Damen, im Erdgeschoß war noch eine Tischlerei untergebracht. Der Vorteil war der schöne große Garten. Gegen Ende des Sommers kannten Edith und Thomas das gesamte Repertoire der Heurigenlieder auswendig, wie es ihnen aus den umliegenden Heurigengärten bis spät in die Nacht entgegenschallte. Am 1. Juni 1959 kam Tochter Uschi zur Welt, gegen Ende der Jahres aber wohnte die Familie bereits in Paris, wo Thomas Klestil als Beamter des Außenamtes bei der OECD tätig war.
Edith wurde zur »Diplomatengattin«. Die Epoche, die sich in der Biografie des Ehemanns als stete Karriere nach oben niederschlägt, war für die Ehefrau eine Zeit der Übersiedlungen, Wohnungseinrichtungen, gesellschaftlichen Verpflichtungen. In Paris landete Edith mit der fünf Monate alten Tochter und drei Holzkisten mit den damals noch wenigen persönlichen Habseligkeiten. Sie erinnert sich an sehr bescheidene Anfänge. »Zuerst haben wir möbliert gewohnt, sind dann einmal umgezogen, weil die Wohnung so teuer war, man konnte sich das alles nicht leisten. Aber ich habe dort gelernt, eine Hausfrau und vor allem eine Diplomatengattin zu sein.«
Wenn auch die Lebensführung bescheiden war, so hat man sich dennoch an Wochenenden, Feiertagen und im Urlaub mit dem mühsam ersparten Peugeot 203 schöne Reisen durch Frankreich, Belgien und Holland gegönnt. Klein Uschi war immer mit dabei.
Von Paris aus kam 1962 überraschend die Versetzung nach Washington. Es blieben nur drei Wochen Zeit für die Vorbereitung, das Auto mußte verkauft werden, weil es keine amerikanischen »Specifications« hatte. Die Organisation des Ganzen oblag natürlich der Gattin, die sich mit Schaudern erinnert: »Nachdem die Sachen von Paris eingepackt waren und einiges davon nach Washington ging, hab ich das Auto bis zum Dach hinauf vollgeräumt und die kleine Tochter dazugepackt, die damals zweieinhalb Jahre war, und bin so nach Wien gefahren und hab dort das Auto verkauft. Von Wien aus organisierte ich

die Übersiedlung nach Washington, so daß ich ungefähr sechs Wochen darauf mit dem Zug nach Genua fahren konnte und einen Tag später mit dem Schiff nach Amerika aufbrach. Fliegen durfte man damals noch nicht, das war dem Staat zu teuer.«

Allerdings: »Mit dem Schiff anzukommen bedeutet, Amerika von seiner schönsten Seite zu sehen. Wir fuhren in den Hudson River ein, die Sonne ging auf, es war sechs Uhr früh, Mai, die herrliche Skyline liegt vor dir. So schön habe ich New York nie wieder gesehen.«

Drei Tage sind sie in der Stadt, die niemals schläft, geblieben. »Mein Mann konnte mich deshalb abholen, weil gerade Bundeskanzler Gorbach auf Besuch in den Staaten war, den er eben bis New York begleitet hatte. Es war sehr aufregend. Wir sind zum Broadway gegangen, haben eine Show mit Ginger Rogers angeschaut, die natürlich nicht mehr die Allerjüngste war, aber dennoch sehr attraktiv. Dann sind wir mit dem Zug weiter nach Washington, wo wir viereinhalb Jahre blieben.«

Sohn Thomas kam im Februar 1963, genau neun Monate nach der Ankunft in den USA, in Washington zur Welt, was die Geldbörse der Eltern ziemlich belastete. Edith Klestil: »Ich glaube, mein Sohn war damals das teuerste Neugeborene, weil drei Tage Krankenhaus 580 Dollar gekostet haben, das war mehr, als mein Mann im Monat verdiente.« Die Versicherung, die das Paar in Amerika abgeschlossen hatte, trat für »Schadensfälle« erst ein Jahr nach Ankunft in Kraft. Also gingen sie leer aus. »Wir haben lange gebraucht, um den Betrag abzustottern, aber er war es uns wert.«

Weil die erste Wohnung in Washington für zwei Kinder zu klein wurde, mietete die Familie im Jahr darauf ein kleines Haus in einer Gegend mit viel Grün, aber trotzdem nahe der Botschaft. Aber bald mußte sie aus dem Haus wieder ausziehen, weil der Vormieter, ein amerikanischer Diplomat, von seinem Posten in Beirut vorzeitig wieder nach Washington zurückkehrte. Danach wohnten die Klestils weitere eineinhalb Jahre zur Miete, ehe sie wieder nach Österreich zurückgekehrten.

Während seines Aufenthaltes bei der Weltbank-Tagung in New York hat Finanzminister Josef Klaus Thomas Klestil kennen- und schätzen gelernt und ihn dann, 1966, als er gewählter Bundeskanzler wurde, zu sich in sein Kabinett berufen. Dies war der Grund der Rückübersiedlung nach Wien.

Für Edith brachte diese ehrenwerte Beförderung des Ehemannes wieder jede Menge Zusatzaufgaben: »Da habe ich halt geschaut, daß alle Hemden gebügelt und gewaschen sind, so daß er im Mai 1966 reisefertig war, um innerhalb von drei Tagen nach Wien fliegen zu können. Ich bin natürlich zuerst in Washington geblieben, weil unsere Tochter damals schon zur Schule ging, damit sie das Schuljahr abschließen konnte. Sie war in der ersten Klasse der deutschen Schule. Dann kam mein Mann für eine Konferenz im Juli zu uns nach Washington zurück, und da erst haben wir gepackt und sind zusammen mit dem Schiff zurück nach Wien. Da war bereits mehr einzupacken als bei unserer Herreise, weil die Familie mittlerweile ja größer geworden ist.« Thomas junior war drei Jahre alt.

In Wien zog die Familie vorerst wieder in die enge Grinzinger Wohnung, sie war aber definitiv zu klein geworden. Ab 1967 wohnte sie in einer Eigentumswohnung in Wien-Hietzing in der Wattmanngasse 2 zu fünft – Sohn Stefan war mittlerweile zur Welt gekommen –, bis zur Übersiedlung nach Los Angeles 1969.

Im Westen Amerikas, der wirtschaftlich und gesellschaftlich immer bedeutender wurde, besaß Österreich damals noch keine offizielle Vertretung, nur Honorarkonsuln verrichteten einen Teil der Arbeit. Jetzt sollte Klestil ein professionelles Generalkonsulat aufbauen. Man hatte Los Angeles als Standort auch deshalb den Vorzug vor San Francisco gegeben, weil in L. A. an die 30000 Emigranten aus Österreich lebten, woraus sich zahlreiche Kontakte zur Heimat ergaben. Eben deshalb hatte man für L. A. einen Mann gewählt, der erstens unbelastet war von Nationalsozialismus und Judenverfolgung und sich zweitens in Amerika gut auskannte.

Wieder waren die Siebensachen zu packen, doch Edith Klestil tat dies gerne: »Ich war der Meinung, daß mein Mann die absolut perfekte Wahl gewesen ist. Er ist ein sehr guter Kontaktmensch, was zu dieser Zeit besonders wichtig war. Es ist uns zusammen, glaube ich, wirklich gut gelungen, einen Großteil der Zwangsemigranten von 1938 wieder für Österreich zu gewinnen, was sehr wichtig war. Nicht, weil es berühmte Leute waren, Universitätsprofessoren, Künstler, halb Hollywood stammte ja aus Österreich, sondern weil es einfach, so glaube ich, zur Psychohygiene Österreichs gehörte.«

Für Tochter Uschi war die Übersiedlung dieses Mal schon schwieriger geworden, weil sie eben mit einigen Freundinnen die Aufnahmsprüfung ins Gymnasium in der Wenzgasse abgelegt hatte und sich dort wohl zu fühlen begann. Doch sie mußte sich trennen. Sie wurde zunächst auf der amerikanischen High School eine Klasse vorgereiht, weil sie in der österreichischen Volksschule eine bessere Ausbildung genossen hatte, was aber bald neue Probleme aufwarf. Es zeigte sich, daß sie zwar Englisch auffrischen mußte, im anderen Stoff aber weit überlegen war. Um diesen Vorsprung nicht zunichte zu machen, haben die Eltern nach langem Zögern »in den sauren Apfel gebissen«, wie Edith Klestil sich ausdrückt, und Uschi zurück nach Wien ins Internat gegeben, um ihr später den Zugang zur Hochschule in Wien nicht zu verbauen. »Es war ein bitterer Entschluß. Uschi war sicher unglücklich die erste Zeit, und wir waren auch unglücklich, aber was hätten wir machen sollen? Wir haben natürlich jede Gelegenheit zu Weihnachten oder in den großen Ferien wahrgenommen, daß sie entweder zu uns herüberkommt – damals konnte man einmal im Jahr einen Flug bekommen für das Kind – oder daß wir nach Wien flogen. Aber es war nicht ideal. Da haben wir halt die Ferien mit dem Rest der Familie in Wien verbracht, aber Weihnachten wollten wir das Kind auch nicht alleine lassen. Also haben wir wiederum in die nicht sehr volle Tasche gegriffen und einen langen und teuren Flug bezahlt.«

Die Familie hat in Los Angeles zuerst zwei Monate im Hotel gewohnt, im »Beverly Whilshire« eines ehemaligen Österreichers. Anfangs war das Appartement auch Sitz des Konsulats. Edith Klestil erinnert sich: »Wenn Kunden gekommen sind, ist man halt schnell ins Schlafzimmer gelaufen, damit Platz ist.« Dann wurde dem frischgebackenen Generalkonsul der eben leer gewordene Friseursalon in der Hotel-Lobby zur Installierung seiner Amtsräume zur Verfügung gestellte. Und wieder mußte die Diplomatenfrau auf Quartiersuche gehen.

Thomas Klestil suchte ein Büro, Edith Klestil ein Haus zum Wohnen. Zuerst fanden sie ein kleines zu mieten, da die Überlegung aber darin bestand, für immer ein Haus für die Republik Österreich zu kaufen, ging Edith abermals auf Suche. »Ich habe rund 40 Häuser angeschaut. Und schließlich fand ich, daß dasjenige, das ich als erstes angesehen habe, das richtige war. Durch Zufall kam damals Architekt Schwanzer, der eben in Brasilia gebaut hatte, vorbei und half als offizieller Begutachter der Republik. Auch er fand, das gewählte Haus in Brentwood wäre ein guter Kauf. Und so geschah es. Die Republik bekam zu relativ günstigem Preis ein schönes Wohnhaus in bester Lage.«

Die Jahre in Los Angeles waren für das Ehepaar Klestil eine arbeitsreiche Zeit, in der viele Weichen für später gestellt wurden. Durch

Klestils Einsatz in Los Angeles, durch seine gewinnende Art und durch den Beistand seiner geselligen, sprachengewandten Ehefrau ist seine Tätigkeit damals einem breiten Kreis von Österreichern, Künstlern und Geschäftsleuten, positiv aufgefallen. Das Besondere war, daß Klestil diesem traditionell auf diplomatische und gesellschaftliche Agenden ausgerichteten Beruf noch eine neue, kommerzielle Note hinzufügte. Sehr viele Wirtschaftskontakte liefen über ihn. Österreichische Geschäftstreibende kamen und suchten nach Absatzchancen. Was eignete sich besser als »social contacts«, für die das Ehepaar Klestil zur Drehscheibe wurde.
Klestil erwarb sich den Ruf eines dynamischen Machers. Seiner eleganten Frau kam dabei eine sehr wesentliche Rolle zu, die mit »Brötchenschmieren« nur unzureichend zu umschreiben wäre. Brötchen hat sie gleichfalls gestrichen, zu Tausenden, wie sie sich erinnert. Denn zahlreiche Kontakte sind über das gastfreundlich geführte Haus gelaufen. Edith Klestil erzählt: »Ein Konsulat ist eine kleine Servicestelle für Leute, die aus irgendeinem Grund in Not geraten sind, Reisende, Geschäftsleute, Künstler. Ein anderer Teil der Arbeit aber erstreckte sich auf Kontakte mit den Altösterreichern, die ihre Heimat in den dreißiger Jahren verlassen mußten. Sie sollten mit dem neuen Österreich versöhnt werden, Billy Wilder, Fritz Lang, Walter Reisch und viele andere. Und da gab es zum Beispiel Stipendien für junge Sänger nach Wien, da hat man zu Hause einen Empfang gegeben, um den Leuten eine Plattform zu bieten. Sie sollten die Möglichkeit haben zu zeigen, was sie können.«
Es waren die schönen Jahre von Los Angeles, als die Kinder klein waren und die Ehe als Teamwork funktionierte: »Zum Beispiel waren die Schauspielerin Judith Holzmeister und andere Mitglieder des Burgtheaters eingeladen, um an den Germanistik-Lehrstühlen der Universitäten deutschsprachige Literatur vorzutragen. Einmal wurde Schnitzlers ›Professor Bernhardi‹ aufgeführt, ein Stück, das wegen der Darstellung der antisemitischen Verhetzung im Wien der Jahrhundertwende ein ziemliches Risiko war. Aber die Darbietung ist sehr gut angekommen. Große Ausstellungen über Österreichs Kultur, aber auch Wirtschaft und Sport wurden auf die Beine gestellt. Es war ja drüben damals kaum bekannt, daß es auch ein modernes Österreich gab, das es kennenzulernen lohnte. Die Symphoniker waren zu Besuch. Als Kontrastprogramm ließen wir aber auch unseren damals sensationellen ›Puch-Haflinger‹-Jeep die Stiegen des City-Museums

rauf- und runterfahren, denn alles mußte in diesem Land der Shows immer ein bißchen spektakulär sein. Wir hatten zum Beispiel dieses große Wien-Modell aus dem Historischen Museum der Stadt Wien kommen lassen, um zu veranschaulichen, wie die Hauptstadt Österreichs aussieht. Das waren schon sehr interessante Jahre.«

Fünfeinhalb Jahre haben die Klestils in Los Angeles mit großem Vergnügen Werbung für Österreich gemacht. Zur Hilfe im Haushalt hatte Edith Klestil eine Kolumbianerin, eine ältere, bodenständige Indianerin, eine nette Frau, die besonders gut mit den Kindern umgehen konnte. Sie hat im Haus gewohnt. »Sie konnte zwar nicht kochen, aber sie hat gut geputzt und war ein Schatz für die Kinder. Dazu ist einmal in der Woche eine ehemalige Jugoslawin aus Sarajevo gekommen, die selber drei Kinder gehabt hat, die sie oft mitbrachte, und die hat den ganzen Tag gekocht. Ich habe geholfen, organisiert und die perfekte Abwicklung sichergestellt.«

Ohne Ehefrau müßte sich ein Diplomat entweder sehr viel Personal leisten oder genügend Geld besitzen, um sich Speisen und Getränke per Catering ins Haus kommen zu lassen. Im Falle Klestil wäre dies nicht möglich gewesen. »Das haben wir uns nicht leisten können, beziehungsweise wäre bei einem Empfang pro Monat das ganze Einkommen verbraucht gewesen. Ich habe alles sehr gern gemacht, es hat halt sehr viel Zeit gekostet. Dazu waren auch die Kinder in die Schule zu bringen und wieder abzuholen. Dann mußte man auch noch gut aussehen, aber auch das ist, wenn man jung ist, ein bißchen leichter. Ja, alles mußte rationell und sparsam sein, und ich finde, es schadet durchaus nicht, wenn man ein begrenztes Budget hat, dann muß man die Phantasie umso mehr spielen lassen.«

1974 war die Zeit in Los Angeles um. Rudolf Kirchschläger war Außenminister, und die Klestils kehrten nach Wien zurück. Sie hätten die Wahl gehabt, im Anschluß einen anderen Auslandsposten anzunehmen, aber sie trafen ihre Wahl nach familiären Gründen. Tochter Uschi war schon ein Teenager, die Eltern wollten in ihrer Nähe sein. Der ältere Sohn Thomas war schon ein Jahr, bevor die Eltern nach Wien zurückkehrten, ins Internat des Elite-Gymnasiums Kalksburg im Süden von Wien gekommen. Als er in die zweite Klasse ging, war die Familie wieder vollzählig, so daß der Junior ins Halbinternat wechseln und jeden Abend nach Hause fahren konnte. Gewohnt hat die Familie immer noch in der Wattmanngasse. Der jüngere Sohn, Stefan, ist in Wien in die zweite Volksschulklasse eingestiegen. Auch er konnte genügend

Deutsch, denn die Eltern hatten immer großen Wert darauf gelegt, mit den Kindern zu Hause die Muttersprache zu sprechen und zu trainieren. Selbstverständlich beherrschten alle drei daneben ausgezeichnet Englisch, Stefan durch die kolumbianische Kinderfrau auch Spanisch.

In den Jahren 1974 bis 1978 wurde Thomas Klestil in Wien Leiter der Internationalen Organisationen. Die UNO-City war gerade im Bau. Seine Aufgabe bestand darin, die Behörden der Vereinten Nationen in New York und Genf davon zu überzeugen, wie gut es für alle Beteiligten sei, wenn einige Abteilungen nach Wien übersiedelten. Er flog häufig nach New York, vornehmlich zu UN-Generalversammlungen, um für den Standort Wien zu werben.

Es verstand sich quasi von selbst, daß Klestil 1978, am Ende dieser Periode, als Botschafter zu den Vereinten Nationen nach New York ernannt wurde. Bis dahin war auch Stefan im Internat in Kalksburg. Er kam in die zweite Klasse, sein Bruder Thomas besuchte bereits die siebente. Stefan blieb dann gleichfalls bis zur Matura im Internat in Wien, weil Thomas Klestil von New York gleich weiter an die Botschaft in Washington versetzt wurde. Thomas junior hat mittlerweile in Wien Medizin zu studieren begonnen. Uschi hatte damals schon maturiert und ging mit ihren Eltern nach New York, wo sie vorübergehend bei der UN-Generalversammlung als Hilfskraft arbeitete, ehe sie nach Wien zurückging, um Dolmetsch zu studieren. Sie hat dieses Studium nicht abgeschlossen, sondern wurde Flugbegleiterin bei der Fluglinie AUA.

Zurück in New York, frönte Edith Klestil – nun ohne Kinder mit ausreichend Zeit – einem neuen Hobby. Sie durchstreifte die Altwarengeschäfte und Flohmärkte Manhattans nach gut erhaltenen Petit-Point-Taschen, zierlichen mit Biedermeier- oder Blumenmotiven bestickten Abendhandtäschchen. Sie meint, daß diese für Amerika doch sehr untypischen Handtäschchen »von den Kindern der Emigranten, die ihre Habseligkeiten aus Europa mitgebracht hatten, an die Läden verkauft wurden«. Die Passion entwickelte sich zu einer echten Leidenschaft. Edith Klestil hat die Sammlung auf 22 Stück gebracht. Sie hatte die nostalgischen Stücke nicht allein aus Interesse für edle Stickereien, wovon sie wirklich etwas verstand, erworben, sondern auch, damit sie wieder Verwendung fanden. Sie trug die Täschchen bei ihren Besuchen im Weißen Haus ebenso wie zur Trachtenhochzeit ihres Sohnes Thomas und zu vielen anderen Anlässen. Zu Hause hat sie sie in einer eigenen Vitrine ausgestellt.

Die Liebe zum erlernten Beruf hat Edith Klestil nie verlassen. Oft noch, vor allem später, hat es ihr aus gutem Grund leid getan, ihre Selbständigkeit der Karriere ihres Mannes geopfert zu haben.
Sie weiß aber auch zu schätzen, daß ihr der Diplomatenberuf des Ehemannes im Gegenzug auch viele schöne Augenblicke und langanhaltende Freundschaften beschert hat. Freundschaften mit Botschaftergattinnen, Künstlerinnen und Geschäftsfrauen, die sich später – in der Zeit nach der Trennung von ihrem Mann – bewähren sollten.
Nach vier Jahren New York wanderten die Klestils 1982 weiter nach Washington, diesmal als Botschafter. In seiner gewohnten Dynamik legte Klestil hier den letzten Grundstein für seinen späteren, alles krönenden Karrieresprung.
Ein Geniestreich der medialen Inszenierung war die Übergabe eines Lipizzaners aus dem Gestüt der Spanischen Hofreitschule an den damaligen US-Präsidenten Ronald Reagan in Washington. Es war dies der Höhepunkt einer Österreichwoche in der US-Metropole, zu der heimische Köche eingeflogen wurden, um kulinarische Leckerbissen anzubieten, aber gleichzeitig auch auf kulturelle Errungenschaften und wirtschaftliche Erfolgsprodukte hingewiesen wurde. Die Übergabe des Lipizzaners fand ihren Niederschlag in allen großen Gazetten der Welt – sie war eine Meisterleistung der Österreich-PR und Tourismuswerbung mit nicht zu unterschätzendem Wert in einem Land, in dem Austria immer noch mit Australia verwechselt wurde.
Klestils Zeit in New York und Washington war überaus erfolgreich. Danach, ab Mai 1987, wurde er in Wien Generalsekretär des Außenamtes, wo er sein Kommunikationsgeschick ebenfalls voll einsetzen konnte, politische Gestaltungsmöglichkeiten hatte und, wenn erwünscht, den Ressortminister auch beriet. Seine große Zeit sollte aber noch folgen: 1991 kam es zum Run auf die Hofburg, den er samt Ehefrau mit Bravour absolvierte.
Zuvor aber hatte das Ehepaar noch in der Landesgerichtstraße im 1. Wiener Bezirk eine schöne große Mehr-Zimmer-Mietwohnung bezogen. Es war jene Wohnung, in der vorerst die Kinder in ihrer Wiener Zeit alleine gelebt haben. Nun waren auch die Eltern eingezogen.
Präsidentschaftswahlkampf 1991: Die Kinder waren alle erwachsen. Uschi arbeitete bei der AUA, der ältere Sohn, bereits verheiratet, zog nach Abschluß seines Medizinstudiums für seine Fachausbildung in orthopädischer Chirurgie an der Universitätsklinik Innsbruck nach Tirol.

Der jüngere Sohn hatte nach Matura und Militärdienst an der Wirtschaftsuniversität inskribiert. Genau zwei Tage vor Klestils Wahlsieg konnte – unter großem Anteil der Medien – noch Stefans Sponsion gefeiert werden, dann ging er in die Stadt zurück, die seine Eltern so gut kannten, nach New York, um zusätzlich den Grad eines Masters of Political Science an der Columbia University zu erwerben.

Die Nominierung Klestils zum Präsidentschaftskandidaten erfolgte im November 1991, Edith und Thomas Klestil waren beide 59 Jahre alt, ein Alter, in dem andere bereits an den Ruhestand denken. Doch die Klestils legten sich noch einmal so richtig ins Zeug. ÖVP-Chef Erhard Busek hatte Klestil berufen. Zu Hause erzählte Klestil seiner Frau von dieser Auszeichnung. Sie erinnert sich: »Mein Mann ist nach Hause gekommen und hat mich gefragt, was ich dazu sagen würde. Ich fragte: ›Wer ist der Gegenkandidat?‹ Der stand schon fest, Rudolf Streicher. Da hab ich gesagt: ›Okay, dann gewinnst du!‹ Kann sein, daß mein Mann schon vorher zur Kandidatur entschlossen war, aber wir haben eben alles immer miteinander besprochen.«

Für Edith Klestil begann eine Periode, die auch sie mit gutem Grund als Krönung ihres Lebensweges empfinden durfte. Mehr als in früheren Zeiten ist heute klar, daß ein Diplomat ohne eine zupackende Frau nie mit dieser Leichtigkeit alle Probleme des Berufes bewältigen könnte. Mehr als in früheren Zeiten wird dieser Part auch öffentlich geschätzt. Edith Klestil hatte Anteil an seinem Erfolg, und nun wollte sie gerne mit ihm auch noch die letzte Stufe der Karriereleiter erklimmen. Sie freute sich darauf, den Wahlkampf mit ihm zu schlagen, denn klarerweise hielt sie ihren Mann für den geeigneteren Kanditaten, und sie strengte sich abermals an, ihn im besten Licht erscheinen zu lassen.

Die Rechnung ging voll auf. Beide lieferten einen Wahlkampf der Sonderklasse. Sie hatten viel zu lange in Amerika gelebt, um sich nicht einige Highlights der amerikanischen Wahlkämpfe abgeschaut zu haben. Sie warben mit der ganzen Kraft der Familie. Edith Klestil war immer an der Seite ihres Mannes, unermüdlich, landauf, landab. Ihm zum Sieg zu verhelfen verlangte ihr abermals viel Disziplin und Energie ab.

Dem österreichischen Volk gefiel es, daß erstmals auch eine repräsentative, mitagierende Ehefrau samt Kindern im Wahlkampf hergezeigt wurden. Und es kam, wie es kommen mußte: Thomas Klestil gewann die Wahl im zweiten Durchgang haushoch. Das Ehepaar zog in der Amtsvilla ein und nahm seine Verpflichtungen auf, in die heute mehr und mehr auch die Frau des Bundespräsidenten eingebunden ist. In jedem Fall wird der First Lady eine tadellose Präsenz bei sämtlichen seiner Verpflichtungen abverlangt. Darüber hinaus wird ein exzessives karitatives Engagement eingefordert. Auch der Terminkalender einer First Lady ist knallvoll. Edith Klestil, obwohl nicht mehr die Jüngste, hat sich auf diese Aufgaben freudig eingestellt. Auch sie wollte eine aktive First Lady sein.

Sie bekam beide Seiten zu spüren. Die angenehmen, wenn Menschen sie auf der Straße ansprachen: »Ich gratuliere Ihnen zum Wahlsieg Ihres Mannes. Ohne Sie wäre der Sieg nie möglich geworden!« Und die weniger erfreulichen: Bei einer Großmesse der Taizé-Gemeinde in Wien fällt sie vor Erschöpfung zusammen. Sie muß mit der Rettung ins Allgemeine Krankenhaus gebracht werden. Von Nervenzusammenbruch war die Rede, doch so schlimm war es nicht. Sie erzählt selbst: »Ich war wahnsinnig müde, habe eigentlich nie die Zeit gehabt, mich zu erholen, ich war wirklich abgekämpft. Da war mir bei einer ganz ruhigen Veranstaltung, bei einer ökumenischen Feier der Taizé-Brüder, bei der auch Kardinal König anwesend war, plötzlich so, als ob ich einen Herzinfarkt hätte. Vielleicht bin ich dort selbst erstmals zur Ruhe gekommen. Meine Arme wurden schwer, ich hab keine Luft mehr gekriegt, habe eine Weile ausgehalten, bis mir ganz elend wurde. Ich habe es noch selbst bis zum Ausgang geschafft und bin mit dem Notarzt ins Krankenhaus gefahren. Dort hat sich herausgestellt, daß mir organisch nichts fehlte, aber eine große Erschöpfung da war. Ich habe mich dann erst einmal richtig ausgeschlafen und war dann wieder völlig hergestellt.«

Vielleicht haben da aber bereits jene Sorgen mitgespielt, die Frau Klestil lange nicht wahrhaben wollte und sich daher lange nicht eingestand. Schon während des Wahlkampfes war ihr immer öfter aufgefallen, daß die Nähe, die zwischen ihrem Mann und seiner engagierten Wahlkampfmitarbeiterin, der Gesandten Margot Löffler, herrschte, vielleicht mehr als nur ein enges Arbeitsverhältnis bedeuten könnte. Sie hat ihren Mann wiederholt zur Rede gestellt, aber immer nur erfahren, daß Frau Löffler nichts weiter als eine engagierte Mitarbeiterin sei. Frau Klestil wollte den Sieg ihres Mannes und keinen Skandal. Und insgeheim hoffte sie, wie jede andere Langzeit-Ehefrau das wohl auch getan hätte, daß er doch wohl selber so klug sein würde, ein Verhältnis, falls es eines wäre, doch wieder zu beenden. Edith Klestil gab diese Hoffnung lange nicht auf.

Inzwischen stürzte sie sich mit großem Erfolg auf die Neuadaptierung der Amtsvilla, die zur Zeit gerade eine Baustelle war, weil das nicht unterkellerte Haus zum ersten Mal richtig trocken gelegt wurde. Gemeinsam mit dem Leiter des Bundesimmobiliendepots, Peter Parenzan, und den Zuständigen der Bundesgebäudeverwaltung nahm sie bei den Bezügen, Vorhängen und Farben der Wandmalerei eine Veränderung zum Schönen vor. Auch die Bäder im ersten Stock wurden erstmals seit Anschaffung neu adaptiert. Frau Klestil hat mit viel Geschmack und Erfahrung die Amtsvilla zu einem eleganten Zuhause gemacht.

Doch das Jahr 1993 sollte für sie zum bisher traurigsten ihres Lebens werden. Zunehmend wurde sie in dieser Amtsvilla isoliert. Am Arbeitsplatz ihres Mannes in der Hofburg hat sich die junge Rivalin Margot Löffler mehr und mehr unentbehrlich gemacht. Sie war es, die nunmehr sämtliche Termine des Präsidenten kontrollierte und überwachte. Da war es ein leichtes, die Ehefrau im fernen Döbling uneingeweiht zu lassen. Edith Klestil gewann jedenfalls mehr und mehr den Eindruck, bewußt an die Seite gestellt zu werden. Jedesmal, wenn sie ihren Mann zur Rede stellte, er möge sich von Margot Löffler trennen, habe er nur verneint und geleugnet, daß sie mehr als seine Mitarbeiterin sei, sagt Edith Klestil. Bis zum Jahresende hielt sie still. Der Rest verlief im Scheinwerferlicht der Öffentlichkeit. Ab dem neuen Jahr 1994 war der Skandal perfekt. Die Liaison des Präsidenten hielt für Wochen die Innenpolitik in Atem.

Auslösendes Moment war das Neujahrskonzert der Wiener Philharmoniker im Musikvereinssaal, zu dem traditionell das Präsidentenpaar prominent in der ehemaligen Hofloge erscheint. Thomas Klestil hatte es sich zur Angewohnheit gemacht, überallhin, selbst zu hochoffiziellen Anlässen, nur zu dritt aufzutreten. Frau Löffler war bei jedem Staatsbesuch, bei sämtlichen Eröffnungen von Festspielen, bei offiziellen Dinners, sie war immer dabei. Und dies, wie viele Journalisten berichten können, nicht als stille Organisatorin im Hintergrund, sondern als energisch agierende Hauptperson, so als wäre sie die First Lady.

Frau Klestil spielte in dem Dreiecksverhältnis nicht länger mit. Nach einer letzten Unterredung in der Silvesternacht 1993 zog sie die Konsequenzen. Sie hatte ihrem Mann gesagt, nur dann mit ihm das Neujahrskonzert zu besuchen, wenn er Frau Löffler ersuche, zu Hause zu bleiben. Er lehnte ab, und sie packte noch in derselben Nacht die Koffer und zog aus der Amtsvilla in ihre jetzt leerstehende Wohnung in der Landesgerichtsstraße. Am nächsten Morgen erschien der Präsident mit Margot Löffler in der Loge des Musikvereins. Die Entscheidung für sie war gefallen.

Der Ablauf der »Staats-Affäre« ist den Medien der Zeit zu entnehmen. Es verging kein Tag ohne neue Schlagzeile. Der Präsident erklärte kryptisch, »private Sorgen« zu haben, weil seine Frau ihn verlassen habe. Er vergaß hinzuzufügen, daß er der Urheber dieser »privaten Sorgen« war. Über den wahren Trennungsgrund hüllte er sich in Schweigen. Frau Klestil war ehrlicher und gab in ausgesuchten Interviews ihre Beweggründe bekannt.

Freilich ist ihr der Weg an die Öffentlichkeit auch übelgenommen worden. Immer wieder wurde von vorwiegend älteren Mitbürgern gesagt, daß es einer Dame weit mehr angestanden hätte, über die Seitensprünge des Ehemannes nobel hinwegzugehen, dies sei durch alle Epochen der Geschichte das übliche Los der Gemahlinnen gewesen. Sogar auf die großzügige Verschwiegenheit der Frauen im Hause Habsburg wurde verwiesen. Doch Frau Klestil, längst ein Kind der Frauenemanzipation, ging einen anderen, wie sie und viele Frauen meinen, würdigeren Weg. »Ich habe doch meinen Mann nicht aus dynastischen Überlegungen geheiratet, sondern ausschließlich aus Liebe!« war ihre Antwort. Sie wollte sich selbst treu bleiben: »Natürlich hat es in früheren Generationen immer wieder Ehebruch auf höchster Ebene gegeben, mag sein. Ich fand es einfach unwürdig, auf einmal auf einem Abstellgleis zu sitzen und darauf warten zu müssen, was der Ehemann und die Rivalin einem gestatten. Ich finde nicht, daß dies der Platz für einen Menschen ist, der 60 Jahre lang bewiesen hat, daß er selbstständig denkend ist, der alles mitgemacht hat, und zwar nicht, weil er sich hineingedrängt hat, sondern weil die Notwendigkeit da war. Wir waren immer ein Team. Da finde ich es für die Selbstachtung sehr wichtig, daß man bei Betrug nicht einfach mitspielt. Mein Mann hat einmal, bevor wir geheiratet haben, ein Angebot nach Afrika gehabt. Er hat mich gefragt: ›Würdest du mit mir dort hingehen?‹ Ich weiß noch genau, was ich gesagt hab: ›Ich würde mit dir bis ans Ende der Welt gehen.‹ Und das bin ich ja auch. Wenn man 35 Jahre lang ein partnerschaftliches Leben geführt hat, dann kann es doch nicht sein, daß man sich zum Schluß stillschweigend ins Winkerl stellen läßt.«

Diese Haltung mag im Lande nicht jedermann geteilt haben. Von den

Journalistinnen wurde Edith Klestil 1994 für den mutigen Schritt aus einem unwürdigen Zustand heraus zur »Frau des Jahres« gewählt. Edith Klestil ist die attraktive Erscheinung geblieben, die sie auch vorher immer war: groß, schlank, gepflegt, elegant. Sie renovierte ihre Wohnung, pflegte ihren großen Freundeskreis, ging weiterhin ins Theater, besuchte Ausstellungen, Lesungen und widmete sich auch, im kleinen Rahmen, karitativen Aufgaben. Sie übernahm den Ehrenschutz der Hilfsorganisation »Care Österreich«, engagierte sich im Förderverein des Mautner-Markhof-Kinderspitals, bis dieses dann zu ihrem Bedauern doch gesperrt wurde. Sie wählte als Betätigungsfeld das weite Gebiet der neu von der »Caritas Socialis« ins Leben gerufenen Hospizbewegung, wo es gilt, sterbenden Menschen Zuwendung zukommen zu lassen, und sie geht gerne und viel auf Kulturreisen. Obwohl sie viel Zeit im Ausland zugebracht hat, konnte sie doch nicht immer jene Länder sehen, die sie gerne kennengelernt hätte. Erst jetzt konnte sie tun und lassen, was sie wollte. Von ihrem Mann bekommt sie den gesetzlich festgelegten Unterhalt, nämlich 30 Prozent seines Einkommens.
Im September 1998 wurde die gerichtliche Scheidung aus alleinigem Verschulden des Ehemanns ausgesprochen, ihr Unterhalts- und Pensionsanspruch – ein Drittel seines Einkommens – wurden auch richterlich festgelegt. Dennoch: Obwohl Edith Klestil finanziell gut versorgt ist, blieb ihr die Kränkung durch die Scheidung wider Willen nicht erspart. Sie wenigstens hatte ihre Ehe stets als unauflösliches Sakrament aufgefaßt. Nie hat sie damit gerechnet, daß ihre Ehe nicht durch Tod enden würde. »Schwierig ist, wenn ich ältere Ehepaare sehe, die nett miteinander umgehen und zusammenhalten. Die beweisen, daß Ehe nicht nur für Schönwettertage geschaffen wurde, sondern ein Beistandspakt ist für Krankheit, Alter und Not. Respekt und Achtung für den anderen ist für mich eine Grundvoraussetzung im menschlichen Leben.«
Aus seinem zweiten Wahlkampf, 1997, hat sich Edith Klestil trotz zahlreicher Anfragen von Zeitungen und Talk-Shows absichtlich herausgehalten, seine Wiederwahl durch 63 Prozent der Wähler hat sie mit Gelassenheit registriert.
Die Kinder sind in der Zwischenzeit selbständig: Thomas ist Arzt in Innsbruck, verheiratet, und hat zwei Kinder. Uschi hat ihren Dienst bei der AUA quittiert und ließ sich als Logopädin am Allgemeinen Krankenhaus ausbilden. Stefan ist mit einer Ärztin verheiratet, macht

Managementberatung für eine amerikanische Firma und lebt überwiegend in New York, wo ihn seine Mutter oft besucht.

»Nein, ich bin nicht einsam, weil die Kinder aus dem Hause sind. Das wären sie ja ohnehin«, sagt Edith Klestil. »Nur meine Kontinuität ist abgebrochen. Etwas, das man gekannt hat, etwas, das vertraut war, das man aus dem Handgelenk gut gemacht hat, ist auf einmal abgerissen, und da mußte ich erst wieder eine Nische finden, in der ich mich wohl fühle. Eines ist ganz sicher, ich will nicht mehr übersiedeln, ich will nicht mehr von einem Menschen abhängig sein, will mich sicher nicht mehr ununterbrochen nur nach anderen richten. Das habe ich mein Leben lang gern gemacht, aber jetzt kann ich das tun, was ich will, wie und wann und wo ich's will. Ich hätte diese Freiheit nicht gebraucht, aber nun ist sie einmal da, und so nehme ich sie wahr, wie ich in meinem Leben immer alles mit Mut und Optimismus wahrgenommen habe.«

Schlimm ist, daß sie ihren Mann nur mehr im Fernsehen oder in Magazinen zu Gesicht bekommt, nicht bei Taufen, Hochzeiten und Feiern im Kreis der Familie. Die von ihr all die Jahre verlangte Aussprache und Versöhnung hat er stets verweigert. Die Scheidung hat Edith Klestil noch geschmerzt, aber auf die Wiedervermählung ihres Exgatten mit dem Scheidungsgrund Margot Löffler zu Weihnachten 1998 war sie bereits vorbereitet. Sie gibt dennoch die Hoffnung nicht auf, daß eines Tages vielleicht die Beziehung mit ihrem Mann in eine wohlverdiente Freundschaft mündet. Edith Klestil: »Ich habe gelernt, mich in Geduld zu fassen.«

Margot Klestil-Löffler

geb. 4. März 1954

Es war am Vortag des Heiligen Abends 1998, als es den Österreichern mitten in ihren Weihnachtseinkäufen verkündet wurde: »Österreich hat eine neue First Lady« wurde jede Stunde in den Rundfunknachrichten verlautet. Punkt Mittag am 23. Dezember hatten einander der amtierende Präsident Dr. Thomas Klestil und seine langjährige Gefährtin Dr. Margot Löffler das Jawort gegeben.
Dr. Löffler ist die zweite Frau von Dr. Klestil, nachdem dieser drei Monate zuvor, im September 1998, von seiner ersten Frau Edith geschieden worden war. Nach der stillen Zeremonie im Rathaus, zu der neben dem Brautpaar und den zwei Trauzeugen nur ein ORF-Kameramann zugelassen war, hat sich das Paar glücksstrahlend den mittlerweile auf der Feststiege des Rathauses zusammengelaufenen Fotografen präsentiert. Die Braut trug ein elegantes vom Dunkelblau ins Schwarz changierendes Kostüm und einen Strauß weißer Lilien. Es war die erste Hochzeit eines amtierenden Bundespräsidenten.
Die standesamtliche Trauung von Thomas Klestil und Margot Löffler fand bei völliger Geheimhaltung im allerkleinsten Kreis im Roten Salon des Wiener Rathauses statt. Ohne Musik, ohne Ansprache, ohne Angehörige und ohne Gäste, eine Top-secret-Trauung. Als Trauzeugen fungierten der Bürgermeister der Stadt Wien, Michael Häupl, und der Präsident der Wirtschaftskammer Österreich, Leopold Maderthaner, enge Freunde des Paares. Der ranghöchste Standesbeamte des Bezirkes Innere Stadt, Oberamtsrat Jörg Hornberg, hat dem Brautpaar nach der üblichen Amtshandlung ein Gedicht vorgelesen, das ihm für die Zukunft eines vielbeschäftigten Ehepaares passend erschien: »Ich wünsche Euch Zeit, zu Euch selber zu finden, jeden Tag, jede Stunde als Glück zu empfinden.« Wie Hillary Rodham Clinton hat die neue First Lady anläßlich der Trauung ihren Mädchennamen beibehalten. Sie signierte die Eheurkunde als Dr. Margot Klestil-Löffler.
Sie ist in der Geschichte Österreichs die erste First Lady, die an der Seite des Staatsoberhauptes selbständig berufstätig geblieben ist. Sie war Beamtin des Außenamtes, im Rang einer Gesandten der Dienstklasse 8, und ist es auch nach ihrer Eheschließung im vollen Umfang geblieben.
Mit 44 Jahren, zum Zeitpunkt der Verehelichung, ist Dr. Margot Klestil-Löffler auch die bisher jüngste First Lady eines österreichischen Bundespräsidenten, sieht man von Dr. Martha Kyrle ab, die 40 Jahre alt war, als sie im Jahre 1957 stellvertretend für ihre verstorbene Mutter die offizielle Begleiterin ihres Vaters Adolf Schärf wurde.

Die elegante, schwarzhaarige Diplomatin wurde am 4. März 1954 in Speisendorf, einer kleinen Ortschaft im Gemeindegebiet Dobersberg bei Karlstein an der Thaya im Waldviertel, geboren. In unmittelbarer Nähe der tschechischen Grenze. In Karlstein im Bezirk Waidhofen an der Thaya ist seit über 200 Jahren das Uhrmacherhandwerk daheim. Auch Österreichs einzige Uhrmacher-Fachschule hat hier ihren Sitz. In jüngster Zeit wurde man auf die malerische Marktgemeinde durch das Wirken von Kräuterpfarrer Hermann-Josef Weidinger aufmerksam. Im wesentlichen lebt die Bevölkerung hier jedoch von der Landwirtschaft.

Auch Margot Löfflers Vater Karl Löffler war Landwirt. Mit Fleiß und Zähigkeit hatte er sich in Neuhof außerhalb von Dobersberg ein ansehnliches Gehöft aufgebaut. 60 Hektar Grund, keine Tierzucht, nur einige Pferde, sonst Feldanbau: Roggen, Weizen und Mais. Von außen sieht der Betrieb mit seiner herrschaftlichen Toreinfahrt wie ein eleganter Gutshof aus. Die Geschwister des Vaters haben es nicht so weit gebracht, eine Tante Margot Löfflers starb in einem Nachbarort als Kleinhäuslerin in einfachsten Verhältnissen.

Mutter Gerda Löffler stammt aus der Steiermark. Sie war nach dem Krieg ins Waldviertel gezogen, nachdem ihr erster Mann gefallen war und sie hier Zuflucht bei ihren Schwiegereltern suchte. Der Ehe von Karl und Gerda Löffler entstammten zwei Kinder: Margot und ihr um ein Jahr älterer Bruder Gerald.

Zur Volksschule ging Margot in Dobersberg. In der Gemeinde heißt es, daß sie im Ort kaum Freundschaften hatte. Sie selbst sagte, daß sie »ganz nah an der Wirklichkeit aufwuchs«. Daß sie in der rauhen Natur klar und mutig denken gelernt habe. Nach der Volksschule besuchte die erstklassige Schülerin gemeinsam mit ihrem Bruder das Piaristengymnasium mit angeschlossenem Internat in Krems, 1972 maturierte sie.

Die Ehe der Eltern war nicht von Dauer. Vater Karl blieb in der Landwirtschaft und bewirtschaftete, später mit Hilfe des Sohnes, der hauptberuflich landwirtschaftlicher Fachlehrer wurde, weiter den Hof. Mutter Gerda zog mit der Tochter nach Wien, wo beide in Hietzing in einer neuerworbenen Villa zusammen wohnten.

Margot begann an der philosophischen Fakultät der Universität Wien das Studium der Slawistik und Geschichte und beendete es 1977 mit dem Doktorat. Sie gelangte, vorerst als Vertragsbedienstete, in den Auswärtigen Dienst. Aufgrund ihrer ausgezeichneten Russischkenntnisse war der erste Ort ihrer Verwendung die Kulturabteilung der

Österreichischen Botschaft in Moskau, wohin sie schon einmal während des Studiums aufgrund eines Stipendiums gelangt war. Ihr damaliger Chef, Kulturattaché Dr. Johann Marte, heute Direktor der Österreichischen Nationalbibliothek, freute sich über die »erfrischende, tüchtig zupackende junge Kollegin«.

Kulturell waren die Jahre 1978 bis 1982 in Moskau eine große Herausforderung. Es waren die letzten Jahre des kalten Krieges. Ein kranker und greiser Breschnew regierte die Sowjetunion mit den bewährten Mitteln kommunistischer Diktaturen. Der KGB, der kommunistische Geheimdienst, war ungebrochen allmächtig. Oppositionelle sowjetische Schriftsteller waren verboten, von Hausarrest oder Verbannung bedroht. Glasnost und Perestrojka waren noch weit. Trotz allem aber bemühte sich die Österreichische Botschaft um intensiven Kulturaustausch, lud österreichische Schriftsteller wie Thomas Bernhard, Peter Handke, Barbara Frischmuth, Elfriede Mayröcker, Ernst Jandl nach Moskau, ließ Peter Turrini und Christine Nöstlinger übersetzen, trug ganz allgemein zum Gelingen großer Symposien und Buchausstellungen bei und bemühte sich auch – soweit dies in ihrer Macht stand –, verfolgten russischen Künstlern beizustehen. Margot Löffler meisterte ihre Aufgabe bravourös.

1982 wurde Löffler ins Außenamt nach Wien zurückbeordert. Sie nutzte die Gelegenheit, das Préalable, die für den diplomatischen Dienst erforderliche Spezialprüfung, abzulegen, und wurde Beamtin. 1985 trat sie ihren ersten diplomatischen Posten an der Österreichischen Botschaft in Bangkok an. Aus dem fernen Asien ist von ihrer Tätigkeit nicht viel mehr überliefert, als daß sie mit Bravour im »Oriental«, dem schönsten Hotel der Millionenstadt, einen Opernball organisierte und sich dabei mit Kammerschauspielerin Lotte Tobisch aufs innigste befreundete. Alles-Walzer-Autorität Tobisch ist von der tüchtigen Organisatorin bis heute begeistert: »Frau Doktor Löffler hat eigentlich den ganzen Laden geschmissen. Sie war 30 Jahre alt, hat mir das ganze Land gezeigt, ich habe sie von Anfang an gemocht. Ich habe mir gedacht, so eine junge und tüchtige Person. Wie die das so alles im Griff hat!«

Von weitaus größerer Bedeutung aber war, daß Dr. Löffler in Thailand ihrem Schicksal begegnete. Es war gegen Ende ihrer Zeit in Bangkok, als sie Dr. Thomas Klestil, damals Generalsekretär des Außenamtes auf Fernost-Besichtigung, zum ersten Mal sah. Diese Erstbegegnung sollte für beider Zukunft bestimmend sein.

Margot Klestil-Löffler und Thomas Klestil

Im Jahr 1988 kehrte Margot Löffler auf den Wiener Ballhausplatz, den Sitz des Bundesministeriums für Auswärtige Angelegenheiten, zurück. Generalsekretär Thomas Klestil holte sie in sein Büro, wo sie die nächsten dreieinhalb Jahre an seiner Seite tätig war. Es ist von beiden nie eingestanden worden, gilt aber als so gut wie sicher, daß dies auch der Beginn ihrer über das enge Arbeitsverhältnis hinausreichenden privaten Beziehung war.
Bisher verlief Margot Löfflers Leben – und übrigens auch das von Thomas Klestil – abseits des Scheinwerferlichts. Dies sollte sich schlagartig mit dem Jahr 1991 ändern, als Klestil nach dem Verzicht Präsident Waldheims auf eine neuerliche Kandidatur von der ÖVP als Spitzenkandidat für das Amt des Staatsoberhauptes nominiert wurde. Nun galt es, einen Wahlkampf zu schlagen, der alles Bisherige in den Schatten stellen sollte. Denn immerhin war aus einem bis dato nur wenigen bekannten Beamten und Diplomaten der Mann der Wahl zu machen. Alle Scheinwerfer waren auf einen Bewerber zu richten, der

nicht nur in bezug auf die nationalsozialistische Vergangenheit Österreichs lupenrein war – Klestil war mit Ende des Zweiten Weltkrieges gerade dreizehn Jahre alt –, sondern der auch den neuen Typus des dynamischen, in Amerika geschulten Staats-Managers repräsentierte und der obendrein mit der weißen Weste eines beispielhaft herzeigbaren und harmonischen Ehe- und Familienlebens punkten konnte. Das Wahlkampfbüro Klestils stellte sich auf eine zwar nicht leichte, aber doch von der Sache her mit Kreativität und Verve zu meisternde Herausforderung ein.

Auch Margot Löffler, effiziente Mitarbeiterin in Klestils Generalsekretariat, wurde ins Wahlkampfteam geholt. Sie war aufgrund ihrer energischen Durchschlagskraft bald für alle Termine Klestils zuständig, ließ sich alles, was seine Live-Auftritte, Fernsehaufzeichnungen, Fototermine betraf, persönlich vorlegen. Und wich so gut wie nie von seiner Seite.

Mit dem Wahlkampf 1991 begann jedoch gleichzeitig auch Löfflers und Klestils gewagtes Doppelspiel, das ihnen später von den Wählern – je nach Sympathie und Informationsstand – entweder als taktische Meisterleistung im Umgang mit den Medien oder als bewußte Irreführung ausgelegt wurde. Doch noch war es nicht soweit.

Noch galt es, die Quadratur des Kreises zu bewerkstelligen. In strategischer Meisterleistung sollte der Öffentlichkeit ein ehegefestigter gutkatholischer Spitzenkandidat vorgestellt werden, bei gleichzeitigem Bemühen, vor ebendieser Öffentlichkeit zu verbergen, daß der mit seiner Ehefrau Edith wahlwerbende Supermann in Wirklichkeit seit langem mit seiner Büroleiterin in intimer Beziehung stand. Die Doppelstrategie ging auf. Daß die Erfolgsstory gleichzeitig eine Chronologie der Verheimlichung war, schien niemanden der Eingeweihten, nicht einmal die katholischen ÖVPler, zu stören.

Was, wenn die Affäre im Wahlkampf durch den Gegner publik gemacht worden wäre? Es war bereits zu offensichtlich geworden: Denn die Klestils gab es ab da nur noch zu dritt. Auf Schritt und Tritt, landauf, landab präsentierte sich Klestil mit zwei Frauen, man war stets ein Dreiecksgespann. Die Pressefotos des Wahlkampfes sprechen eine deutliche Sprache. Ein Foto wurde berühmt: Ehepaar Thomas und Edith Klestil, den Menschen zujubelnd, dicht gefolgt von Margot Löffler, deren Hand von hinten auf seiner Hüfte liegt.

Oder Edith und Thomas einen Saal betretend, Frau Löffler eng daneben mit erhobenem Zeigefinger Edith Klestil belehrend, wie sie sich zu verhalten habe. Ediths abweisende Miene auf manchen Fotos dieser Zeit spricht eine klare Sprache: Die Allgegenwart der Mitarbeiterin ihres Mannes war ihr bereits sichtbar unangenehm geworden. Freilich habe sie, so gestand sie später in einem Interview, wohl auch gespürt, daß da etwas zwischen ihrem Mann und dieser Frau laufe. Auch sie habe ihn wiederholt zur Rede gestellt, doch immer nur zur Antwort erhalten, Margot Löffler sei nichts weiter als eine engagierte Kollegin.

Rein äußerlich deutete damals, so berichten Beobachter, übrigens nichts auf einen über das Arbeitsverhältnis hinausgehenden Kontakt der beiden hin. Sie waren selbstverständlich per du, wie dies unter Diplomaten üblich ist, doch nach außen hin gaben sie sich stets förmlich und professionell. Eugen Semrau, Kommunikationswissenschafter in Klestils Wahlstab, war von den Gerüchten über eine mögliche Intimbeziehung ebenso überrascht wie viele andere, er hat Kandidat Klestil unter vier Augen um die Wahrheit gefragt: »Stimmt es, daß Sie mit Frau Löffler ein Verhältnis haben? Wir sollten es wissen, um gewappnet zu sein für den Fall, daß die SPÖ dies publik macht.« Doch laut Semrau habe Klestil verneint.

Für das Schlußplakat des Wahlkampfes war als letztes Motiv ein Gemeinschaftsfoto von Thomas und Edith Klestil, dem Erfolgsduo durch 35 Jahre, vorgesehen gewesen. Sicherheitshalber ist dieses Plakat dann nicht zum Einsatz gekommen. Angeblich, weil dann schon der Slogan »Macht braucht Kontrolle« gefunden war, der für aussagekräftiger gehalten wurde. In Wirklichkeit aber, weil man die Enthüllung der ehelichen Wahrheit fürchtete, für die das Plakat von der Eheidylle den möglichen Zündstoff geliefert hätte.

Klestil hatte Glück. Die SPÖ, eingedenk der schlechten Erfahrungen mit dem Enthüllen brauner Flecken beim gegnerischen Präsidentschaftskandidaten Waldheim, wollte nicht schon wieder als Denunziantenpartei dastehen.

Der SPÖ-Kandidat Rudolf Streicher hat die Wahl verloren. Thomas Klestil zog 1992 triumphal in die Hofburg ein. Und mit ihm die als Meisterstrategin gepriesene Gesandte Löffler. Sie wurde Leiterin der Koordinationsstelle in der Präsidentschaftskanzlei.

Bei der Siegesfeier in der ÖVP-Zentrale neben dem Rathaus waren dann auch bei den letzten Skeptikern alle Zweifel beseitigt. Euphorisch und lautstark dankte Dr. Klestil vor allen anderen Frau Doktor Löffler für ihren beispiellos aufopfernden Einsatz, für ihre Effizienz, ihr Engagment und dafür, daß sie »so viele Kilometer mit mir gefahren ist«. Erst gegen Ende seiner Lobpreisung erinnerte er sich, daß »natürlich auch noch der Mutti« zu danken sei. Wahlkämpfer Semrau: »Spätestens da haben wir gewußt, daß die Gerüchte stimmen, daß Löffler seine Geliebte und die Ehe gelaufen ist.«

Das Dreiecksverhältnis funktionierte so lange klaglos, solange Ehefrau Edith sich ruhig verhielt. Doch für sie wurde die Situation immer unerträglicher.

Während sich die attraktive, um zwanzig Jahre jüngere Margot Löffler in der Hofburg-Kanzlei bewähren durfte und immer unentbehrlicher wurde, war Edith in der Dienstvilla auf der Hohen Warte ziemlich isoliert, erfuhr kaum noch von Terminen, die sie wahrnehmen sollte, wurde ausgetrickst. Jedenfalls hatte sie dieses Gefühl.

Wie total bereits das Büro-Kommando von Frau Löffler ausgeübt wurde, war für jedermann – Presseleute und Öffentlichkeit – bei den Salzburger Festspielen 1993 zu ersehen, für die sich Bundespräsident Klestil einen besonders interessanten und auffallenden Programmpunkt hatte einfallen lassen. Er fügte den kulturellen Highlights der Opern- und Konzertdarbietungen ein politisches hinzu: Er hatte die Staatsoberhäupter von drei Nachbarländern – Richard von Weizsäcker, Václav Havel und Arpád Göncz – zu einem Gipfeltreffen über Politik in Mitteleuropa an die Salzach geladen. Ein gelungenes, von den Medien vielbeachtetes Unternehmen. Elegant und schon wegen ihrer Größe nicht zu übersehen, konnte man Organisatorin Löffler sämtliche Präsidenten mit Verve durch die diversen Termine dirigieren sehen. Die Ehefrau stand bereits im Abseits.

Für Edith Klestil war die außerhalb der Amtsstunden miteinander verbrachte Zeit ab da nicht mehr mit dem übermäßigen Arbeitsanfall zu erklären. In der Silvesternacht 1993 kam es zum Eklat.

Das Ehepaar und Margot Löffler waren praktisch überall nur noch zu dritt erschienen. So zuletzt auch bei der Generalprobe zum Neujahrskonzert im Wiener Musikvereinssaal, das traditionell vor Angehörigen des Bundesheeres gegeben wird. Da Klestil der Oberbefehlshaber des Bundesheeres ist, wohnte er auch der Generalprobe zwei Tage vor dem Neujahrskonzert bei. Frau Löffler hielt es für gerechtfertigt, jedesmal mit dabei zu sein. Frau Klestil war es leid. Sie fand es allmählich peinlich und provokant, überall »im Gleichschritt« mit der Rivalin aufzutreten zu müssen.

In der Silvesternacht stellte sie ihren Mann ultimativ zur Rede. Sie erklärte, nicht länger bereit zu sein, die ständige Flankierung durch Frau Löffler hinzunehmen. Er möge seiner Mitarbeiterin zu verstehen geben, daß sie zu Hause bleiben möge. Andernfalls verlasse sie, Edith Klestil, die Amtsvilla.

Und so geschah es. Die Ehefrau packte noch in der Silvesternacht ihre Koffer und kehrte von der Hohen Warte in die Familienwohnung in der Landesgerichtsstraße zurück. Sie feierte Silvester mit ihren Freunden.

Am 1. Jänner 1994 saß Thomas Klestil alleine mit Margot in der Konzertloge im Musikverein. Eine Zeitung wird viel später schreiben: »Der Sieg der Geliebten!«

Es war nicht schön, was Margot Löffler ab diesem Zeitpunkt über sich zu lesen bekam. Der Skandal war nicht mehr zu verbergen. Über Wochen bewegte er die Medien des In- und Auslandes. Von Berlin bis Paris, von Hamburg bis Rom erschienen nunmehr die verräterischen Fotos des Wahlkampfes, auf denen neben oder hinter dem Paar schon immer Margot Löffler als strahlende Dritte mit abgebildet war. Es war eine historische Premiere: Erstmals in der Geschichte Österreichs stand das Privatleben eines Staatsoberhauptes über Wochen auf der Tagesordnung. Die Gemüter beruhigten sich erst, als über Einschreiten von Klestils Freund und Außenminister Alois Mock die Gesandte aus der Präsidentschaftskanzlei ins Außenamt zurückbeordert wurde.

Was in Margot Löffler in diesen Wochen der lautstarken medialen Begleitmusik vorgegangen sein mag, wollte sie immer für sich behalten. Ihre eiserne Strategie bestand darin, zu schweigen, keine Interviews zu geben, im verborgenen zu bleiben. Kein Mensch sollte wissen, wie ihr zumute war. Bisher allgegenwärtig an seiner Seite, zog sie sich ab nun aus der Öffentlichkeit fast gänzlich zurück, ging weiterhin mit eiserner Disziplin ihren Berufspflichten nach und schwieg. Viele haben es ihr hinterher als damenhafte Größe ausgelegt, andere wiederum hätten ein ehrliches, offenes Wort der Hauptbetroffenen erwartet. Thomas Klestil, so meinten viele, hätte dem Volk klar über seine »privaten Sorgen« Auskunft geben müssen. Das Volk war irregeführt und polarisiert. Mit der Ehefrau hatte der Präsident nach dem Eklat kein Wort mehr gesprochen. Wie Edith Klestil vermutete, als Vergeltung für die Kränkung des Auszugs, den sie »ihm angetan habe«. Und Margot Löffler zog sich zurück.

Mit dem Resultat, daß der Name Margot Löffler der Öffentlichkeit unter den denkbar schlechtesten Voraussetzungen bekannt geworden war.

Sie betrat die Bühne als Ehestörerin, als ehrgeizige Geliebte. Und eine verheimlichende PR-Politik der Präsidentschaftskanzlei hat nichts daran zu ändern vermocht, daß es über die nächsten Jahre bei diesem negativen Image blieb. In der Präsidentschaftskanzlei ging man den Weg der Geheimdiplomatie. Es wurde geleugnet, daß Margot Löffler und Thomas Klestil ein Paar wären.

Löffler, die Karrierefrau, die sich rücksichtslos ihren Weg nach oben bahnte, hieß es hinter kaum vorgehaltener Hand an ihrem neuen Arbeitsplatz. Nicht nur in den Medien, auch bei den Kollegen am Ballhausplatz war die Gesandte zunächst nicht eben beliebt. Bei ihrer Rückkehr ins Außenamt hatte sie kaum getarnte Ablehnung zu ertragen. Es ging ihr der Ruf voraus, ehrgeizig und hart zu sein.

Als ungefähr zur gleichen Zeit in England publik wurde, daß Prinz Charles seine schöne Gemahlin und Mutter seiner zwei Söhne, Prinzessin Diana, mit Camilla Parker Bowles betrog, besiegelte dies – zumindest in der öffentlichen Meinung – Camillas Schicksal. Sie war das Objekt des Zorns und des Unverständnisses des Volkes. Ähnlich verlief es in dem noch immer überwiegend katholischen Österreich. Zu den ohnehin geringen Sympathien für die Ehebrecherin gesellte sich bei vielen – vor allem Frauen – noch die Verstörung hinzu, von einem Bundespräsidenten, der im Wahlkampf mit den Werten von Ehe und Familie geworben hatte, hinters Licht geführt worden zu sein.

Es hätte schon detektivischer Fähigkeiten bedurft, dem Paar auf der Spur zu bleiben. An solchen in letzter Zeit in Amerika praktizierten Schnüffelmethoden war hierzulande jedoch kein Journalist interessiert. Seit dem Skandal hat man das Paar nie mehr offiziell gemeinsam in der Öffentlichkeit gesehen. Augenzeugen berichteten, Thomas Klestil und Margot Löffler öfter im Gourmet-Tempel des Rennvereins im Palais Pallavicini speisen gesehen zu haben. Die Kellner sollen wachsam darauf geachtet haben, weitere Gäste vom Extrazimmer fernzuhalten. Auch im Jagdschloß Kaiser Franz Josephs in Mürzsteg, dem Urlaubssitz des Bundespräsidenten, hat man die beiden wiederholt zusammen gesehen. Ein von beiden gern besuchter Ort war auch Wattens in Tirol, wo sie in einer der Villen von Klestil-Freund Gernot Langes-Swarovski wohnten. Es war gewiß für beide eine unerfreuliche, nur schwer zu ertragende Situation, mit viel Logistik der österreichweiten Wachsamkeit der Journalisten und Bürger zu entgehen. Margot Löffler war zu dieser Zeit die Frau im Verborgenen.

Die schwerste Zeit der Einsamkeit und Isolation war für sie wohl die seiner schweren, lebensbedrohlichen Lungenkrankheit. Sie war damals gerade in Brüssel in der EU-Zentrale eingesetzt, hat sich aber täglich telefonisch nach seinem Gesundheitszustand erkundigt. Besuchen hätte sie ihn wohl kaum können, ohne der Meute der Fotografen und Medienleute aufzufallen. Da Klestil das Naheverhältnis stets bestritten hatte, wäre ihr Besuch wohl eine Widerlegung gewesen.
Mit großem Erfolg konnte sich Dr. Löffler in der Zeit auf ihr berufliches Dasein konzentrieren. Anfangs hieß es, die Diplomatin werde einen Posten im Ausland anstreben. Die Botschaften in Moskau und Genf, die Generalkonsulate in Chicago, Los Angeles, Krakau und das Kulturinstitut in Paris standen als Einsatzziele zur Debatte. Doch Margot Löffler hat sich anders entschieden. Klestils Exberaterin bewarb sich um keine dieser Stellen, sondern blieb in Wien und bezog das Büro im Außenamt, einen Steinwurf entfernt von Klestils Präsidentschaftskanzlei.
Jeden Morgen fuhr sie mit ihrem Wagen aus Wien-Hietzing, wo sie bis zu ihrer Verehelichung mit ihrer Mutter wohnte, in die Innere Stadt. Am frühen Nachmittag konnte man sie des öfteren über Schauflergasse, Kohlmarkt und Graben in die Naglergasse zum Restaurant »Lukullus« gehen sehen, um ein kleines Menü zu sich zu nehmen. Auch mit Freundin Lotte Tobisch hat sie sich wiederholt zum Lunch oder Kaffee mit Plausch getroffen. Frau Tobisch: »Wir sahen uns immer wieder. Wir sind miteinander Mittagessen gegangen oder auf einen Kaffee. Ich mag Frau Löffler sehr, sie ist ein durch und durch positiver, fröhlicher Mensch.«
Mit großem Eifer ging die Diplomatin ihrer Arbeit im Außenamt nach und konnte allmählich auch ihre ärgsten Widersacher von ihrer Kompetenz und Qualifikation überzeugen. Die Kritik an ihrer Person war nicht immer fair und sachlich gewesen. Manch blaublütiger Berufsrivale hat nicht wahrhaben wollen, daß auch eine Nicht-Adelige und eine jenseits des Elitecollegs Kalksburg und des Protektionsvereins CV Gereifte im diplomatischen Dienst Karriere machen konnte. Die anfängliche Jagd gegen sie hatte Züge einer gegen so manche Karrierefrau gerichteten Hexenverfolgung. Dieses Schicksal, zumal im männerdominierten Außenamt, teilte sie mit zahlreichen anderen erfolgreichen Frauen.
Als hohe Beamtin leitete sie das Büro des Generalsekretariats, der internen Schlüsselstelle des Ministeriums, durch das sämtliche Akte

laufen, ehe der Minister sie zu Gesicht bekommt. Vor seinem Sprung ins Präsidentenamt hatte Klestil dieses Generalsekretariat geleitet.

Dr. Klestil-Löfflers Tätigkeit ist eine interne und umfaßt vorwiegend bürokratische Verwaltungs- und Organisationsaufgaben. Eine ihrer wichtigsten Agenden der letzten Jahre war die Umstellung aller Akten und Arbeitsabläufe auf Computersysteme. Wobei das Ministerium nicht nur intern und mit allen übrigen Ministerien zu vernetzen war, sondern weltweit mit sämtlichen Botschaften und Außenstellen. Ihre organisatorischen Fähigkeiten haben Margot Löffler bei den Kollegen höchste Anerkennung verschafft.

1997 wurde ihr ein hochdotierter Job bei der OSZE in Wien angeboten, die Causa flog durch Indiskretion auf. Weil es in einer Zeitung hieß, sie würde diesen Job nur durch Intervention Klestils bekommen, verzichtete sie darauf, ihre Bewerbung abzugeben. Die Nähe zum Präsidenten hatte ihren Preis: Sie mag noch so gut sein – all ihre Karriereschritte würden von nun an automatisch den Hautgout von Protektion und Begünstigung an sich tragen. Ob gerechtfertigt oder nicht.

Maßgeblich wirkte die effiziente Organisatorin auch an den Vorbereitungen zur österreichischen EU-Präsidentschaft im zweiten Halbjahr 1998 mit, wozu sie einige Male für ein paar Wochen auch in Brüssel weilte, um die Bürokratie der EU-Kommission zu studieren. Die EU-Präsidentschaft verlangte allen Beamten des Ballhausplatzes erhöhten Arbeitseinsatz ab.

Nur wenige hatten den Vorzug, Margot Löfflers wahres Gesicht kennenzulernen. Nur allerengste Freunde wußten, daß sie, wenn sie Menschen vertraut, ein außergewöhnlich offener, direkter Mensch ist. Gestählt in der rauhen Natur des Waldviertels und trainiert in einem fast bernhardesk harten Menschenschlag. Ihr Händedruck ist der eines Mannes. Freunden vertraute sie an, bei ihren Besuchen zu Hause immer noch gerne die Heugabel in die Hand zu nehmen. Sie gilt als äußerst kontrolliert, sehr konsequent. Sie spricht eine sehr klare Sprache. »Sie ist selbstbestimmt auf eine Art, um die viele Frauen sie beneiden möchten«, schrieb die Kolumnistin Marga Swoboda in der »Kronen-Zeitung«.

Das war aber bereits nach der Hochzeit, als der Öffentlichkeit endlich das Happy-End der großen Liebe präsentiert werden konnte.

Seither ist noch nicht allzuviel Zeit vergangen, in der man die neue Gemahlin des Präsidenten näher hätte kennenlernen können. Noch immer gibt sie ungern Interviews, nur gelegentlich kurze Aussprüche

in die Kameras der »Seitenblicke«, wenn ihr diese unausweichlich über den Weg laufen. Auch dann allerdings kommen ihr nur die wohldosiertesten Worte über die Lippen.
Den Weihnachtsabend gleich nach der Trauung verbrachte das Ehepaar im Schloß Mürzsteg. Und zum Neujahrskonzert – dem letzten Auslöser zur irreparablen Ehekrise des Paares Klestil eins vor fünf Jahren – sind sie beide Seite an Seite, nunmehr auch öffentlich ein Paar, aufgetreten. Erster mit großer Spannung in der Öffentlichkeit erwarteter Auftritt war am Opernball 1999, in der sie als große Augenweide in der Präsidentenloge hofhielt und mit dem Gemahl einen beschwingten Walzer hinlegte. Frau Dr. Klestil-Löffler wird zweifellos auch dieses Parkett bezwingen.
Stark machen möchte sich die neue First Lady für alte Menschen und für solche, die »in unserer Wohlstandsgesellschaft Akzeptanz und Integration brauchen«. Auch für die gleichwertige Anerkennung der Leistungen von Frauen im Beruf möchte sie eintreten, gab sie bei einem ersten kurzen Interview nach der Trauung von sich. Möge ihr das Vorhaben gelingen. Auch ihre uneingeschränkte Liebe zu Hofhund Aaron daheim am bäuerlichen Gut des Bruders hat sie bereits eingestanden.
Margot Löffler ist eine Frau, die für ihr Glück viel Leid und sehr viele Demütigungen hatte hinnehmen müssen. Mag sein, daß sie dies über die Maßen vorsichtig und verletzbar gemacht hat. Ihre Liebe im Schatten aber hat überlebt. Und das jetzt erlebte Glück an der Seite des Bundespräsidenten wird ihr von Herzen gegönnt.
Für gemeinsame Staatsbesuche wird Margot Klestil-Löffler vom Außenamt anstandslos freigestellt werden. Der erste führte sie an der Seite ihres wieder lächelnden Ehemannes im Frühjahr 1999 nach Rumänien. Bis ins Jahr 2004 wird sie Österreichs jüngste First Lady eines Bundespräsidenten sein – und zweifellos eine der strahlendsten.

DIE FRAUEN DER KANZLER

Hilde Figl

5. Juni 1906 – 22. August 1989

Leopold Figl ist ein österreichischer Mythos, wie dies nach ihm nur noch Bruno Kreisky war. Die beiden sind im gewissen Sinne Gegenpole aus unterschiedlichen Lagern, der eine war Bauer, der andere Bürger, beide verdienen jedoch wie kaum andere das Prädikat Staatsmann. Beide haben das kleine Österreich in der Welt frei und größer gemacht, der eine durch die konsequent harten Verhandlungen zum Staatsvertrag 1955, der andere durch seine liberale Größe, sein reformerisches Demokratieverständnis, sein weltweit außenpolitisches Ansehen.

Figl war ein Vollblutpolitiker, sein großes Aufbauwerk nach dem Zweiten Weltkrieg zeigt ihn im unermüdlichen Einsatz um Lebensmittel, Baustoffe und Saatgut für das darniederliegende Österreich. Er war ein Mann der Scholle, seine drahtige Gestalt ist von keinem Geschehen der neuen Republik nach dem Zweiten Weltkrieg wegzudenken, an dem es um die Verminderung von Hunger und Not der Bevölkerung ging.

Politik war zu dieser Zeit noch ausschließlich Männersache. Morgens bis abends war er unter seinesgleichen, beim Bauernbund, auf der Regierungsbank, in den Zimmern der Macht. Zur Erholung von den Staatsgeschäften ging Figl – wie einst Kaiser Franz Joseph – häufig zur gleichfalls männerdominierten Jagd, sehr österreichisch. Seine Lieblingsbekleidung war der Trachtenanzug, mit dem er – wahrscheinlich viel authentischer als der intellektuelle Großbürger Kreisky – zum Symbol der wiederauferstandenen österreichischen Identität geworden ist.

Wenn man Figl zu Gesicht bekam – in den Wochenschauen, an Verhandlungstischen, bei sämtlichen Fabriksbesichtigungen, ja auch im Mai 1955 auf dem Balkon des Belvedere bei Verkündung seines legendären »Österreich ist frei!« –, war er so unermüdlich immer nur mit Politik befaßt, daß es einen wundert, wann und wie er überhaupt für Ehe und Familie Zeit gefunden hat.

Und doch hat es sie gegeben: Ehefrau Hilde Figl. Sie stand zwar, wie es der bürgerlichen Ordnung der fünfziger und beginnenden sechziger Jahre entsprach, im Hintergrund, kümmerte sich um den Haushalt und das Wohlergehen der beiden Kinder Hans und Liesl, hat sich jedoch resoluter und engagierter als andere Frauen der Zeit bereits einen eigenen Wirkungskreis in der Öffentlichkeit geschaffen. Sie ist die erste Kanzlergattin Österreichs überhaupt, die ihren bekannten Namen dazu benutzte, ihn für karitative Zwecke einzusetzen.

Als Quellen über Hilde Figl dienen neben einem ausführlichen Gespräch mit Figls Sohn, Dipl.-Ing. Johannes Figl, einerseits die ausgezeichnete Biografie von Ernst Trost, »Figl von Österreich«, und die nicht minder umfassende, auch ins Amerikanische übersetzte Lebenschronik von Susanne Seltenreich »Leopold Figl – Austrian Patriot and Statesman«. In beiden kommt neben dem politischen Werk Figls ausführlich auch sein harmonisches Privatleben zur Sprache.

Kennengelernt hat der junge Figl seine Braut Hilde Hemala bei einem Turnfest in St. Pölten. Figl, Jahrgang 1902, war als Schüler und Student trotz kleiner Statur ein ausgezeichneter Geräteturner, zäh und kräftig, er hatte bereits zahlreiche Auszeichnungen errungen. Hilde Hemala war 14 oder 15 Jahre alt, als sie den um vier Jahre Älteren im Jahr 1920 zum ersten Mal bei einem Turnwettbewerb in der St. Pöltner Jahn-Turnhalle bewunderte.

Hilde Hemala war die Tochter des führenden christlichen Gewerkschafters Dr. Franz Hemala, einer Größe in den Reihen der Volkspartei. Sie wurde am 5. Juni 1906 in Wien geboren und wuchs hier auf, während Figl von einem Bauernhof aus Rust bei Tulln stammte und erst als Student nach Wien gezogen war. Schon bei der ersten Begegnung beim St. Pöltner Turnfest soll die spätere Frau von Julius Raab, Hermine Haumer, gesagt haben: »Die beiden passen gut zusammen.«

Hildes Vater und Figl waren Couleur-Brüder der katholischen Studentenverbindung »Norica«, in der auch Hilde später Couleurdame wurde. Bei einem von dieser Verbindung 1923 in Wien-Mariahilf veranstalteten Tanzkurs trafen der Student der Bodenkultur und die Politikertochter dann wieder zusammen. Der gemeinsame Lebensweg begann also mit zaghaften Foxtrott- und Walzerschritten. Nach der letzten Tanzstunde stand fest, daß die beiden nicht nur auf dem Parkett harmonierten. Hilde Figl hat später gesagt: »Mein Mann war gar kein so schlechter Tänzer, aber er hat es nie gerne gemacht.«

Als einzige Tochter des christlichsozialen Gewerkschaftsführers Hemala, der gemeinsam mit Leopold Kunschak den »Reichsbund« gegründet hatte und der 1934 letzter Präsident des ordnungsgemäß bestellten Bundesrates wurde, genoß Hilde eine für damalige Verhältnisse erstklassige Erziehung. Sie besuchte die höhere Fachschule für wirtschaftliche Frauenberufe am Wiedner Gürtel, sprach sehr gut Französisch und etwas Englisch. Kochen hat sie bei Gourmetmeisterin Olga Hess gelernt, deren Kochbuch »Wiener Küche« später ein Klassiker der Gaumenfreuden wurde.

Nach der Haushaltsschule absolvierte Hilde das vorgesehene Praktikum als unbezahlte Küchenhilfe in der Kantine der NÖ-Landesregierung in Wien, eine der vielen späteren Berufsorte ihres Mannes. Danach besuchte sie die zweijährige Lehrerbildungsanstalt in Baden bei Wien und verdiente sich als Assistentin einer Wiener Haushaltsschule ihr erstes Geld. Die Abschlußprüfung zum Lehrberuf hat sie zwar abgelegt, jedoch das anfangs angestrebte Lehramt für die Haushaltsschule nie ausgeübt. Einige Monate lang war sie Redakteurin einer christlichsozialen Zeitschrift. Sämtliche Figl-Biografen sind sich darin einig, daß sie, die Städterin, ihn, den Bauern, in gewisser Weise urbanisiert hat, das heißt mit den Gepflogenheiten des städtischen Lebens vertraut gemacht hat.
Als Figl sein Studium der Bodenkultur abgeschlossen hatte, wurde er schon kurz darauf Sekretär des Niederösterreichischen Bauernbundes, der in jenen Zeiten, als 80 Prozent der Österreicher noch Landwirte waren, eine große politische Rolle spielte. Nun war die wirtschaftliche Voraussetzung für die Verehelichung erfüllt. In Ottakring war bald eine bescheidene Wohnung gefunden. Am 9. Oktober 1930 fand in der Wiener Schottenkirche die Trauung von Leopold und Hilde Figl statt. Es war eine Liebesheirat, die aber nichtsdestotrotz bereits in die hohe Politik eingebettet war: Parlamentspräsident Leopold Kunschak und Josef Sturm, Direktor des Bauernbundes, waren Trauzeugen.
Schon von ihrem Vater hat Hilde Figl gewußt, daß ein Politiker mehr der Öffentlichkeit als der Familie gehört. In dieser Prägung liegt die Erklärung für das hohe Maß an Toleranz, das Hilde Figl für die vielen Abwesenheiten ihres Polit-Gemahls aufbringen konnte. Auch ihr Sohn versichert: »Meine Mutter hat sich deshalb so gut mit der Arbeit meines Vaters zurechtgefunden, weil sie es von zu Hause nicht anders gewohnt war. Sie hat sich nie darüber beklagt. Es lag im damaligen Verständnis der Frauen, sich gerne und gut um Haushalt und Kinder zu kümmern, während der Mann sich größtenteils mit seiner Berufswelt befaßte.«
Hilde Figl wußte also, was auf sie wartete. Schon als das junge Paar von der Hochzeitsreise an den Gardasee zurückgekehrt war, fand sich die junge Frau für mehrere Wochen als Strohwitwe wieder. Der junge Ehemann ging unmittelbar nach dem Honeymoon auf Wahlreise quer durch Österreich, und auch als er nach Wien zurückkehrte, eilte er keineswegs sofort in sein trautes Heim, sondern ließ seiner Frau nur mitteilen, daß er im Büro des Bauernbundes in der Schenkenstraße sei

Hilde und Leopold Figl

und sie ihm frische Wäsche bringen möge, er müsse gleich wieder weg. Der Eifer Figls in diesem Wahlkampf hat jedoch wenig genützt. Im November 1930, bei den letzten demokratischen Nationalratswahlen vor 1945, haben die Christlichsozialen sieben Mandate an Sozialisten und Nationalsozialisten verloren.

Wirtschaftskrisen, Parteikrisen, Staatskrisen wurden zum Hintergrund der ersten Ehejahre von Leopold und Hilde Figl. Sie sagte einmal: »Obwohl ich mich von daheim aus stets für Politik interessierte, hat er mich nie hineingezogen. Er stand auf dem altmodischen Standpunkt, daß Frauen nicht nur in der Kirche, wie es Paulus empfiehlt, sondern auch in der Politik zu schweigen hätten.« Sie hätte im Grunde nichts dagegen gehabt, wenn auch er sich weniger um die Res publica gekümmert hätte, wie sie immer wieder erklärte: »Er hat mir bei unserer Verlobung versprochen, daß er sich aus der Politik zurückziehen werde. Mir wäre in diesen bewegten Zeiten für ihn viel lieber ein Posten in der Landwirtschaftskammer gewesen …«

Aber dazu ist es nie gekommen. Politisiert wurde auch an den wenigen Abenden, an denen Figl zu Hause war. Es war seine Angewohnheit, gerne noch abends Parteifreunde mit in die Wohnung zu nehmen, zum Trinken und zum Reden. Dieser Gewohnheit mit den dazugehörigen Eintragungen ins Gästebuch ist er bis zum Schluß treu geblieben. Am häufigsten findet sich – kein Wunder – die kräftige Unterschrift seines älteren Freundes und Partei-Gefährten Julius Raab. Ehefrau Hilde kochte, trug auf und schenkte grünen Veltliner nach, jenes Produkt der niederösterreichischen Erde, dem Figl liebend gerne zusprach. Frau Figl setzte sich kaum zur (Männer-)Runde dazu, sondern zog sich gegen Mitternacht still zum Schlafen zurück.

Zu Beginn ihrer Ehe wurde gleich dreimal die Wohnadresse gewechselt. Von Ottakring ging es in die Johann-Strauß-Gasse im 4. und von dort in die Kundmanngasse im 3. Bezirk.

Am 28. Juli 1932 kam Sohn Johannes zur Welt, vier Jahre später, am 10. März 1936, Tochter Annelies. Hansl war noch nicht einmal sechs Jahre alt und Liesl mitten im Krabbelalter, als der Vater zum ersten Mal verhaftet wurde. Das war im März 1938, als die gesamte politische Prominenz, die noch an ein unabhängiges Österreich geglaubt hatte, von den neuen Herren im Lande – den Nationalsozialisten – ins Gefängnis gesteckt wurde. Inmitten der Elite der Christlichsozialen und der noch im Lande verbliebenen Sozialdemokraten fand auch Figl sich zuerst in der »Liesl«, dem Polizeigefängnis auf der Elisabethpromenade, später im Konzentrationslager Dachau in der Nähe von München wieder. Bis zum 8. Mai 1943 war er Häftling Nummer 13 897 im Block 13, dem Österreicherblock.

Als Ehefrau eines Gefangenen durfte Hilde Figl ihrem Mann nur zweimal im Monat schreiben. Sie dankte es aber zeitlebens ihrem Schwager Toni, der seinem Bruder, sooft er konnte, Briefe und Pakete ins Konzentrationslager sandte. Als Soldat war ihm dies öfter erlaubt als anderen.

Die Familie wurde in dieser Zeit von Hildes Vater erhalten. Auch die Lebensmittellieferungen, die ihr Figls bäuerliche Verwandte zukommen ließen, linderten die Not. Wie alle Angehörigen von KZlern setzte auch Hilde Figl alle Hebel in Bewegung, um die Freilassung ihres Mannes zu erreichen. Sie schrieb Gesuche, rannte von einem Bonzen zum anderen, setzte Himmel und Hölle in Bewegung. Aber alle Interventionen blieben vergeblich. In ihrer Verzweiflung fuhr Hilde Figl sogar nach Berlin, in die Hauptstadt des Deutschen Reiches, wartete lange auf Vorsprachen bei Beamten, die sie anhörten, jedoch immer wieder nur mit einem höflichen »Nein« oder »Wir werden sehen« abspeisten.

Bis Hilde Figl einmal mit beiden Kindern bei der Wiener Gestapo am Morzinplatz in Wien einen Beamten am Gang ansprach. Er hatte zwar mit der Sache nichts zu tun, vielleicht aber tat ihm die Frau mit den beiden Kindern leid. Frau Figl meinte später, der Mann habe möglicherweise den Akt verschwinden lassen. So daß plötzlich der Grund gefehlt haben mag, Figl länger in Schutzhaft zu belassen. Wie es genau war, weiß niemand.

Jedenfalls kam Figl nach 2000 Tagen Dachau in der ersten Maiwoche 1943 plötzlich und unerwarteterweise frei. Er durfte Dachau verlassen und fuhr mit dem Zug nach Wien. In München konnte er noch ein Telegramm aufgeben, das sein Kommen ankündigte. Nur wenige Stunden, nachdem Hilde Figl dieses Telegramm in Händen hielt, war ihr Mann endlich zu Hause. Als seine Tochter Liesl ihn zum letzten Mal gesehen hatte, war sie kaum zwei Jahre alt. Nun ging die Siebenjährige schon in die Schule, sah den abgemagerten, kahlgeschorenen Mann und fragte verstört: »Ist das mein Papi?«

Figl fand Arbeit als Bauleiter der Firma Kohlmayer im Zistersdorfer Erdölgebiet, bei der Parteifreund Julius Raab sein Vorgesetzter war. Doch im Oktober 1944 kam er abermals in Haft, zuerst ins KZ Mauthausen, dann ins Polizeigefängnis und Landesgericht Wien, dem damaligen Sitz des Volksgerichtshofes, der zahlreiche Hinrichtungen vornahm. Wieder war der Vater von der Familie getrennt.

Mutter Hilde bemühte sich, die Kinder die politischen Wirren der Zeit, so gut es eben ging, nicht spüren zu lassen. Die Weihnachtsfeste dieser Jahre waren gekennzeichnet von Gebeten um Gesundheit und Leben des inhaftierten Vaters. Als Hansl ins Gymnasium kam, war er dazu angehalten worden, alle Fragen nach dem Verbleib des Vaters mit der Erklärung abzufertigen: »Mein Vater ist beim Militär«, dennoch verstand er bald, daß Vaters Abwesenheit nicht mit dem Krieg, sondern mit dessen patriotischer Gesinnung zu tun hatte. Auch Hans sollte den Unterschied dieser beiden Gesinnungen, der dem Unterschied zwischen Österreich und Ostmark entsprach, bald zu spüren bekommen.

1944, als das Bombardement von Wien begann, wurde Johannes aufs Land zu Figls Schwester Anna geschickt, die in der kleinen Ortschaft Kapelln nahe St. Pölten ein Gasthaus führte. Solange es noch möglich war, ging Hans von dort zu Fuß nach St. Pölten ins Gymnasium – trotz Bomben und Tieffliegerangriffen –, und zwar in dieselbe Schule, in der auch sein Vater maturiert hatte. Der Professor, der Leopold Figl einstens eine Auszeichnung im Zeugnis vermasselt hatte, war nun Schuldirektor, ein Großdeutscher, mit dem Figl, der Österreich-Patriot, sich nie gut verstanden hatte. Dieser Direktor wollte Figls Sohn Johannes zuerst gar nicht aufnehmen. Auch ein anderer Lehrer konnte mit seiner fanatischen Gesinnung nicht hinter dem Berg halten. Er ließ Hansl während seines Unterrichts jedesmal vor der Klasse Strafe stehen. Seine Begründung: »Ich möchte den Sohn eines Verräters nicht in meiner Klasse haben.«

Vom weiteren Verbleib ihres Mannes wußte Hilde Figl nichts. In den letzten Kriegsmonaten hatte sie noch erfahren, daß ihr Mann im »grauen Haus«, im Volksgerichtshof in Wien-Alsergrund, inhaftiert war. Durch einen bekannten Kriminalbeamten war es ihr gelungen, einmal in der Woche Wäsche und etwas Essen ins Gefängnis zu schicken. Danach hat sie während des Bombardements und der Kämpfe der russischen Armee in Wien die Spuren von ihm verloren. Sie wußte nicht, ob man die politischen Häftlinge nun liquidiert oder an eine andere Stelle transportiert hatte. Es gab keinerlei Information.

Es war knapp vor Kriegsende – Frau Figl hielt sich mit Tochter Liesl nun in Kapelln auf –, als sich ein schwer von SS-Mannschaften bewachter Gefangenentrupp vor dem Gasthaus niederließ, um eine kurze Rast auf dem Weg gegen Westen einzulegen. Die Wachmannschaft verlangte in der Wirtsstube Bier und Essen. Hansl hatte rasch herausbekommen, daß es sich bei den Gefangenen um politische Sträflinge handelte, die von Wien verlegt werden sollten, und begann sich zu fragen, ob vielleicht auch sein Vater unter ihnen sein könnte. Er versuchte sich dem Gefangenenzug zu nähern, konnte aber niemanden erkennen, so daß die Strapazen der letzten Kriegstage, Hunger, Angst und die Ungewißheit über den Verbleib des Vaters, noch vermehrt wurden.

Die Familie erlebte den Einmarsch der russischen Truppen in Kapelln, doch sobald die Verhältnisse es erlaubten, wollte sie wieder zurück nach Wien. Der Heimtransport gestaltete sich jedoch den Umständen entsprechend schwierig. Zwei Leiterwagen wurden mit Wäsche und etwas zum Essen beladen. Den größeren zog Hans vorne, die Mutter schob an, immer wieder setzte sich die Großmutter noch obendrauf. Auch Liesl mühte sich mit einem kleinen Holzwagen ab. Am ersten Tag kamen sie bis Rust, auf den Bauernhof von Figls Eltern, den mittlerweile Figls Bruder Josef führte.

Am nächsten Tag ging es weiter bis Wien. Der Weg war mühselig: schlechte Straßen, Flüchtlinge überall, Russen, die einmarschierten, Deutsche, die flohen, letzter Kanonendonner, Staub, Angst und Ungewißheit. Am Abend des zweiten Tages erreichten die Heimkehrer Hietzing, wo sie in einem wildfremden Haus übernachteten. Immer noch wußten Mutter und Kinder nicht, was mit dem Mann und Vater geschehen war, ob er noch lebte, wo er sich befand. Am nächsten Morgen schlugen sie sich nach Meidling in die Fockygasse durch, in der die Wohnung der Großmutter lag, wo sie alle fürs erste einmal bleiben konnten. Am nächsten Morgen marschierte der tapfere Hans durch Bombentrichter, über Schuttberge und durch ausgebrannte Ruinen hinüber in den 3. Bezirk, in die Kundmanngasse, in der ihre Wohnung lag. Auf den Hauswänden fielen ihm plakatierte Aufrufe auf, die »An die Wiener« gerichtet waren. Unterschrieben waren sie von den neuen Bürgermeistern Körner, Kunschak und Steinhardt. Hans Figl erinnert sich: »Die ersten beiden Namen haben mir irgendwie Hoffnung gemacht, denn Kunschak war für uns der Onkel Leopold, der bei der Hochzeit der Eltern auch Trauzeuge war, und auch mit General Körner waren wir gut, weil Körner in den zwanziger Jahren als sozialdemokratischer Parlamentskommissar für das Heerwesen tätig war und mein Großvater Hemala in der gleichen Funktion für die Christlichsozialen. So dachte ich, wenn die beiden leben, vielleicht lebt dann mein Vater auch.«

Als er endlich in der Kundmanngasse ankam, fand er das Wohnhaus gottlob unbeschädigt. Was er zu dieser Stunde noch nicht wissen konnte: Leopold Figl war mittlerweile am 6. April 1945 – wer weiß durch welches Wunder – aus dem »grauen Haus« entlassen worden. Und was er auch nicht wußte: Der Vater hatte sich mit Haut und Haar sofort wieder der Politik verschrieben, war von den Russen mit der Lebensmittelversorgung der Wiener beauftragt worden und hatte sich bereits wieder die Ärmel hochgekrempelt, ohne vorher die Familie von seiner Freilassung verständigt zu haben. Wie denn auch? Es gab ja damals keine Telefonverbindung.

Kein einziges Detail der dramatischen Stunden hat Figl junior je wieder vergessen, die dann der Ankunft in der Kundmanngasse gefolgt waren: wie er seinen Vater wiederfand und wie zuerst er und bald auch ganz Österreich vom ärgsten Hunger erlöst wurden. Auf der Straße hatte ihn ein Mann mit einer rotweißroten Armbinde angesprochen: »Warst schon bei deinem Vater? Was, du waßt net, daß dein Vater Landeshauptmann von Niederösterreich ist?« wurde er verwundert gefragt. Aufgeregt sperrte Hansl die Wohnung auf und merkte sofort, daß sie bewohnt war. Das Bett war benutzt, ein paar Sachen vom Vater lagen herum. Da lief Hansl sofort weiter in die Herrengasse im Zentrum der Inneren Stadt. Rund um das Landhaus, wo er seinen Vater vermutete, war alles von den Russen abgesperrt. Da sah er von weitem einen alten Freund, Franz Sobek. Er schrie: »Onkel Franzi!«, und Sobek schleuste ihn durch die Absperrung ins Landhaus, in dem es von russischen Offizieren nur so wimmelte.

»Wo ist der Figl?« fragte Sobek.

»Der hat jetzt keine Zeit, der verhandelt gerade mit den russischen Generälen über Brot- und Mehllieferungen für Wien.«

»Das ist egal, sein Sohn ist da ...« Ein paar Minuten mußte Hansl noch warten. »Dann ging die Tür auf, der Vater trat heraus und hat mich umarmt.«

Leider hatte Figl senior keine Zeit, die Verhandlungen mit den Russen verliefen überaus zäh. Doch er sagte zum Buben: »Geht's in die Kundmanngasse, da seid ihr sicher, i komm am Abend.«

Als er schon wieder zurück wollte ins Beratungszimmer, drehte er sich aber noch einmal zu seinem Sohn mit der Bemerkung um: »An Hunger wirst haben; gebts dem Buam was zu essen.« Irgend jemand hat Hans dann ein ordentliches Stück Brot in die Hand gedrückt, und er ist so schnell wie möglich nach Hause gerannt. Der Vater war wiedergefunden!

Die Familie war nach den bitteren Jahren der Trennung wieder heil beisammen. Aber nun protestierte Hilde Figl zum ersten Mal: »Das muß aufhören. Ich will das nicht mehr. Ich will kein Wort mehr über Politik hören.« Gleichzeitig wußte sie, daß ihr dieser Wunsch nie in Erfüllung gehen würde. Sie wußte, nie würde es ihr gelingen, ihren Mann und seine wahre Liebe, die Politik, zu entzweien. Das hatte mit Machtgier nichts zu tun. Darin sind sich alle Zeitgeschichtler einig: Figl war vom Glauben an seine Aufgabe beseelt. Und er war voll gefordert. Er hat nicht nur an das Stück Brot für seinen eigenen Sohn gedacht, sondern mußte sehr bald darangehen, wieder allen Österreichern zu Nahrung und einem Dach über dem Kopf zu verhelfen. Seine legendäre Weihnachtsansprache 1945 im Rundfunk, als erster regulär gewählter Kanzler nur sieben Monate nach Kriegsende, hat seine Familie – wie Zigtausende Österreicher auch – aus dem Radio vernommen: »Ich kann euch zu Weihnachten nichts geben. Ich kann euch für den Christbaum, wenn ihr überhaupt einen habt, keine Kerzen geben. Ich kann euch keine Gaben für Weihnachten geben. Kein Stück Brot, keine Kohlen zum Heizen, kein Glas zum Einschneiden. Wir haben nichts. Ich kann euch nur bitten: Glaubt an dieses Österreich!«

In diesen ersten Nachkriegsmonaten, in denen sämtliche Frauen Wiens zu Heldinnen des Überlebens wurden, bewies auch Hilde Figl ihr Genie in Ausdauer und Improvisation. In der Kundmanngasse gab es – wie anderswo auch – weder Gas noch Wasser und nur gelegentlich Strom. Ungeachtet dieser Widrigkeiten für die Hausfrau nahm Kanzler Figl seine Angewohnheit, Gäste bei sich zu Hause zu bewirten, unvermindert wieder auf.

Das bedeutete zusätzliche Arbeit für die Seinen. Hilde Figl und Sohn kletterten tagsüber in den Schuttbergen der zertrümmerten Häuser auf der Suche nach Holz, mit dem sie im kleinen Eisenofen, genannt Hausfreund, Feuer entfachen konnten. In den späteren Jahren hat Frau Figl im Nu sechsgängige Menüs aufgetischt, da war dies für sie keine Kunst mehr. Ihre Feuerprobe als bewirtende Kanzler-Gemahlin bestand sie jedoch in diesen ersten Monaten nach Kriegsschluß, als in diesem Eisenofen, der schon im Ersten Weltkrieg erfunden war, stetig nachgelegt werden mußte, damit das Feuer nicht ausging. Oft und oft hat sie sich dabei die Finger verbrannt.

Da war zum Beispiel diese liebenswürdige Ballade von der Forelle. Und das war so: Während eines offiziellen Abendessens im Kanzleramt wendete sich ein gewisser Mr. Gedye mit der Bemerkung an Frau Figl: »Wissen Sie, daß mir die österreichische Regierung noch eine Forelle schuldet? Vor 1938 besaß ich eine Fischereikarte, die konfisziert wurde.« Herr und Frau Figl fühlten sich verantwortlich. Obwohl in diesen schweren Tagen die gebratenen Forellen auch einem Kanzler nicht in den Mund flogen, managte Figl es doch, diesen seltenen Leckerbissen aufzutreiben. Seine Frau wiederum managte es, sie für diesen Mr. Gedye zuzubereiten – und zwar unter besonders erschwerenden Umständen, nämlich auf dem Hausfreund, dem kleinen Blechaufsatz, der auf den Herd obendrauf gestellt wurde. Er war im Boden mit Löchern und auf der Vorderseite mit einem Schlitz verse-

hen, in dem mit ganz kleinen Holzspänen ein sparsames Feuer in Gang gehalten wurde. Den großen Herd zu beheizen hätte viel zu viel Holz verbraucht, und das stand ja nicht zur Verfügung. Auf diesem Hausfreund, der so groß war wie eine Keksdose, eine Forelle zu kochen, das war eine Meisterleistung!
Das Leben der Familie begann sich zu normalisieren. Hans kam zuerst ans Akademische Gymnasium, später – nach Übersiedlung der Familie in den 19. Bezirk – ins Wasa-Gymnasium. Die kleine Liesl ging zuerst in die Apostelgasse, dann zu den »Schwestern vom armen Kinde Jesu« in der Hofzeile im 19. Bezirk zur Volksschule und später auch in deren Gymnasium »Maria Regina«. 1946 war die Familie von der Kundmanngasse, die für die gesellschaftlichen Obliegenheiten des Spitzenpolitikers längst zu klein geworden war, in die Peter-Jordan-Straße übersiedelt. Das Haus war ein arisiertes, das heißt, es war seinem früheren jüdischen Besitzer abgenommen worden. Mit Kriegsende hat sich dieser »Ariseur« und neue Eigentümer ins Ausland abgesetzt. Parteifreund Fritz Bock hat Figl gesagt, daß in diesem Haus eine Wohnung frei wäre. 1950 hat Figl es seinem ehemaligen jüdischen Besitzer, dem es zurückgestellt wurde, der aber in Südamerika lebte und nicht zurückkommen wollte, abgekauft. Leopold Figl setzte dort zuerst als Staatssekretär, später als Kanzler, Außenminister, als Landeshauptmann von Niederösterreich und zuletzt als Bauernbunddirektor seine geselligen abendlichen Herrenrunden ungemindert fort. Das Gästebuch, das schon am 26. November 1931 angelegt worden war, wurde weitergeführt. Das erste, das mit den Worten »Für unsere lieben Gäste, Hilde und Leopold Figl« begann, endete mit der letzten Eintragung am 6. März 1938. Figl eröffnete ein neues am 8. Mai 1945 mit der Eintragung: »Zu Hause ist es doch am schönsten.« Am häufigsten findet sich auch in diesem Gästebuch die Unterschrift von Freund Julius Raab, der in Sievering in der Nachbarschaft wohnte.
Figls Angewohnheit, mit grüner Tinte zu schreiben, offenkundig in der Farbe des Bauernbundes, schlug sich auch in diesen Gästebüchern nieder. Er verwendete immer grüne Tinte. Auch seine Unterschrift unter dem Österreichischen Staatsvertrag trägt als einzige dieses sein Markenzeichen. Alle anderen Außenminister signierten in Blau.
Obwohl Hilde Figl nun ein Dienstmädchen vom Land zur Hilfe hatte, besorgte sie fast den gesamten Haushalt selbst. Von der österreichichen Hausmannskost bis zur subtilen französischen Küche beherrschte sie sämtliche Feinheiten. Überraschungsgäste, die Figl unvorange-

meldet mit nach Hause brachte, war sie gewöhnt. Figl konnte sich auf die Unterstützung seiner Hilde verlassen.
Nach den Wahlen 1953 wurde Julius Raab Kanzler, Figl wurde Außenminister und sollte in dieser Funktion den vielleicht allergrößten Triumph seiner Politkarriere erleben: die Verkündung des Österreichischen Staatsvertrages am 15. Mai 1955 vom Balkon des Belvederes in Wien. Wieder war Figl in guter Grillparzerscher Manier vor die Menschenmenge hingetreten, hat das von den vier Außenministern der Siegermächte und ihm unterschriebene Vertragsdokument in die Höhe gehalten und gerufen: »Österreich ist frei!«
Seine Frau stand in diesem glücklichen Augenblick nicht im Park des Prinz-Eugen-Schlosses, sondern hörte mit ihren Kindern die Übertragung des triumphalen Staatsaktes im Radio. Erst später am Abend war Frau Figl beim Festakt, das die Österreicher für die Vertreter der Besatzungsmächte im Schloß Schönbrunn ausrichteten, mit dabei. Was sie getragen hat, daran erinnern sich die Kinder heute noch: Protokollgemäß waren Hütchen, Handschuhe, Handtasche und Schuhe in übereinstimmender Farbe vorgeschrieben. In diesen schweren Zeiten angemessene Kleidung zu beschaffen war nicht immer leicht. Hilde Figl ließ bei einer Schneiderin nähen. Auch auf Staatsbesuchen in die Schweiz, nach Skandinavien, London, Washington, New York und Paris hat Hilde Figl ihren Gatten begleitet.
In den Sommerferien verbrachte die Familie jeweils zwei bis drei Wochen immer am selben Ort in Südtirol, in Matrei. Der Familienvater kam für zehn bis zwölf Tage nach. Die ersten zwei Tage schlief er sich aus, ab dem dritten Tag arbeitete er wieder. Jeden Tag kam eine Kuriertasche voll Akten mit dem Nachtzug aus Wien. In Matrei kam es fast immer auch zu einem Zusammentreffen mit dem Freund von Hildes Eltern, dem späteren Außenminister Italiens, De Gaspari.
Den Führerschein hat übrigens nur Hilde Figl gemacht, ihr Ehemann nicht. Sie fuhr einen kleinen Fiat. Er wurde mit dem Dienstwagen chauffiert.
Die Figl-Biografin Susanne Seltenreich, eine enge Freundin des Hauses, beschreibt in ihrem oben erwähnten Buch die Tugenden seiner Frau. Und es klingt nach einem Ratgeber »How to be a perfect wife«, wenn sie schreibt: »Hilde Figl hat nicht nur die harten Prüfungen seiner politischen Verfolgung und der Besatzungzeit als gute österreichische Patriotin überstanden, sie erwies sich auch als wertvolle Begleiterin ihres Ehemannes auf seinen Staatsbesuchen rund um die Welt.

Mit ihrem Talent für Fremdsprachen, ihrem lebhaften Sinn für Humor und ihrer natürlichen Wärme war sie überall ein gerngesehener Gast. Sie war eine typische Wienerin bis in die Fingerspitzen, mit Herzensgüte, Hilfsbereitschaft, Mutterwitz und einer ausgeprägten Begabung zum Kochen.
Für jeden, den sie traf, war es augenscheinlich, daß sich Hilde Figl in all den Jahren nicht zum Nachteil verändert hatte... Die Frau, die von Königinnen empfangen wurde und die ihrerseits Königinnen unterhielt, ist immer dieselbe geblieben, ob bei staatlichen Empfängen oder im kleinen familiären Kreis ... Wenn es um karitative Aufgaben und Sozialarbeit ging, konnte man immer auf sie zählen. Hilde Figl wurde etliche Male Patin, und jedes Jahr führte sie neue Kandidaten zur Firmung. Sie war ein Mensch, dem man vertrauen und sich anvertrauen konnte. Sie hat niemandem Hilfe verweigert, der sie gebraucht hat.«
Hilde Figl war vom Wunsch beseelt, notleidenden Menschen zu helfen. Ihr Pendant in der SPÖ war Dr. Martha Kyrle, die Tochter von Vizekanzler Adolf Schärf, dem späteren Bundespräsidenten. »Frau Figl und ich«, erinnert sich Martha Kyrle, »erklärten uns spontan bereit, die Präsidentschaft über den nationalen Verein ›Rettet das Kind‹ zu übernehmen, der sich aus dem internationalen ›Save the children found‹ entwickelt hatte. Man hat uns beide als die weiblichen Galionsfiguren der beiden Großparteien dazu geholt. Frau Figl war eine absolut reizende Frau, lebhaft und witzig, wir haben uns sehr gut vertragen. Sie hat sich mit großer Bereitschaft und großem Engagement diesen karitativen Aufgaben gestellt. Auch bei UNICEF, dem Kinderhilfswerk der Vereinten Nationen, war Frau Figl bis zu ihrem Tod als Vizepräsidentin im Einsatz.«
Zusammen mit der Frau des ersten Schweizer Botschafters nach dem Krieg in Wien, »Mama Feldscher«, organisierte Frau Figl 1956 im Redoutensaal auch den großen Diplomatenbasar, mit dessen Erlös neun Rettungsfahrzeuge für das Rote Kreuz angekauft werden konnten. Einige Jahrzehnte lang organisierte Hilde Figl auch den Weihnachtsmarkt der »Caritas Socialis«, der dank ihres Einsatzes alle Jahre wieder einen netten Profit aufweisen konnte. Es war ihr selbstverständlich, ihre Bekanntheit als Politikergattin in den Dienst der Ärmeren zu stellen. Ihre beiden Kinder halfen jedesmal mit.
Auch Sissy Waldheim, Frau des Botschafters bei den Vereinten Nationen in New York, als Figl Außenminister war, verbindet mit Frau Figl nur das Beste: »An Frau Figl habe ich nur gute Erinnerungen. Als wir

in New York waren, war sie mit ihrem Mann, dem Außenminister, bei uns zu Besuch. Sie war eine nette und sympathische Person, aus guter Beamtenfamilie und daher in keinster Weise ungeschickt oder scheu, weder auf internationalem Parkett noch in irgendeiner kleineren Gesellschaft. Ich habe sie später auch regelmäßig auf den Weihnachtsbasaren der ›Caritas Socialis‹ gesehen, die sie immer äußerst tüchtig organisierte.«

Allmählich wuchsen die »Figl-Kinder«, wie Hans und Liesl genannt wurden, zu tüchtigen Menschen heran, von denen allerdings keines in die Fußstapfen des Vaters trat und sich der Politik verschrieb. Hans maturierte 1950 im Wasa-Gymnasium und begann sein Studium an der Technischen Hochschule. Schon während des Studiums praktizierte er im In- und Ausland. Zuerst in der Außenhandelsstelle Österreichs in London, dann für die Innkraftwerke in Deutschland und für Brown-Boveri in der Schweiz. 1957 machte er seinen Diplomingenieur, arbeitete zunächst bei der Österreichischen Atomenergiebehörde, später bei einer privaten Firma.

Seine Leidenschaft gehörte jedoch den Pfadfindern, denen er fast seine gesamte Freizeit widmete. Seit 1945, also seit seinem 13. Lebensjahr, war er Mitglied, ab 1957 organisierte er als Vorstandmitglied der österreichischen Pfadfinder zahlreiche internationale Jamborees, von Ischl bis Manila, und nahm an zahlreichen Konferenzen der Organisation teil. Er ist heute noch Präsident des Bundesverbandes der Pfadfinder und Pfadfinderinnen Österreichs.

Nur in einem ist er – obwohl mehrere Köpfe größer als er – das Ebenbild seines Vaters. Er ist ebenso leidenschaftlicher Jäger. Sein erstes Gewehr hat ihm Vater Figl zur Matura geschenkt. Stiegenhaus und Diele seiner großen Wohnung im Hochparterre der Peter-Jordan-Straße ist über und über mit Jagdtrophäen geschmückt. Hans Figl wohnt dort mit Frau und Familie.

Im ersten Stock dieses 1952 erworbenen Hauses wohnte bis zu ihrem Tod Frau Figl mit ihrer Tochter Liesl, die unverheiratet geblieben ist. Nach der Matura hat Liesl ein Wirtschaftsstudium absolviert, das sie 1958 mit der Sponsion zur Magistra beendete. Die ausgezeichnete Sportlerin, die Skifahren ebenso wie Tennis aus dem Effeff beherrschte, war bis 1992 in der Abteilung für politische Wirtschaft in der Nationalbank beschäftigt.

Frau Figl hat ihren Mann, der am 9. Mai 1965 in dieser Wohnung starb, noch um 24 Jahre überlebt. Sie hat ihr karitatives Werk weiter-

geführt und war bei guter Gesundheit, ihr Tod kam daher für alle ziemlich überraschend und durch völlig bizarre Umstände.
Sie stand zwar im 83. Lebensjahr, war aber vollkommen gesund und rüstig. Es war nach der Rückkehr von ihrem Sommerurlaub in Grado, als sie über den Wiener Stephansplatz ging, unvermutet von unachtsamen Jugendlichen gerempelt wurde, stürzte und sich den Oberschenkel brach. Sie wurde operiert, kam danach aber nicht mehr richtig auf die Beine. Sie mußte sechs Wochen im Krankenhaus bleiben, eine Lungenentzündung kam dazu, Embolie, Herzversagen. Frau Figl starb am 22. August 1989.
Sie ist nicht im Grab ihres Mannes bestattet, der auf dem Wiener Zentralfriedhof ein Ehrengrab erhielt, sondern wurde am Friedhof von Neustift beigesetzt. Bei ihrem Begräbnis haben ihr die Spitzen des Landes aus allen politischen Lagern die Ehre erwiesen.
Mit ihrem karitativen Engagement hat sie als erste First Lady eines Bundeskanzlers der Zweiten Republik einen Weg beschritten, der vielen nachfolgenden Politikerfrauen Österreichs zum Vorbild gereichte.

Hermine Raab

1. Juni 1899 – 15. Juli 1980

Die Ehe zwischen Bundeskanzler Julius Raab und seiner um acht Jahre jüngeren Frau Hermine wird am anschaulichsten durch den kurzen Brief charakterisiert, den er ihr in der Silvesternacht 1953 aufs Nachtkästchen legte. Sie waren damals beide zu Gast bei ihren Verwandten am Grundlsee, und es hätte somit kein Anlaß bestanden, seiner ohnehin anwesenden Gattin einen Gruß schriftlich zu übermitteln. Offenbar hatte der in der Öffentlichkeit so imposante und mächtige Vollblut-Politiker hier aber das Bedürfnis verspürt, scheu und leise eine innere Wahrheit zum Ausdruck zu bringen, als er schrieb:

»Mein liebes gutes Minnerl. Der Jahresschluß ist die Zeit, Bilanz zu halten über die vergangenen Monate, und die feierliche Ruhe im schneebedeckten Ausseerland gibt so recht den so freudigen Anlaß, Dir für all das Liebe und Gute, was Du mir in diesem Jahr wie in allen früheren mit Deiner persönlichen Bescheidenheit und Güte getan hast, aus vollem Herzen zu danken. Gott der Herr wird Dir alles reichlichst lohnen. Deine sittliche Größe hat mich immer wieder emporgezogen, wenn ich zu versinken drohte. Diese Zeilen sollen Dir ein Beweis meiner herzlichen Liebe zu Dir sein. Sie sollen Dir Freude bereiten. Dein Julius.«

Diese Zeilen, verfaßt auf weißer Karte und jetzt Bestandteil des liebevoll von Pater Benedikt Wagner im Stift Seitenstetten betreuten Raab-Archivs, mögen für heutige Ohren altmodisch klingen, aber sie waren zu dieser Zeit im höchsten Grade Ausdruck einer glücklichen Ehe. Sie sind umso bemerkenswerter, als Hermine Raab, von ihrem Gatten herzlich Minnerl gerufen, zu diesem Zeitpunkt bedauerlicherweise schon ziemlich leidend war. Immer wieder auftretende Venenentzündungen als Folge einer schweren Beckenthrombose im Jahr 1948 beeinträchtigten ihre Schaffenskraft gerade in jenen Jahren sehr, in denen Julius Raab als Begründer und Präsident der Österreichischen Wirtschaftskammer, als unumstrittener Obmann der nach dem Krieg neuerstandenen ÖVP und schließlich von April 1953 bis April 1961 als alles bestimmender Wiederaufbau- und Staatsvertragskanzler am Zenit seines beruflichen Wirkens stand und ihm die hilfreiche Unterstützung durch eine gesunde, zupackende Frau sicher gutgetan hätte. Vergleichbar etwa seinem Parteifreund und Vorgänger im Amt des Bundeskanzlers, Leopold Figl, der in seiner Hilde die kongeniale Partnerin auf dem Parkett und daheim als charmante Gastgeberin gefunden hatte.

Daß seine Frau ihm ihres Leidens wegen beruflich bei den zahlreichen Anlässen der Repräsentation nicht als ergänzende bessere Hälfte zur Seite stand, mag er dabei weniger vermißt haben, da Julius Raab, ein echter Patriarch der Zeit, ohnehin die Auffassung vertrat, »Weiberleut« hätten in der Politik nichts verloren. Daß er aber zu Hause auf eine stille Atmosphäre der ausgleichenden Entspannung verzichten mußte, mag ihn doch belastet und beeinträchtigt haben. Denn gesellig war er, das geht aus den zahlreichen Eintragungen im Gästebuch von Leopold Figl hervor – fast allabendlich fand sich in Figls Wohnung, von Ehefrau Hilde mit grünem Veltliner liebevoll versorgt, eine politisierende Männerrunde ein. Julius Raab war der am häufigsten anwesende Kumpane, der auf dem Heimweg in seine Wohnung in Sievering häufig noch gerne bei seinem Parteifreund in der Peter-Jordan-Straße vorbeischaute.

Der imponierende Lebenslauf des gewichtigen Julius Raab kann in vielen Biografien und Dokumentationen nachgelesen werden. Ein dynamischer, vor Kraft strotzender Staatsmann und Politiker, tief verwurzelt in den von Katholizismus, achtbarem Bürgertum, Handwerker- und Gewerbefleiß geprägten Werten. Sein Elternhaus in St. Pölten – ein durch mehrere Generationen hindurch angesehener Bau- und Zimmermannsbetrieb – hat ihm das Rückgrat für ein selbstbewußtes Wirken als einflußreicher Politiker verschafft.

Geboren am 29. November 1891, Matura im Stiftsgymnasium Seitenstetten 1911, Inskription an der Technischen Hochschule Wien, Studienrichtung Hochbau, hatte er den Militärdienst im Ersten Weltkrieg als Kommandant der Pionierkompanie 3 mit mehreren Tapferkeitsmedaillen bereits hinter sich, als er – nun Diplomingenieur im familieneigenen Unternehmen – in seiner Heimatstadt St. Pölten das junge Fräulein Hermine Haumer kennenlernte.

Um Näheres über die kinderlos gebliebene Ehe von Hermine und Julius Raab zu erfahren, haben sowohl Raabs Neffe, Univ.-Prof. Dipl.-Ing. Dr. Heinrich Wohlmeyer, als auch Pater Dr. Benedikt Wagner im Stift Seitenstetten als verläßlichste und umfassende Quelle Frau Maria Enzinger genannt.

Maria Enzinger ist die 1924 in St. Pölten geborene Tochter der ältesten Schulfreundin von Hermine Raab. Ihre Eltern waren mit dem Ehepaar Raab von Jugend an sehr eng befreundet. Julius und Hermine Raab, von Nichten, Neffen und diversen Patenkindern »Onkel Julius« und »Tante Minnerl« genannt, blieben ein Leben lang für Maria Enzinger Vertraute und Helfer. Frau Raab sah in Maria so etwas wie eine

Tochter, zur Firmung hat sie ihre Patenschaft übernommen. Viel später war Maria in der Bundeswirtschaftskammer bei »Onkel Julius« beschäftigt. Sie blieb ihrer Firmpatin bis zum Tod auf das herzlichste verbunden. Maria Mang-Enzinger war, als sie die Geschehnisse für dieses Buch erzählte, 74 Jahre alt.

Hermine Haumer war am 1. Juni 1899 in St. Pölten im Hause Linzer Straße 8 zur Welt gekommen. Ihren Namen erhielt sie nach der Mutter, während ihr wenige Jahre später geborener Bruder nach dem Vater Franz getauft wurde.

Hermines Mutter war eine wohlhabende Bauerntochter aus der Nähe von St. Pölten, dem Vater gehörte das Kolonialwarengeschäft, das im Erdgeschoß des Wohnhauses in der Linzerstraße 8, vis-à-vis dem Institut der Englischen Fräulein, lag.

Maria Enzinger, ebenso Schülerin dieser ehrwürdigen Bildungsanstalt geistlicher Schwestern wie ihre Mutter und deren Freundin Hermine Haumer, erinnert sich an den großen goldenen Kessel, der Bestandteil einer riesigen Kaffeemühle war und jahraus, jahrein in der Auslage des Lebensmittelgeschäftes »wie pures Gold geglitzert hat«. Sie hat den Laden von Frau Raabs Eltern häufig besucht und jedesmal ein Zuckerl zugesteckt bekommen.

Da die Ehe der Eltern von Hermine Raab nicht besonders glücklich war, verbrachte Minnerl alle Schulferien in Weitra im Waldviertel bei der Familie des Bruders ihres Vaters. Dort besaß sie in Cousine Maria eine jüngere heißgeliebte Spielgefährtin, mit der sie den schöneren Teil ihrer Kindheit und Jugend verbrachte.

Nach dem Besuch der Privatbürgerschule für Mädchen im Institut der Englischen Fräulein in St. Pölten absolvierte Hermine eine kaufmännische Lehre im Geschäft ihres Vaters, zu dem sie trotz aller elterlichen Zwistigkeiten ein gutes Verhältnis hatte. Durch ihn lernte sie auch Julius Raab kennen. Es sei die glücklichste Stunde ihres Lebens gewesen, hat sie später wiederholt eingestanden, als er ihr am Söller der Stiftskirche Melk den Verlobungsring ansteckte, einen schmalen goldenen Ring mit kleinen Brillanten. Am 14. Jänner 1923 heiratete sie in ebendieser Stiftskirche Julius Raab, ihren geliebten Julei, wie sie ihn nannte. Der Priester, der die Trauung vornahm, war Pater Dr. Georg Markovics von Stift Melk, ein Bundesbruder der CV-Verbindung »Norica«, den der Bräutigam während seines Studiums kennengelernt hatte.

Zum Zeichen ihres modischen Geschmacks trug die Braut kein großes

Hermine und Julius Raab

weißes Hochzeitskleid, sondern ein schlichtes graues Kostüm mit Hut.
Anfangs blieb das junge Paar noch in St. Pölten. Doch als sich zu Beginn der dreißiger Jahre Raabs politische Tätigkeit in Wien ausweitete, übersiedelte es in die Bundeshauptstadt, in die Rechte Wienzeile im 6. Bezirk.
Frau Raab war zu dieser Zeit eine strahlende Erscheinung: sehr schlank, blonde Haare, blaue Augen, auffallend schöne Zähne – und sehr liebenswürdig. Maria Enzinger: »Sie war eine elegante, modisch bewußte, sehr gediegene Frau, immer aus dem Effeff, jedoch sehr zurückhaltend und bescheiden. Wenn sie nach St. Pölten gekommen ist, hat sie mir jedesmal eine Bonbonniere mitgebracht. Sehr deutlich erinnere ich mich an einen vorweihnachtlichen Besuch, bei dem sie einen dunkelblauen Mantel und gleichfarbigen Hut trug, Mantel und Hut mit hellgrauem Persianer verbrämt. Die riesige Bonbonniere, die sie in der Hand hielt, war mit roten Chrysanthemen verziert. Dieses

abgerundete Bild werde ich nie vergessen. Die Bonbonschachtel habe ich lange aufgehoben. Zur Matura bekam ich ein Abendtäschchen geschenkt, das ich noch heute besitze. Ich darf sagen, daß die Besuche des Ehepaares Raab in meinem Elternhaus, ob einzeln oder gemeinsam, für alle Beteiligten immer eine große Freude bedeuteten.«

Im Krieg arbeitete Julius Raab in der Baufirma Kohlmayer bei Schwechat. Er war – im Unterschied zu Leopold Figl und anderen christlichsozialen Parteifreunden – von den Nationalsozialisten nicht ins Konzentrationslager Dachau gebracht worden. Julius und Hermine Raab lebten damals sehr zurückgezogen, haben aber viel unternommen, um das Leben von Hilde Figl und ihren beiden Kindern Johannes und Anneliese – letztere war ein Firmpatenkind von Frau Raab – erträglicher zu gestalten. Die beiden Frauen waren durch die politische Tätigkeit ihrer Ehemänner eng miteinander befreundet.

Im Hause Raab ist der Kindersegen ausgeblieben, sehr zum Leidwesen von Julius Raab, der sich eine umfangreiche Familie gewünscht hätte. Wahrscheinlich, so wurde vermutet, war eine geringfügige Lungenschwäche von Hermine Raab dafür verantwortlich. Diese war jedenfalls der Grund, weshalb das Ehepaar seine Sommerurlaube in den Bergen und am Meer verbrachte. Als Ausgleich zur Kinderlosigkeit wurden Julius und Hermine Raab Paten vieler Kinder von befreundeten und verwandten Ehepaaren. Nach dem Krieg übersiedelte das Ehepaar Raab in den 19. Bezirk, in die Sauerburggasse 6, eine Seitengasse der Sieveringer Hauptstraße. Dort bezog es im zweiten Stock eines Zweifamilienhauses eine Mietwohnung.

1948 hatte Hermine Raab im Krankenhaus »Goldenes Kreuz« eine an sich ungefährliche gynäkologische Operation, die ihr Leben jedoch schicksalshaft verändern sollte. Als sie vom Operationssaal in ihr Zimmer zurückgebracht wurde, entglitt sie einem Pfleger aus den Händen und stürzte auf die Bettkante. Als Folge zog sie sich eine schwere Beckenthrombose zu, einen schweren Bluterguß im Beckenbereich. Um neue Thrombosen mit dem Risiko tödlicher Embolien und bleibender Lähmungen abzuwehren, mußte sie für ein ganzes Jahr das Spitalsbett hüten. Der Arzt Prof. Schönbauer, ein guter Freund des Ehepaares Raab, bemühte sich um die Patientin. Julius Raab, nach dem Krieg Unterstaatssekretär, dann Handelsminister und später Bundeskanzler, hat seine Frau trotz Dauereinsatz fast täglich besucht. Er war immer auf dem laufenden, wie es ihr ging. Frau Raab war damals erst 50 Jahre alt, Julius Raab dynamische 59.

Auch nach der Entlassung ein Jahr danach ist die Neigung zu schweren Venenentzündungen in den Beinen, die dick angelaufen waren, geblieben. Das Gehen war mühsam, längeres Stehen oder Sitzen unerträglich. Für Prof. Schönbauer stand fest, daß Frau Raab eine Dauerbetreuung brauchte. Sie fand sie in der ehemaligen Nachtschwester der Station, Gerarda Johanna Stastka, die schon während des Sanatoriumsaufenthaltes zum Nachtdienst auch die Tagesbetreuung übernommen hatte. Schwester Gerarda war während des Krieges Mitglied der »Kongregation der Dienerinnen des Heiligsten Herzens Jesu«, Herz-Jesu-Schwestern genannt, im 3. Bezirk. Sie wich fortan nie mehr von der Seite ihrer Patientin. Maria Enzinger: »Sie hat Frau Raab bis zu deren Tod, das waren 31 Jahre, sehr gute und sehr treue Dienste geleistet.«

Das Leben des Ehepaares Raab war ab nun nicht mehr das alte. Schwester Gerarda war die allgegenwärtige Dritte im Bunde. Da die Mietwohnung in der Sauerburggasse 6 zu klein war, um auch die Pflegerin darin unterzubringen, kaufte Julius Raab für sie in der Nähe eine Eigentumswohnung. Bald danach ließ er gleich neben ihrem Wohnhaus auf dem benachbarten Lagerplatz der Firma Kohlmayer in der Sauerburggasse 8 ein geräumiges Haus errichten. Im ersten Stock wohnte das Ehepaar Raab, im Erdgeschoß bekam neben der Bibliothek auch Schwester Gerarda eine eigene Kleinwohnung zugeteilt. Den großen Garten zierte ein schmuckes Holzhäuschen, in dem sich Frau Raab gerne aufgehalten hat.

Wegen ihre Venenleidens ist Hermine Raab in der Folge höchst selten zu Repräsentationsanlässen ihres Mannes mitgekommen. Ihre häuslichen Beschäftigungen beschränkten sich auf Handarbeiten, kleine Näharbeiten, Lesen und Meditieren. Nicht zu vergessen ihre in der Stille wirkenden karitativen Tätigkeiten. Maria Enzinger erzählt: »Sie war spürbar bewegungsgehemmt, ist manchmal schwer gegangen, hätte einen Stock gebraucht, den sie in der Öffentlichkeit aber ablehnte.«

Schwester Gerarda war den ganzen Tag um ihren Schützling bemüht, führte den Haushalt und wurde unentbehrlich. Auch die Kuraufenthalte in Bad-Hofgastein, die Urlaube in Grundlsee und Obladis im Tiroler Oberinntal waren ohne Krankenschwester nicht mehr denkbar.

Es zeugt von der tiefen Verbundenheit des Ehepaares, daß die Ehe trotz dieser vielseitigen Belastungen keinen Schaden gelitten hat. Zu Silvester 1953 hat Julius Raab seiner Frau den zu Beginn zitierten

Liebesbrief geschrieben. Und für sie war er immer der über alles geliebte Julei geblieben.
Durch die Krankheit war Hermine Raab nun korpulenter geworden, ihrem Wesen nach ist sie aber die gleiche geblieben, berichtet Maria Enzinger: »Ihre schlanke graziöse Figur war zwar dahin, trotzdem wirkte sie dank einer vorzüglichen Schneiderin immer elegant. Nach wie vor bewundernswert blieb ihre noble, zurückhaltende Liebenswürdigkeit.«
Am 5. November 1955 genoß Hermine Raab an der Seite ihres Kanzler-Gemahls die Wiedereröffnung der Wiener Staatsoper. Gespielt wurde die Oper der über alle Tragödien hinausweisenden Gattentreue: Beethovens »Fidelio«.
Am 14. Mai 1958 überreichte der päpstliche Nuntius Giovanni Dellepiane Frau Raab das ihr vom Vatikan verliehene Ehrenkreuz »Pro Ecclesia et Pontifice«, einen hohen kirchlichen Orden. Dieser Festtag war für sie bereits von der wachsenden Sorge um die Gesundheit ihres Mannes überschattet.
Julius Raab hatte am 31. August 1957, während der Eröffnung des Volksfestes in Ried im Innkreis, einen leichten Schlaganfall erlitten, der zunächst einen längeren Krankenhausaufenthalt bei den Barmherzigen Schwestern in Linz erforderlich machte, gefolgt von einigen Wochen der Rekonvaleszenz im Mutterhaus der Barmherzigen Schwestern im Laab im Walde, Bezirk Mödling. Seine Frau war bei ihm. Die Amtsgeschäfte am Ballhausplatz und sein unermüdlicher Einsatz verhinderten jedoch eine Wiederherstellung seiner Gesundheit auch in den folgenden Jahren. Julius Raab starb am 8. Jänner 1964 in dem von ihm so geschätzten Floridsdorfer Krankenhaus.
Nun war seine Witwe mehr denn je auf Schwester Gerarda angewiesen. Sie hatte jegliche Vollmacht, sie traf die Entscheidungen.

Zur Überraschung der Freunde und Verwandten verkaufte Frau Raab wenige Jahre nach dem Tod ihres Mannes das Haus in der Sauerburggasse 8, um sich auf Anraten der Pflegerin in Laab im Walde, Herborngasse 6, ein neues Haus bauen zu lassen. Sie würde es dort in der guten Luft, abseits von Lärm und Smog der Großstadt, gesundheitlich besser haben, meinte die Pflegerin. Der Ort wurde auch wegen der Beziehung Hermine Raabs zum Kloster der Barmherzigen Schwestern gewählt.
Schwester Gerarda zeichnete die Pläne für das eingeschossige, 250

Quadratmeter Wohnfläche umfassende Haus, in dem die Zimmeranordnung mit der im Haus Sauerburggasse 8 übereinstimmte, so daß alle Möbel unverändert wieder verwendet werden konnten und die Patientin sich nicht umgewöhnen mußte. 1972 fertiggestellt, bezog die Kanzlerwitwe mit ihrer Pflegerin das letzte Domizil ihres Lebens. Von neugierigen Blicken durch einen großen Garten mit hohen exotischen Bäumen abgeschirmt, waren auch Besuche ab dieser Zeit – weil unerwünscht – rar geworden. Nur Maria Enzinger wurde noch öfters zu ihrer Firmpatin vorgelasssen: »Ich glaube, ich war der einzige Besuch, der das Haus betreten hat, weil sich dies Tante Minnerl ausdrücklich wünschte.«

Ihren 80. Geburtstag feierte Frau Raab bei den Barmherzigen Schwestern im Kloster. Hier durfte sie auch Gäste empfangen, unter anderen Frau Martha Taus, die Gattin des damaligen ÖVP-Obmannes, den Bürgermeister von Laab und natürlich Wahlnichte Maria Enzinger: »Frau Raab war an diesem Tag sehr glücklich, nur der Julei hat ihr gefehlt.«

Am 15. Juli 1980 ist Hermine Raab im 82. Lebensjahr im Krankenhaus zum Göttlichen Heiland in der Hernalser Hauptstraße gestorben, 16 Jahre nach ihrem Mann, zuletzt nur noch von ihrer eigenen Pflegerin betreut. Todesursache: Arterieller und venöser Verschluß der unteren Extremitäten. »Ihre Beine sind von unten hinauf abgestorben«, beschreibt Maria Enzinger.

Hermine Raab hat ihrem Patenkind noch ins Ohr geflüstert: »Meine Zeit ist aus, aber ich bin nicht traurig darüber, denn ich geh ja heim zum Vater, wo ich meinen Julius wiedersehen werde.«

Sie wurde im Ehrengrab ihres Mannes am Zentralfriedhof nahe der Luegerkirche bestattet.

Maria Gorbach

26. Juli 1893 – 8. Februar 1981

Wenn Dr. Alfons Gorbach im Mai 1964 die Wahlen ins Amt des Bundespräsidenten gewonnen hätte, wäre zum ersten Mal seit Renner wieder ein Mann mit vollständiger Familie an der Spitze des Staates zu sehen gewesen: Der Jurist und ÖVP-Politiker Gorbach mit seiner Frau Maria, seine verehelichte Tochter Dr. Alfonsa Mittag mit ihrem Mann Dr. Ernst Mittag und den drei Kindern in dritter Familien-Generation, Michael, Elisabeth und Stefan. Theodor Körner war Junggeselle gewesen, Adolf Schärf Witwer, und Gorbachs Gegenkandidat Franz Jonas, der die Wahlen schließlich gewann, hatte keine Kinder.

Familie war zu diesen Zeiten nämlich mehr als nur ein Symbol für Eintracht und Geborgenheit. Es wird die Familie ja gerne die kleinste Zelle im Staate genannt, von der aus sich Harmonie und Zusammenhalt bis nach oben in alle Etagen des Gemeinwesens übertragen sollen. Viel wird einer guten Familie abverlangt. Was aber, wenn Disharmonie, Zwietracht und Unfrieden von oben gesät werden? In diesem Jahrhundert mit den zwei verheerenden Weltkriegen, mit der Politik des Mißtrauens und den bewaffneten Feindseligkeiten im Ständestaat der Zwischenkriegszeit war es doch gerade umgekehrt. Es waren die Familien, es waren die unschuldigen Frauen und Kinder, die durch die sogenannte hohe Politik mit ihrem Haß in Not und Verzweiflung getrieben wurden. Keine einzige Familie ist verschont geblieben. Ein Wunder, daß dennoch so viele Ehen, so viele Familien über die Stürme der Ersten Republik und des Nationalsozialismus hinweg heil geblieben sind. Die Familie Gorbach ist eine von ihnen.

Die Frau des Bundeskanzlers Dr. Alfons Gorbach ist am 26. Juli 1893 als Maria Dolnicar in Graz zur Welt gekommen, sieben Jahre vor der Jahrhundertwende. Ihre Eltern stammten aus der Südsteiermark, dem deutschsprachigen Gebiet des späteren Jugoslawiens, aus Pettau. Marias Eltern führte in Graz einen gutgehenden Schneidersalon, in dem auch die Tochter nach Volksschule und Bürgerschule die Schneiderei von der Pike auf lernte. Der Salon beschäftigte in seinen besten Zeiten, vor und nach dem Ersten Weltkrieg, bis zu 20 Näherinnen.

Maria war eine blonde, zierliche, sehr hübsche junge Frau mit 29, als Leutnant Alfons Gorbach sie im Jahr 1922 in Graz auf der Tribüne einer Rollschuhbahn zum ersten Mal erblickte. Sie sah dem Treiben nur zu, als er ihr von einem Kameraden vorgestellt wurde. Gorbach war kein Grazer.

Er wurde am 2. September 1898 in Imst in Tirol geboren, als ältestes von sechs Kindern eines Stationsvorstehers der k. k. Eisenbahnen, der

1900 nach Wörschach im Ennstal versetzt worden war. Auf Wunsch seines Vater, der ein überzeugtes Mitglied der Christlichsozialen Partei war, sollte Alfons Priester werden, weshalb er das fürstbischöfliche Gymnasium in Graz besuchte. Er entschied sich jedoch anders und rückte noch vor Abschluß des Gymnasiums zum Infanterieregiment 7 ein, dem Klagenfurter Hausregiment, und wurde sofort an der Isonzofront eingesetzt. Während der 2. Isonzoschlacht wurde er schwer verwundet und verlor ein Bein. Noch vor dem Ende des Krieges machte er die Kriegsmatura und studierte anschließend Jus an der Grazer Universität. Schnell schloß er das Studium ab und wurde Jurist bei der Invalidenentschädigungskommission in Graz.
Aufgrund seiner Beinprothese war er nicht selbst unter den Rollschuhfahrern, als er Maria traf. Auch ihre Heiterkeit war damals nicht eben überschäumend. Sie trug Schwarz, da ihre Mutter kurz zuvor gestorben war. Maria war die jüngste Schneidermeisterin von Graz und hatte gerade den Modesalon ihrer Eltern übernommen, den sie bis ins Jahr 1933 alleine weiterführte. Geheiratet haben der Jurist und die Schneidermeisterin 1924, zwei Jahre, nachdem sie einander kennengelernt hatten. Sie fanden eine Wohnung in der schönen Fischer-von-Erlach-Straße, einer Seitengasse der noblen Herrengasse, inmitten der Inneren Stadt von Graz, gleich gegenüber der Stadtpfarrkirche.
Am 10. Juni 1925 kam ihr einziges Kind zur Welt. Während der ganzen Schwangerschaft hat nie ein Zweifel daran bestanden, daß es ein Sohn sein würde, ein Alfons. Als es dann ein Mädchen wurde, war die Mutter zuerst enttäuscht, was würde der Vater dazu sagen? Doch der hat sich sofort in sein Töchterchen verliebt. Er hat die Kleine angesehen und gesagt: »Mein Gott, ist die lieb! Dann machen wir halt eine Alfonsa draus!« Zu einem Sohn ist es nicht mehr gekommen. Alfonsa hat jedoch nie zu spüren bekommen, daß eigentlich ein Bub erwünscht gewesen war. Die Tochter: »Ich habe sowohl zu meinem Vater wie zu meiner Mutter ein phantastisches Verhältnis gehabt. Es wurde mir keine Sekunde der Eindruck vermittelt, als Mädchen nicht willkommen gewesen zu sein.«
Gorbach wurde zuerst Gemeinderat, dann Landesrat in Graz, und schließlich, auf Wunsch von Ständestaat-Kanzler Dollfuß, Landesführer der Vaterländischen Front in der Steiermark. Aufgrund seiner kaisertreuen, patriotischen Gesinnung war er entschiedener Gegner sowohl der Sozialdemokratie als auch des aufkeimenden Nationalsozialismus, den er in Wort und Schrift schärfstens bekämpfte.

Gorbach wagte sich in seiner Kritik des Nationalsozialismus weit vor. Vor dem Besuch Kanzler Schuschniggs bei Hitler am Obersalzberg fuhr er eigens noch nach Wien, um Schuschnigg darin zu bestärken, gegenüber den Nationalsozialisten Deutschlands nicht allzu nachgiebig zu sein. Er wußte zu diesem Zeitpunkt noch nicht, daß einer der Verhandlungspunkte am Obersalzberg darin bestehen würde, Schuschnigg müsse Gorbach von der Steiermark abziehen. Als die Mission Schuschniggs, Österreich als selbständigen Staat zu retten, gescheitert war, rief Gorbach seine Frau in Graz täglich aus Wien an, um ihr mitzuteilen: »Ich erwarte stündlich meine Verhaftung!« – wozu es nur zwei Tage nach dem Einmarsch der deutschen Truppen im März 1938 auch tatsächlich kam. Gorbach wurde festgenommen und kam mit dem ersten Abtransport politischer Gefangener ins Konzentrationslager Dachau. Dort blieb er für volle fünf Jahre und acht Monate.

Tochter Alfonsa, die zu Beginn des Krieges 14 Jahre alt war, erinnert sich: »Jetzt kam die schwerste Zeit für meine Mutter. Vor dem Ereignis war sie noch blond, nun ist sie binnen weniger Monate schlohweiß geworden. Von jetzt an habe ich sie fast nur noch weinend und verzweifelt gesehen.« Den Schneidersalon konnte sie in der Nazi-Zeit nicht mehr betreiben. Die Gorbachs waren in Graz, damals eine Hochburg des Nationalsozialismus, geächtete Leute.

Gorbach fand später über die Jahre seiner Gefangenschaft heroische Worte: »Ich mußte durch den Feuerofen der Bewährung gehen. Und ich habe meine Frau und mein Kind mit hineingezogen.«

Bedenkt man die schweren Fehler des Austrofaschismus – Ausschaltung der Demokratie, Verbot der Sozialdemokratischen Partei –, so mag die »Feuerprobe der Bewährung« für die beteiligten Männer vielleicht sinnvoll gewesen sein. Wofür aber mußten die unbeteiligten Frauen leiden, die sich doch ohnehin stets bewährt hatten?

Fünf Jahre und acht Monate war Frau Gorbach nun auf sich allein gestellt. Die vollen Kriegsjahre hindurch kannte sie nur Angst und Verzweiflung. Freunde von früher hatten sie verlassen oder konnten ihr nicht mehr helfen. Zur materiellen Not kamen Hoffnungslosigkeit und Sorge.

Es war nicht die Gefangenschaft des Ehemannes allein, die sie verzweifeln ließ, sie mußte um sein Leben fürchten. Durch seine Beinamputation war er erstens im besonderen Maße behindert und betreuungsbedürftig, zweitens aber auch höchst gefährdet, da mit Behin-

Maria und Alfons Gorbach

derten im Dritten Reich kurzer Prozeß gemacht wurde. Der Angst der Ehefrau, die Gefangenschaft könnte sein Leben kosten, war somit begründet. »Er war einmal, mitten im Krieg, nur knapp der Liquidierung entkommen. Damals mußten alle Gefangenen im Spalier vor einem SS-Arzt antreten, der über die Arbeitstauglichkeit der Häftlinge entschied. Die Kranken und Behinderten sollten von den Gesunden und Kräftigen getrennt werden. Gorbachs Freunde setzten ihre letzte Kraft darein, um Gorbach und seine Prothese unbemerkt durch die Kontrolle zu schleusen. Zwei hatten ihn untergehakt und versuchten, mit ihm zu laufen. Gorbachs Behinderung wurde freilich bemerkt, aber da kam in Gestalt eines ehemaligen Kapuzinerpaters ein Engel zu Hilfe«, weiß die Tochter aus Erzählungen. Dieser hatte anfangs die Idee des Nationalsozialismus so überzeugend gefunden, daß er aus dem Orden aus- und in die SS eingetreten war und im Lager Dienst verrichtete. Als er sah, so hat Gorbach hinterher seiner Frau und seiner Tochter berichtet, was dort mit den Menschen geschah, war er reumütig auf den Pfad der Anständigkeit zurückgekehrt. Er hatte verhindern können, daß Gorbach unter die »Lebensunwerten« eingeteilt wurde, indem er erklärte, daß er Gorbach als Mann mit der schönsten Schrift im Büro unbedingt brauche.

Auch Gorbachs Tochter hatte mit einer Reihe von Schikanen zu kämpfen. Sie war unter ihren Alterskolleginnen eine Angefeindete: »Die Mädchen meiner Klasse waren sehr herzlos zu mir, haben mir meine Sachen angespuckt, das Bild meines Vater am Galgen an die Tafel gezeichnet. Sie haben nicht mit mir gesprochen und sich von mir abgewandt, weil die Klassensprecherin, eine BDM(Bund deutscher Mädchen)-Führerin, gesagt hat, mit einer Gorbach spricht man nicht.« Ab der 3. Klasse Mittelschule weigerte sie sich, dem BDM beizutreten: »Ich bin nicht dazugegangen. Sondern habe erklärt, wenn mein Vater aus Dachau zurückkommt, trete ich bei. Vorher sehe ich dazu keine Veranlassung.«

Die Nachrichten über das Lager Dachau ließen das Schlimmste vermuten, so daß Frau Gorbach es nicht länger aushielt und kurz entschlossen für acht Tage in die Reichshauptstadt Berlin fuhr, um dort am Reichssicherheitshauptamt um Haft-Erleichterungen für ihren Mann anzusuchen. Sie ließ sich nicht abweisen, verfaßte Bittschriften und Eingaben, jedoch vergeblich. Die Auskunft lautete immer, man könne für ihn nichts tun, er müsse als Feind des Nationalsozialismus weiter in »Schutzhaft« bleiben.

Hinterher meinte Maria Gorbach, sie hätte nicht nur nichts erreicht, sondern durch ihre Vorsprache ihrem Mann sogar noch geschadet, und darüber war sie doppelt verzweifelt. Durch eine unglückliche Fügung wurde Alfons Gorbach nämlich unmittelbar nach ihrem Besuch in Berlin für 102 Tage in Dunkelhaft gesteckt, die ihm fast das Leben gekostet hätte. Seine Frau konnte ja nicht wissen, was sich wirklich zugetragen hatte. Und auch Gorbach selbst hat den Grund für die überraschende Strafverschärfung immer nur vermuten können: Sie hatte aller Wahrscheinlichkeit nach mit den regelmäßigen geheimen Treffen zu tun, zu denen es im Lager unter den politischen Häftlingen – darunter auch Leopold Figl, Franz Olah und andere – immer wieder kam. Insgeheim hatten sich die österreichischen Häftlinge, sooft es ging, darüber unterhalten, wie sie nach ihrer Entlassung Österreich wieder aufbauen könnten. Die Legende besagt ja, daß es in den Lagern des Nationalsozialismus zur großen Versöhnung zwischen den vorher so verfeindeten Christlichsozialen und Sozialdemokraten gekommen sei. Und vieles daran dürfte stimmen. Bei einer dieser verbotenen Unterredungen wurden die Teilnehmer jedoch geschnappt. Gorbach meinte später, daß einer der Ihren die politischen Unterredungen in einem Folter-Geständnis verraten hätte. Die Wachmannschaft hatte erprobte Mittel, um zu solchen »Geständnissen« zu gelangen. Dem Befragten wurden die Hände am Rücken zusammengebunden, er mußte auf einen Stuhl steigen, die Schnur mit den verbundenen Händen wurde an der Decke befestigt und der Stuhl weggestoßen – durch die ruckartige Verrenkung wurden die Arme aus den Schulterblättern nach oben gerissen. Für Gorbach gab es für die Dauer von 102 Tagen nur jeden dritten Tag Brot und Wasser. Und wieder war es dieser Kapuziner in SS-Gestalt, der Gorbach das Leben rettete, indem er ihm jeden Tag verbotenerweise einen Laib Brot ins Gefängnis warf.

Von all den Bedrägnissen in Dachau hatte Frau Gorbach zu Hause freilich keine konkrete Vorstellung. Die spärliche Post aus dem Lager war zensuriert. Meist stand darin nur zu lesen: »Tilly geht es gut.« Gorbach hatte sich nämlich angewöhnt, über sich in der dritten Person zu reden: Tilly war sein Kneipname in der CV-Studentenverbindung.

Frau Gorbach und Tochter kämpften unterdessen in Graz um ihr tägliches Brot. Die beiden Sparbücher, die das Ehepaar besessen hatte, waren von der Gestapo konfisziert worden. Jedesmal, wenn sie etwas Geld brauchte – zum Beispiel für den Stoff zu einem neuen Wintermantel für die hochgeschossene Tochter – mußte Maria Gorbach zum Gestapo-Hauptquartier, wo sie nach peniblen Gesuchen etwas von ihrem Geld abheben durfte. Eine monatliche Unterstützung von 105 Reichsmark durch das bischöfliche Ordinariat in Graz erwies sich als lebensrettend.

Tochter Alfonsa erinnert sich: »Vater hatte Freunde, die Landwirte waren. Die haben uns oft ein Stück Schweinefleisch oder sonst was Eßbares gebracht. Das mußte uns in der Nacht unter allen nur erdenklichen Sicherheits- und Täuschungsvorkehrungen zugestellt werden, denn wenn die Gestapo etwas bemerkt hätte, wäre sie sofort da gewesen. Wir waren ständig überwacht. Wer spricht mit uns? Wer hält zu uns? Sofort wäre der Vorwurf der Konspiration erhoben worden.«

Dazu kam ein weiterer schwerer Schicksalsschlag für die Mutter. Alfonsa war als junges Mädchen immens in die Höhe geschossen. Mit 13 hatte sie bereits die Maße wie später als Erwachsene: Sie war 1,76 Meter groß. Sie war lang und dünn, hatte nie genug zu essen und bekam eine schwere Lungenentzündung. Sie spuckte Blut. »Ich habe geglaubt, ich muß sterben. So daß ich zu meiner Mutter sagte, bitte hol mir einen Priester.« Der Geistliche ist zwar gekommen, hat aber Abstand genommen, die Letzte Ölung zu spenden. »Nein, nein«, sagte er. »Da mach ma noch nichts. So schnell stirbt man nicht!«

Fest stand aber, daß das Mädel auf Erholung mußte. Jedoch wohin ohne Geld? Die Mutter schrieb ihrem Mann nach Dachau davon, und wieder half in höchster Not ein »Engel«. Ein Mitgefangener, dem der Vater von der kranken Tochter erzählt hatte, ließ ausrichten, er habe in Langenwang einen großen Besitz, wo die Tochter seines Freundes Gorbach jederzeit herzlich willkommen sei. Dort kam Alfonsa dann – mitten in der sechsten Klasse – für ganze sieben Wochen unter und nahm sieben Kilo zu, jede Woche eins.

Es war 1941, mitten im Krieg. Da Alfonsa immer eine Vorzugsschülerin war, mußte sie die Klasse nicht wiederholen, sondern bestand alle Prüfungen trotz der langen Abwesenheit. Das nächste Problem kam erst 1943, in der achten Klasse. Alfonsa durfte nicht maturieren, weil sie keine sechsmonatige BDM-Mitgliedschaft nachweisen konnte. »Es war mir aber damals gleichgültig, denn ich hatte ohnehin in ganz Österreich Studierverbot, nur weil ich Gorbach hieß.« Erst nach dem Krieg fand alles seine rechte Ordnung: »Da ich nur ein Gut und sonst lauter Sehr gut im Abschlußzeugnis der Achten hatte, wurde mir nach 1945 die Matura aus politischen Gründen zuerkannt.« Alfonsa Gorbach studierte dann Politikwissenschaft.

Es war eine schwere Zeit, täglich und stündlich. Frau Gorbach, ein zutiefst gläubiger und dem Guten zugewandter Mensch, wußte nicht mehr, wem sie trauen durfte und wem nicht. Wie sehr die Not der Bedürftigen obendrein auch noch ausgenutzt wurde, zeigt das Beispiel eines besonderen Gaunerstücks. Die Tochter war dabei: »Einmal kamen zwei Männer bei uns vorbei und sagten, sie kämen aus Dachau, wo sie mit meinem Vater zusammengewesen wären. Was nicht gestimmt hat, aber wir konnten es ja nicht überprüfen! Einer war scheinbar sehr gut informiert und hat meiner Mutter erklärt, ihr Mann bräuchte eine neue Prothese. Die alte sei kaputtgegangen, sie hätten ihm im KZ eine neue machen müssen. Er habe meinem Vater das Geld – 5 000 Reichsmark, eine unheimlich hohe Summe – für das künstliche Bein vorgestreckt und sei nun von meinem Vater beauftragt, sich das Geld bei uns zurückzuholen! So eine Gemeinheit! Meine Mutter rief den Bruder ihres Mannes an, er möge herkommen. Auch der unterhielt sich mit dem Gauner, und nach einer Stunde Ge-

spräch war auch mein Onkel überzeugt, daß dieser Mann tatsächlich mit meinem Vater im KZ gewesen sein mußte. Mein Onkel gab ihm das Geld, woher er es nahm, kann ich nicht sagen, denn es war sehr sehr viel für diese Zeit. Kaum war aber der Fremde weg, war auch schon die Gestapo da, denn wir wurden ja ständig überwacht. Meine Mutter mußte mitgehen, um über diesen Fremden Auskunft zu geben, der uns allerdings eingetrichtert hatte, nichts über ihn preiszugeben, da sonst der Vater in Dachau dafür büßen müsse. Es war schrecklich. Für uns heute unvorstellbar! Meine Mutter ist vollkommen gebrochen von diesem Verhör zurückgekommen und hat nur gesagt: ›Ich hab dort kein Wort mehr herausgebracht. Mein Mund war ausgetrocknet. Ich habe auf einmal keinen Speichel mehr gehabt.‹«
Daß die Begebenheit mit der Prothese ein hinterhältiger Betrug war, erfuhren Mutter und Tochter erst, als Gorbach im Jahr 1943 entlassen wurde. Er durfte für kurze Zeit als Schweißer in einer Fabrik arbeiten, kam aber nur zehn Monate später, nach dem mißglückten Attentat auf Hitler im Juli 1944, wieder in Haft – als potentieller Mitwisser und Mittäter. Nun kam er in ein noch berüchtigteres Lager nahe dem deutschen Städtchen Flossenburg. Waren in Dachau überwiegend politische Gefangene untergebracht, so waren im Lager Flossenburg alle Kapos internierte Kriminelle. Tochter Alfonsa: »Da hat mein Vater geglaubt, daß er nicht mit dem Leben davonkommen werde. Hier ließ ihn zum ersten Mal der Gedanke nicht los, daß ihn einer der Kapos umbringen würde.« Drei Monate später kam er jedoch wieder zurück nach Dachau, wo er dann bei Kriegsende im Frühling 1945 von den Amerikanern befreit wurde.
Im Juli 1945 kam Gorbach endlich nach Hause.
Ein Jahr vor Kriegsende war Frau Gorbach samt Tochter, die das Gymnasium schon abgeschlossen hatte, ins Haus der väterlichen Großeltern nach Wörschach ins Ennstal gezogen. Der Großvater war Bahnhofsvorstand, ist später aber christlichsozialer Bürgermeister der Gemeinde geworden. Am Land hatten sie es leichter mit der Lebensmittelversorgung.
Tochter Alfonsa erzählt: »Meine Mutter hat den Krieg und die Jahre des Alleinseins mit sehr viel Mut überstanden. Sie war mir in all der Zeit nicht nur eine sehr gute, sondern auch eine sehr strenge Mutter, wofür ich ihr heute noch dankbar bin. Ich habe viele Lebensregeln von ihr übernommen. Zum Beispiel sagte sie, schicke nie jemanden weg, der an deine Türe anklopft, es könnte Gott selber sein. Das den-

ke ich mir heute immer wieder, vor allem wenn die Leute sagen, sie geben nichts mehr her, sie hätten ohnehin schon so viel gespendet. Besonders geschätzt habe ich ihr Vertrauen zu mir. Sie hat immer gesagt: ›Ich weiß, du lügst mich nie an.‹ Das war eine große Verpflichtung für mich. Ich habe als junges Mädchen vielleicht das eine oder andere verschwiegen, nichts Bedeutendes. Aber wenn ich danach gefragt wurde, habe ich immer die Wahrheit gesagt. Das habe ich später auch von meinen Kindern so eingefordert.«

Als »Dank des Vaterlandes« für die Verwundung im Ersten Weltkrieg und fünf Jahre Dachau im Zweiten Weltkrieg erhielt Alfons Gorbach nach Kriegsende in Graz eine Tabaktrafik. Nach den Vorstellungen seiner Frau wäre dies ein ausreichendes Betätigungsfeld für ihn gewesen. Doch er stieg unverdrossen sofort wieder in die Politik ein und wurde bald Landesparteiobmann der ÖVP in Graz.

Eingedenk des Faktums, daß Politik ihr bisher nichts als Kummer und Leid eingebracht hatte, ist es verständlich, daß Maria Gorbach ihren Mann dringend und inständig bat, sich nicht wieder politisch zu betätigen. Doch schon gab es wieder die ersten Telefongespräche und die hektischen Zusammenkünfte einstiger Parteikollegen. Da sagte Maria Gorbach – auch unter Aufbietung ihres ganzen Zorns: »Alfons, wenn du wieder in die Politik gehst, lass ich mich scheiden!« Doch ihre Drohung blieb ungehört. Gorbachs Vater, selbst ein leidenschaftlicher Polit-Funktionär, Gründer des Fremdenverkehrsvereins, der Musikkapelle und Mitglied des Raiffeisenverbandes in Wörschach, quittierte den verzweifelten Appell der Schwiegertochter mit einem milden Lächeln: »Ja, Maria, dann mußt du dich eben scheiden lassen!«

Tochter Alfonsa hatte es begriffen: »Das Leben meines Vaters war Politik! Es half nichts, er konnte nicht von ihr lassen. Da war meine Mutter etwas frustriert, hat sich aber dann doch damit abgefunden. Denn über allem war sie doch glücklich, daß sie ihn überhaupt wiederhatte.«

Uneigennützig stand Maria Gorbach voll hinter ihrem Mann. Ihren Einfluß hat sie nicht in der Öffentlichkeit, sondern in ihren vier Wänden geltend gemacht. »Meine Mutter war ein wunderbarer Mensch«, erzählt Tochter Alfonsa. »Sie hat großen Einfluß auf meinen Vater gehabt. Aber zu Hause. Er hat sie zu allem befragt, weil er ihre Menschenkenntnis geschätzt hat. Wenn sie ihm dann und wann riet, vorsichtig zu sein, hat er auf sie gehört. Sie hat sehr großen Anteil an seinem Leben genommen.«

Die Tochter begann Politikwissenschaft zu studieren, mit der Absicht, mit diesem Fachstudium auf die Konsularakademie umzusteigen. Sie lernte jedoch auf der Hochschule ihren künftigen Mann, Dr. Ernst Mittag, kennen und hat bald geheiratet. Das Studium hat sie vorher noch mit dem Doktorat abgeschlossen, dann verließ sie das Elternhaus und zog mit ihrem Mann, dem späteren Direktor bei den Steyr-Werken, nach Linz.
Auch die Eltern waren mittlerweile in Graz von der Fischer-von-Erlach-Straße in eine größere Wohnung in der Brunngasse im Universitätsviertel umgezogen. Freunde, denen sie ihre alte Wohnung vor Kriegsende, während sie in Wörschach waren, geliehen hatten, baten darum, in der Wohnung bleiben zu können. Die Gorbachs mußten sich um eine neue umschauen.
Bald stellte sich die Wohnfrage aber ohnedies neu. Von 1961 bis 1964 wird Alfons Gorbach Bundeskanzler. Unter der Woche lebt er nun in einer Wohnung an der Brandstätte in Wien, gegenüber dem Stephansdom. Die Fahrten zwischen Bundeskanzleramt und Hauptwohnsitz Graz wurden mit dem Auto bewerkstelligt.
Auch Maria Gorbach verbringt nun viel Zeit mit ihrem Mann in der Bundeshauptstadt. Aber sie geht nicht eben gerne aus, begleitet ihn nur zu den allernotwendigsten Repräsentationen, etwa zum Dinner für Königin Juliane der Niederlande mit Prinzgemahl Bernhard im Schloß Schönbrunn. Hatte sich die zierliche Frau Gorbach aber einmal entschlossen, an der Seite ihres Mannes zu repräsentieren, dann konnte sie, wie Augenzeugen bestätigen, sehr viel Charme entwickeln. So erzählte der Kanzler seiner Tochter einmal ziemlich konsterniert, wie flott die Mama doch mit Prinz Bernhard geflirtet habe.
Das große Kulturangebot in Wien hatte es ihr allerdings angetan. Gorbach selbst war kein Theatergeher, aber seine Frau machte von der allzeit zur Verfügung stehenden Kanzlerloge häufig Gebrauch. Vor allem ging sie gerne in die Oper und nahm dazu häufig Tochter und Schwiegersohn mit.
Beim weltweit vielbeachteten Gipfeltreffen zwischen John F. Kennedy und Nikita Chruschtschow 1961 in Wien war Frau Gorbach nicht dabei, hier überließ sie gleichfalls der Tochter den Platz an der Seite des Kanzlers. Wie auch der damalige Bundespräsident Adolf Schärf von seiner Tochter Dr. Martha Kyrle begleitet war. Hier weichen die Erinnerungen der beiden First Ladies etwas voneinander ab. Sowohl Gorbachs als auch Schärfs Tochter waren bei dem großen Dinner für

Damen im Hotel Imperial zugegen. Und während sich Dr. Kyrle an eine strahlende Jackie Kennedy und eine eher unbeholfene, des Englischen kaum mächtige Nina Chruschtschowa erinnert, hatte Dr. Mittag den fast gegenteiligen Eindruck gewonnen: »Wahnsinnig interessant war zu beobachten, daß Frau Chruschtschowa wesentlich selbstbewußter agierte als die bildschöne Jackie, die durch die Pracht im Imperial, in Schönbrunn und überall in Wien überwältigt war. Sie hat nicht mehr als nur ›wonderful, wonderful‹ von sich gegeben. Während sich die Chruschtschowa trotz ihrer kleinen und rundlichen Figur und ihrem winzigen Knöderl im Haar mit großer Sicherheit bewegte. In fließendem Englisch hat Nina uns von ihrem Bauernhof daheim erzählt und was für ein guter Familienvater Chruschtschow doch wäre. Man konnte sich bei der Erzählung des Gedankens an die vielen Menschen nicht erwehren, die er auf dem Gewissen hatte, während er daheim ein herzensguter Mensch gewesen sein soll.«

Die Amtszeit von Kanzler Gorbach währte nur drei Jahre, 1964 wurde er durch die Reformer in der eigenen Partei, allen voran durch den späteren Bundeskanzler Dr. Josef Klaus, abgelöst. Obwohl ihr Mann nun ungebundener sein würde, hat der abrupte Abschied der stets mit ihrem Mann mitfühlenden Ehefrau Maria Gorbach dann doch gekränkt.

Tochter Alfonsa nennt die Dinge beim Namen: »Meine Mutter stand stets in der zweiten Reihe und hat sich nie eingemischt. Als ihn dann eine Gruppe in der ÖVP so enttäuscht hatte, litt sie sehr mit ihm.«

Nur ein Jahr danach, im Februar 1965, hat die undankbare ÖVP Gorbach dann doch wieder für hohe Aufgaben ausersehen. Sie bestimmte nach dem überraschenden Tod des Bundespräsidenten Adolf Schärf den überzeugten Großkoalitionär und Versöhnungspolitiker Gorbach als ihren Kandidaten zur Wahl des Bundespräsidenten. Gegenkandidat war Franz Jonas, Bürgermeister von Wien. Jonas gewann mit nur rund 82 000 Stimmen Vorsprung, ein Fußballstadion voll.

Trotz der Freude über das hohe Vertrauen, das ihm die Bevölkerung entgegenbrachte, schmerzte die Niederlage ihn und die Seinen sehr. Danach wurde es still um Alfons Gorbach. Mehr und mehr zog er sich in seine steirische Heimat zurück. Er starb am 31. Juli 1972, im Alter von 73 Jahren.

Tochter Alfonsa verkaufte das mittlerweile von ihrem Vater in der Brunngasse erworbene Mietshaus, tauschte die Tabaktrafik in Graz gegen eine in Linz und nahm ihre Mutter zu sich nach Oberösterreich.

Auch Alfonsas Ehemann, Dr. Ernst Mittag, war zu diesem Zeitpunkt bereits gestorben. Im Alter von 52 Jahren war er einem Herzinfarkt erlegen. Alfonsa Mittag war im Alter von 48 Jahren, nach 23 Jahren harmonischer Ehe, Witwe geworden. Ihre drei Kinder Michael, Elisabeth und Stefan standen alle drei in Studium und Ausbildung.

So wie sie selbst, hatte auch ihre Mutter anfangs großes Heimweh nach Graz. Maria Gorbach fühlte sich in Linz zunächst entwurzelt, aber – so traurig es klingt – bald war ihr Heimweh durch die vordringliche Sorge wegen eines Oberschenkelhalsbruches abgelenkt. Als Maria Gorbach wieder gehen konnte, freundete sie sich mit anderen Damen des Linzer ÖVP-Seniorenbundes an und fuhr noch auf einige Ausflüge mit.

Am liebsten aber waren ihr die Familienzusammentreffen in Wörschach in dem Haus, das Alfons Gorbach dort 1962 neu gebaut hatte: eine große Villa mit vielen Gästezimmern und einem Schwimmbad. Dort kam und kommt die ganze Familie jeweils zu Weihnachten, Ostern und in den großen Ferien zusammen.

Maria Gorbach lebte nach dem Tod ihres Mannes noch neun Jahre. Sie war altersbedingt in den letzten Jahren ziemlich verwirrt. Die Tochter pflegte sie gemeinsam mit einer Heimhilfe: »Nach jeder Durchblutungsstörung ist es geistig schlechter gegangen. Ihre letzten zwei Lebensjahre hat sie mich nicht mehr erkannt.«

»Meine Mutter saß da mit einem Gesicht wie eine Porzellanpuppe«, erzählt die Tochter. »Sie hatte überhaupt keine Falten.«

Zum Jahreswechsel 1980/1981 – die Familie war in Wörschach versammelt – hat sich Frau Gorbach nicht mehr wohl gefühlt. Am 5. Jänner kommt sie ins Landeskrankenhaus Graz. Am 8. Februar 1981 stirbt sie im 89. Lebensjahr, bis zuletzt geliebt, betreut und umringt von ihrer Tochter und ihren Enkelkindern.

Maria Gorbach wurde in der Familiengruft in Wörschach begraben, die Alfons Gorbach dort für die Seinen hatte errichten lassen.

Als Alfonsa Mittag Erinnerungen an ihre Mutter für dieses Buch erzählt, ist sie selbst schon rüstige 73 Jahre alt. Ihr ganzes Glück sind ihre drei Kinder, die sieben Enkelkinder und das Refugium in Wörschach.

Erna Klaus

geb. 2. April 1914

Dr. Josef Klaus, Bundeskanzler von Österreich in den Jahren 1964 bis 1970, hat nach seinem Rückzug aus der Politik ein dickes Buch geschrieben: »Macht und Ohnmacht in Österreich«, das einen gelassenen, ja gelegentlich heiteren Blick zurück auf sechzig erfüllte Jahre seines Lebens wirft. Rührend schreibt er von seiner Kindheit in Mauthen, Kärnten, seiner Gymnasialzeit in Klagenfurt, seiner Promotion zum Dr. iuris im studentisch bewegten März 1934 in Wien, berichtet von seinen ersten politischen Sporen zwei Jahre als Sekretär des Präsidenten des ständestaatlichen Gewerkschaftsbundes und weiteren zwei Jahren als Mitarbeiter in der Volkswirtschaftlichen Abteilung der Wiener Arbeiterkammer rund um den großen Ökonomen Benedikt Kautsky, wo er Kenntnisse und Erfahrungen sammelte, und weiter von seiner Tätigkeit als Wirtschaftsjurist in einer Wiener Holzfirma nach dem März 1938 sowie von seiner Einberufung in den Zweiten Weltkrieg im Juni 1939, den er bis zur bitteren Neige durchdiente.
Als er am 26. April 1945 in amerikanische Gefangenschaft geriet, sind wir bereits auf Seite 31 dieses Buches, Josef Klaus ist 35 Jahre alt, und wir erfahren von seiner Heimkehr aus dem Krieg:
»Am 10. November 1945 fuhr ich mit dem Autobus von Salzburg nach Taxach. Ich kam heim in einer abgeschabten, olivgrünen PW-Jacke, mit einem verschnürten Pappkarton in der Hand. Ich wog nur noch 48 Kilo. Meine Frau und die vier Kinder hatten sich den heimkehrenden Vater wohl anders vorgestellt.«
Wo kommen da plötzlich Frau und vier Kinder her, von denen der Leser bisher noch kein Wort vernommen hat? Auch sonst wird Ehefrau Erna Klaus, geborene Seywald, nur an wenigen Stellen des Erinnerungsbandes kurz erwähnt, meist nur dann, wenn es galt, bei Staatsbesuchen und politischen Empfängen anwesend zu sein. Haben Ehefrauen in politischen Biografien nur wenig verloren? Wird davon ausgegangen, daß Privates den Leser nichts angeht oder nicht interessiert? Durch sein eigenes Buch vermittelt Dr. Josef Klaus den Eindruck, ein patriarchaler Familienmensch zu sein, dessen Frau weit im Hintergrund steht.
Wie anders war dann das Erlebnis der ersten Begegnung mit Dr. Klaus. Der Altbundeskanzler, nun bereits 88 Jahre alt, erlaubte mir, ihn im Seniorenheim der Wiener Kaufmannschaft in der Hartäckerstraße 45 im 19. Wiener Gemeindebezirk zu besuchen, in dem er seit 1995 mit seiner Frau, nun im 85. Lebensjahr, wohnt. Durch eine Krankheit, die sie ans Bett zwang, und eine gerade durchgestandene

schwere Operation war es leider nicht möglich, Frau Klaus selbst in ihrem Zimmer aufzusuchen. Dies war aber auch – wie sich herausstellen sollte – nicht unbedingt nötig. Sie hätte keinen besseren Biografen als ihren Mann finden können.

Voll der Wärme entwarf er im Gespräch ihr Porträt, voll erfrischender Zuneigung kamen ihm immer wieder neue Facetten und Anekdoten in den Sinn. Das Gespräch, das »auf einen kleinen Kaffee« anberaumt war, dauerte ganze drei Stunden – die Zuhörerin gewann am Ende staunend den Eindruck, eine Lektion in ehelicher Liebe und Wertschätzung erhalten zu haben, die – man möchte es nicht fassen – nach 63 Ehejahren im Alter nur noch intensiver geworden waren. Altbundeskanzler Klaus erwies sich als großer Herr, der sein Leben nach der Politik ganz in den Dienst seiner Ehefrau und seiner nun schon auf 25 Mitglieder (samt fünf Urenkeln) angewachsenen Großfamilie gestellt hat.

Das Bild vom ritterlichen Begleiter und Beschützer war keine Illusion. Am Tag seines Abschieds aus dem Bundeskanzleramt hatte Josef Klaus geschworen, seine Frau in Zukunft für all jene Tage und Stunden zu entschädigen, die sie miteinander versäumt hatten, und ihr die Zeit der Gemeinsamkeit zurückzugeben, die sie aufgrund der sieben Jahre in Krieg und Gefangenschaft und während seines totalen Engagements durch zwei Jahrzehnte in der Politik vermissen mußte. Und er hat seinen Vorsatz wahr gemacht. Von heute auf morgen war der Politiker Klaus ausschließlich nur noch Privatmann an der Seite seiner Frau.

Es war ihm ein Vergnügen, für dieses Buch selbst mit der Schreibmaschine auf zwei Seiten Papier ein Porträt der Mutter seiner fünf Kinder zu entwerfen:

»Erna Klaus, geboren am 2. April 1914 als viertes und jüngstes Kind von vielbeschäftigten, erfolgreichen Eltern, Norbert und Luise Seywald, die das führende Kaufhaus in Hallein besaßen. Die anderen Geschwister waren um vieles älter, so daß nur bescheidenes Spielzeug und Bilderbücher zur Unterhaltung herhalten mußten. Unter diesen kam aber bald als rettender Engel das Buch ›Die Heiligen Stätten‹ mit vielen Bildern aus dem Heiligen Land zu Hilfe. Immer wieder verlangte sie danach, die noch nicht lesen, dafür aber unbegrenzt ihrer Sehnsucht nach fernen Ländern und dem, was hinter den Dingen steckt, freien Lauf lassen konnte, die ›Heiligen Stecken‹, wie sie es nannte, zu betrachten. Dieses erste für sie zeitlebens typische Bucherlebnis über die Einheit des irdischen und himmlischen Jerusalem wurde so zur wichtigsten Komponente ihrer Persönlichkeit.

Nach der Volksschule bei den Halleiner Schulschwestern kam sie in das Realgymnasium Linz und in ein weltlich geführtes Schülerheim am Römerberg, das über dem Tor in großen Lettern Richard Wagners ›Heil Dir Sonne, Heil Dir leuchtender Tag‹ kündete. Nach zwei Jahren hatte das feuchte Klima der Donaustadt ihrer an sich zarten Gesundheit so mit einem starken Asthma zugesetzt, daß sie in das Mädchenpensionat der Kreuzschwestern nach Orth bei Gmunden übersiedeln mußte.

Diese Orther Jahre waren geprägt vom damaligen engherzigen Geist der Klosterschulen, dem sie sich schwer und nur so weit es disziplinär notwendig war, unterordnete. Ansonsten aber führte sie dort ihr eigenes geistiges und religiöses Leben fort und zeigte dabei schon damals, daß es ihr nicht an Mut fehlte, auch dann die Wahrheit zu sagen, wenn diese für Vorgesetzte oder Kolleginnen unangenehm wurde, sobald es ihr Gewissen und ihre früh entwickelte Menschenkenntnis verlangten.

In den Sommerferien war es üblich, daß sich Freundinnen gegenseitig einluden. So geschah es, daß Erna Seywald nach der sechsten Klasse im kärntnerischen Mauthen Gast im Heimathause der Klassenkameradin Trude Ortner war und dem Sohn des Nachbarhauses, dem Jusstudenten Josef Klaus, in ihrem reizenden Henndorfer Dirndl und mit ihren wunderbaren großen blauen Augen auf den ersten Blick so gefiel, daß es zu einer großen, lebenslangen Liebe und drei Jahre danach zur Heirat kam.«

Dieses Henndorfer Dirndl aus dem Salzburger Flachgau sollte später noch zu politischen Ehren gelangen. Als Landeshauptmann von Salzburg ließ Dr. Klaus so ein Dirndl der liebenswerten Natascha, Tochter des Staatspräsidenten der Sowjetunion, Nikolai Wiktorowitsch Podgorny, als Geschenk überreichen, als dieser 1965 anläßlich eines Staatsbesuches in Österreich weilte und in Begleitung von Klaus auch das Wasserkraftwerk Kaprun und Gastein besichtigte.

1934 maturierte Erna Seywald in Orth und begann ein Medizinstudium in Innsbruck. Josef Klaus promovierte zur gleichen Zeit in Wien zum Dr. iuris, absolvierte sein Gerichtsjahr zur Hälfte und trat seine erste Berufsstelle beim ständestaatlichen Gewerkschaftsbund an.

Bei Erna und Josef Klaus ging alles sehr schnell. Geradezu selbstverständlich brach Erna Klaus schon vor der Hochzeit ihr Medizinstudium in Innsbruck ab und inskribierte in Wien Psychologie, vornehmlich Kinderpsychologie, aber auch Literaturgeschichte und Archäologie. Dr. Klaus: »Meine Frau wäre eine großartige Ärztin geworden,

Erna und Josef Klaus

die Kinder und ich selbst haben das oft und oft verspürt. Als Ehrenname in der Familie war ihr daher scherzhaft ›Frau Primaria‹ zuerkannt!« Daneben besuchte Erna Klaus das vom Erzbischöflichen Ordinariat eingerichtete Laienjahr, wo sie u. a. Karl Rahner, Franz König, Pater Soukup und den Gründer der »Neuland«-Jugendbewegung, Michael Pfliegler, als hervorragende Lehrer kennenlernte.
Geheiratet wurde am 20. September 1936 in der Salzburger Kirche zu Mülln. Auf Hochzeitsreise ging es über Venedig nach Rom zur ersten Papstaudienz des Paares bei Pius XI., der sie gemeinsam mit 300 Hochzeitspaaren in Castel Gandolfo empfing. Es folgte ein verkürzter Aufenthalt in der Pension des Alberto Matera in Sant Angelo auf Ischia. (Später sollte das Ehepaar auch von Pius XII. und anläßlich der goldenen Hochzeit 1986 von Johannes Paul VI. in Privataudienz empfangen werden.)
Um die Tüchtigkeit und das von ihrem Vater ererbte kaufmännische Talent sowie die Sparsamkeit seiner Frau zu demonstrieren, erinnert sich Josef Klaus an eine Begebenheit im Jahr 1937, als seine Schwe-

ster Hilde heiratete und sich mit dem kleinen Erbe der Mutter – sie war 1935 gestorben – eine Aussteuer kaufen wollte. Zu dem Zweck kam Hilde Klaus eigens nach Wien zu ihrer Schwägerin Erna, die mit ihr in das Einrichtungshaus Haber auf der Mariahilfer Straße loszog. Josef Klaus arbeitete damals schon in der Volkswirtschaftlichen Abteilung der Arbeiterkammer und sollte nach Dienstschluß zu den einkaufenden Damen stoßen. Nun hatte Erna zwar den Kaufmannsberuf ihrer Eltern gehaßt, weil diese dadurch nie genug Zeit für sie hatten, aber das kaufmännische Blut ihres Vaters hatte sie geerbt. Als Klaus im Kaufhaus Haber ankam, sah er »wie von einem modernen Künstler hingestellt zwei müde, matte Figuren« vor einem eineinhalb Meter hohen Berg von Paketen, Schachteln und allerhand brauchbaren Sachen sitzen. Aufgeregt kam ihm der eine der Brüder Haber entgegengelaufen mit den Worten: »Sie, ich möchte Ihre Frau sofort als Direktrice einstellen, so etwas Tüchtiges habe ich noch nie gesehen.«
Josef Klaus wußte, was er an seiner Erna hatte: »Sie war in solchen Fällen sehr sachkundig und energisch, aber nie ironisch oder überheblich. Sie hatte zwanzig Prozent und mehr heruntergehandelt und somit resolut aus dem kleinen Erbe meiner Schwester doch etwas Ansehnliches gemacht. Es kommt ja immer darauf an, ob jemand gut wirtschaften und auch sparen kann.« Den Seitenhieb auf zwei Beispiele aus der Wirtschaft der jüngsten Vergangenheit verkneift er sich nicht: »Denn zur selben Zeit, wie der Konsum 16–20 Milliarden verwirtschaftete, hat der Billa 16–20 Milliarden erwirtschaftet. So ist es.«
Die Familie wächst erstaunlich rasch. 1937 kommt in Wien Sohn Michael zur Welt, 1939 in Hallein Tochter Uta Maria. Bei Kriegsbeginn weilt Erna Klaus mit den Kindern in ihrem Elternhaus. Dr. Klaus, der am Polenfeldzug teilnimmt, bekommt Urlaub, um bei der Taufe von Uta Maria dabei zu sein.
Erna Klaus hat die Kriegsjahre jedoch nicht ausschließlich in Hallein verbracht, sondern ging, als es im Elternhaus zu eng wurde, 1940 wieder mit Sack und Pack zurück nach Wien, wo das Paar in der Maria-Treu-Gasse vis-à-vis der herrlichen Fassade der Piaristenkirche eine schöne Wohnung gefunden hatte.
1941 kommt Sohn Norbert in Wien zur Welt. Erna kehrt mit den drei Kindern jedoch erst dann nach Hallein zurück, als ihr die Mutter eine Angestellte mit Koffern und Taschen nach Wien entgegenschickt und sie zwingt, nach Hause zu kommen. Das war 1944, als Wien bereits bombardiert wurde. Erna ging aber nicht in ihr Elternhaus, sondern

quartierte sich als Flüchtling bei einem Bauern auf dem Dürrnberg ein. Dort kommt am 29. März 1945 Tochter Hildegard, Iti genannt, zur Welt. Sie sollte das gesundheitliche Sorgenkind der Familie sein. Hildegard war ein sogenanntes Blaues Baby mit einem Herzfehler, und ihr galten die besondere Liebe und Zuwendung der Mutter.

Komplett ist die Familie 1948, als noch ein Sohn, Bernhard, in Hallein geboren wird. Ehemann Klaus: »Meine Frau war einzigartig und auch ein bißchen eigenartig zugleich. Sie hat fast jedes ihrer Kinder in der Wohnung zur Welt gebracht, immer mit Hebamme. Nur mit einem Kind, das sie im Elternhaus nicht so gut niederbringen konnte, ist sie ins Halleiner Spital gegangen. Dieses Natürliche an ihr, ihre oft überraschende Gewißheit, mit der sie Entscheidungen traf, war ihre große Besonderheit.«

Jetzt waren drei Söhne und zwei Töchter großzuziehen. Frau Klaus tat dies ganz alleine, ohne Köchin, später auch ohne Kindermädchen, ohne Kindergarten, ohne Nachhilfestunde – und ohne tätige Hilfe ihres Mannes, was sie ihm häufig vorwarf. Als einmal Iti als Schülerin im Obergymnasium mit einem partout nicht kapierten Problem aus der Mathematikstunde heimkam, konnte es ihr die mathematisch-naturwissenschaftlich hochbegabte Mama rasch erklären. Iti durfte daraufhin einige Klassenkameradinnen mit dem gleichen Anliegen nach Hause mitnehmen. Die Professorin, die davon erfuhr, sagte bei nächster Gelegenheit leicht erbost: » Jetzt kriegt ihr eine Aufgabe, die auch deine Mama nicht lösen kann ...«

Nur ein einziges Mal hat sich Erna Klaus in die Politik »eingemischt«. Das war noch in Salzburg, als Klaus Landeshauptmann war: Da drängte sie ihren Mann, Martha Weiser, die Frau des Malers Karl Weiser, die durch ihr besonderes soziales Engagement aufgefallen war, in den Landtag zu nehmen. Fast zur gleichen Zeit hatte ihn die ÖVP-Frauenbewegung auf das politische Talent Martha Weisers aufmerksam gemacht. Diesem Vorschlag konnte Klaus bereits stolz zustimmen: »Bei mir findet ihr offene Türen, denn ich bin schon von einer sehr maßgeblichen Persönlichkeit dazu beredet worden, nämlich von meiner Frau.«

Das war 1953, in einer noch ziemlich männerdominierten Zeit. Die übrigen Klubmitglieder wollten einer Frau in ihren Reihen nicht sofort zustimmen. Aber Klaus setzte seinen Vorschlag durch und brachte die erste Frau in den Landtag. Sie hat sich später als Stadträtin von Salzburg in kulturellen und sozialen Belangen ausgezeichnet.

Erna Klaus hat sich nie im Glanz und Ruhm der Ämter ihres Ehemannes (Salzburger Landeshauptmann 1949 bis 1961; Finanzminister 1961 bis 1963; Bundeskanzler 1964 bis 1970) gesonnt, im Gegenteil. Von Tochter Uta ist ein Spruch in Erinnerung, der das ganze Dilemma von Ehefrau Erna Klaus in einem Satz zusammenfaßt: Als Klaus von Bundeskanzler Alfons Gorbach 1961 als Finanzminister nach Wien geholt wurde, hat dies seine Tochter, damals Studentin in Wien, am Telefon ihrer Firmpatin, Baronin Karwinsky, mit folgenden Worten mitgeteilt: »Tante Lily, stell dir vor, der Vater wird Finanzminister, Mama wird wütend sein!« Dennoch folgte Klaus der Berufung: »Ich habe das Amt dann gegen den Willen meiner Frau angenommen und bin nach Wien gegangen.«

Während er die drohenden Milliardendefizite des Budgets 1961 sanierte (Klaus erwirtschaftete zweimal im Bundesrechnungsabschluß, 1961 und 1962, Überschüsse), hörte er zu Hause von seiner Frau immer das gleiche: »Du bist keine Hilfe für mich, ich stehe immer alleine da.« Er konnte den Kindern nie bei Schulproblemen beistehen. Und Erna Klaus erlitt das klassische Schicksal einer Politiker-Ehefrau: Es hat sie schlicht und einfach verdrossen, daß ihr Mann meist auch noch Samstag und Sonntag nicht zu Hause war.

Besonders empört war sie, als er nicht einmal genügend Zeit fand, mit ihr die silberne Hochzeit gebührend zu feiern. Diese fiel in den September 1961, in die heißeste Zeit der Sanierung des schiefgelaufenen Budgets 1961 und der Budgetplanung für 1962. Er war mit Arbeit eingedeckt. Was sollte er tun? Da bot er ihr einen Kompromiß an. Er hatte im Ministerium in der Himmelpfortgasse, dem ehemaligen Stadtpalais des Prinzen Eugen, die kleine Kapelle renovieren lassen und bat den befreundeten Dompfarrer Dorr, er möge ihm und seiner Frau und einigen Beamten des Präsidiums aus Anlaß der Silberhochzeit dort eine stille Messe lesen. Seine Frau bat er um Verständnis: »Es tut mir leid, ich kann nicht anders, als hier im kleinen Rahmen zu feiern, mit einem kleinen Frühstück danach.« Und so wurde es auch gemacht. Als er sie im Anschluß aber ziemlich abrupt verabschiedete – »Bitte, du mußt jetzt gehen, ich muß arbeiten« –, war sie gekränkt. Noch später meinte er: »Das hat sie mir nie verziehen.«

Als er 1963 das Amt des Finanzministers wegen Unstimmigkeiten mit Kanzler Gorbach und einigen anderen Ministern zurücklegte, fand Josef Klaus dann alsogleich Zeit, mit seiner Frau endlich die Reise anzutreten, von der sie von frühester Kindheit an geträumt hatte und die er ihr seit langem versprochen hat: »Sobald ich mich von den Fängen der Politik befreit habe ...« Sie fuhren an ihre »Heiligen Stätten«, nach Jerusalem, ins Gelobte Land. Zu einer Zeit, da die Altstadt von Jerusalem mit der Grabeskirche und der Via Dolorosa noch zu Jordanien gehörte, traten sie eine Schiffsreise von Neapel in den Libanon an und gelangten von Beirut mit Wüstentaxis über Syrien und Jordanien ans Ziel ihrer Sehnsucht: in das biblische Land, an den Jordan und »hinauf nach Jerusalem«. Schritt für Schritt ist das Ehepaar Klaus damals und nach 1970 noch zweimal auf den Spuren von Jesus, Maria, Johannes dem Täufer und all den Aposteln und Gefährten der Zeit gewandelt – es findet sich kaum ein anderer Israel-Reisender, der mehr von dieser Wiege des Abendlandes weiß und mit eigenen Augen gesehen hat als Herr und Frau Klaus.

Ähnlich wie 1937 beim Kauf der Ausstattung für ihre künftige Schwägerin war der aus Liebenswürdigkeit, Klugheit und Verhandlungsgeschick komponierten Persönlichkeit von Erna Klaus in Jerusalem ein fast unglaublicher Coup gelungen. Jerusalem war damals noch strikt in eine jordanische Ost- und eine israelische Westhälfte geteilt. Wer zum Beispiel aus Jordanien in den israelischen Teil wollte, mußte nach Zypern oder Ägypten fliegen, um dort ein Einreisevisum für Israel zu erwerben, was aus Zeit- und Kostengründen für das Ehepaar Klaus nicht möglich war. Während für ihn die Sache mit Verzicht auf Berg Sion, Haifa und Berg Karmel, Nazareth und Berg Tabor abgetan war, schickte sich seine Frau an, das Unmögliche möglich zu machen, um durch das Mandelbaum-Tor nach Israel zu gelangen. Vergeblich hatte man das Österreichische Konsulat und auch das angeblich in diesem Punkt findige Belgische Generalkonsulat und einige andere diplomatische Vertretungen um Hilfe gebeten. Josef Klaus hatte längst aufgegeben, da wurde auf Drängen Ernas noch einmal die jordanische Sicherheitsdirektion bestürmt, bis hinauf zum Chef wurde das Unmögliche begehrt: der Übergang durchs Mandelbaum-Tor. Und das Wunder geschah: Das Ehepaar Klaus bekam ein drei Tage gültiges Aus- und Rückreisevisum nach Israel mit der Verpflichtung, am dritten Tag genau um 15 Uhr die Zollstation wieder zu passieren. Der israelische Grenzbeamte staunte nicht wenig: »Das ist seit Jahren niemandem gelungen! Wie haben Sie das gemacht?«

Nach dem »irdischen Jerusalem« sah das Ehepaar nun zeitlebens das »himmlische Jerusalem« als Ziel vor sich. Beide sind tief im Glauben verwurzelt und voll innerer Harmonie mit der Lehre Christi. Scherzhaft, mit seiner Begabung zum feinen, trockenen Humor, pflegt Josef Klaus jedoch den Unterschied in ihrer persönlichen Religiosität zu erklären: »Ich bin der bessere Katholik, sie ist die bessere Christin.«

Die Teilnahme am kirchlichen Leben gestaltete sich für beide immer individuell. Sie gingen jeder den eigenen Weg eines aufgeschlossenen, weitherzigen und toleranten Christentums und blieben dabei den Traditionen und Lehren der Kirche treu.

Der unmittelbare Anstoß zur Reise zu den »Heiligen Stätten« war der Rückzug von der Politik und der Wunsch, sich nur mehr seiner Frau und den Kindern zu widmen. Dieses Vorhaben wurde aber bald durch das Drängen und Bitten seiner Freunde zunichte gemacht.

1963 löste Josef Klaus Alfons Gorbach als Parteiobmann und 1964 als Bundeskanzler ab. Im März 1966 erlebte er seinen größten politischen Triumph. Er führte seine Partei zur absoluten Mehrheit im Nationalrat und konnte daraufhin die erste ÖVP-Alleinregierung der Zweiten Republik begründen.

Doch schon eine Woche nach diesem Jubeltag traf die Familie Klaus schweres Leid: Tochter Hildegard, Iti, starb im Alter von nur 21 Jahren nach einer schweren Herzoperation an einer bakteriellen Infektion. Josef Klaus: »So liegen Glück und Leid, Freude und Trauer, Hosianna und Crucifige auch bei uns nahe beieinander!« Zur Erinnerung an Iti, die Germanistik studiert hatte, sammelte die Mutter deren heimlich entworfene Gedichte und Zeichnungen als Nachlaß in einem kleinen Lyrikband unter dem Titel »Ruf in der Dämmerung«. Schriftsteller Felix Braun, ein Freund des Hauses, besorgte die Auswahl, Philosoph Friedrich Heer schrieb das Schlußwort, in dem er das einfühlsame Ringen der jungen Lyrikerin mit der verzweifelten Suche einer ganzen Generation nach dem Sinn des Lebens gleichsetzte.

An den Repräsentationspflichten, die das Amt mit sich brachte, nahm Erna Klaus nun immer spärlicher teil. Nur bei den wichtigsten war sie an seiner Seite. Sie tat es aber nie besonders gerne. Auch auf dem Opernball sah man sie kaum, ihre Abwesenheit war den Parteifreunden ihres Mannes schon richtig aufgefallen. Wirtschaftskammerpräsident Rudolf Sallinger, dem es gelungen war, Frau Erna zu einer Weihnachtsfeier des Wirtschaftsbundes im Kursalon des Stadtparks zu bringen, hat Klaus danach gefragt: »Du hast doch eine schöne liebe Frau, warum tust du sie uns vorenthalten?«

Wo Erna Klaus erschien, war sie beliebt, wurde sie verehrt, aber sie hatte einfach keine Lust, in der Öffentlichkeit zu stehen. Der Haushalt, die Kinder, die Sorge um gesunde, geräumige und schön gelegene Wohnmöglichkeiten nahmen sie voll und ganz in Anspruch.

Solange die Kinderschar noch nicht flügge war, blieb Reisen kein reines Vergnügen, wie aus zwei Beispielen hervorgeht. Im Sommer 1958 hielten sich Uta Maria als Au-pair-Mädchen und Norbert als Ferialpraktikant in den Mercedes-Werkstätten in London auf, da packte Erna Klaus die zwei Jüngsten, Iti, 14, und Bernhard, 10, in den familieneigenen Volkswagen. Bis Brüssel konnte Josef Klaus sie chauffieren, dann aber ging es allein über den Kanal nach Hastings in Südengland in die Pension von Mrs. Norris, wo Iti und Bernhard frühzeitig Sprache, Gesellschaft und Kultur Englands kennenlernen und auch die anderen Geschwister treffen sollten. Zurück nach Salzburg fuhr dann die ungeübte, aber umso achtsamere Erna Klaus mit den Kindern allein.

Ähnlich verlief eine Familienfahrt im folgenden Jahr zu einem Bauernhof nach Trecesimo ans nördlichste Ende des Golfs von Venedig. Michael, 23, und Norbert, 18, fuhren mit dem Rad. Zwischentreffpunkt war San Daniele bei Udine. Am Abend des zweiten Reisetages fanden sie sich stolz und gesund in Trecesimo ein. Dann begannen drei herrliche Bade- und Kulturwochen, denn täglich konnten sie mit dem Vaporetto nach Venedig zu den bewunderten Kirchen und Palästen übersetzen, vor allem zum nahegelegenen vielgeliebten Torcello.

Zum großen Vergnügen der Kanzlergattin zählte später die ohnehin seltene Teilnahme an offiziellen Staatsbesuchen in die Nachbarländer, wenn es in Sonderzügen oder Sondermaschinen nach Jugoslawien, Ungarn, Bulgarien oder in die Sowjetunion ging. Der Altbundeskanzler legt jedoch Wert darauf festzuhalten, daß seine Frau nur dann mitfuhr, wenn dies ausdrücklich auf Einladung geschah und dem Staat daraus keinerlei Kosten erwuchsen. Die Teilnahme am letzten großen Staatsbesuch in den USA und Japan im April 1968 hat Josef Klaus für seine Frau selbst bezahlt. Den Beleg über den Betrag von 39947 Schilling für ihr Ticket von Wien über Paris, New York, Los Angeles, Honolulu nach Tokio hat Josef Klaus bis heute aufgehoben.

Es wäre allerdings falsch zu glauben, daß Erna Klaus in ihrem Leben nur Kinder und Haushalt betreut hätte – dies hieße ihr Temperament und ihren Unternehmensgeist, ihr lebenslanges Streben nach Bildung und ihre Liebe zur Kunst kraß zu unterschätzen. Sie hat sich im praktischen Leben glänzend bewährt. Eine ihrer besonderen Aufgaben als Mutter von fünf Kindern, die inzwischen herangewachsen waren, bestand auch darin, für die ständigen Übersiedlungen, zuerst in Salzburg, dann in Wien, und für Plätze der Erholung auf dem Land oder am Meer Grundbesitz zu erwerben. Die kinderreiche Familie Klaus hat es im Laufe der Zeit zwangsläufig auf zwölf Übersiedlungen gebracht, darin inkludiert Hauskäufe und -verkäufe, Anmietungen und Vermietungen. Das hat bei den Sozialisten Mißtrauen und Korruptionsverdacht erregt.

Es war um 1960, als das Ehepaar in den Cinqueterre an der ligurischen Riviera zwischen La Spezia und Genua ihr erstes Haus gebaut hat. In einem Buch über die »schönsten Hotels der Erde« hat Josef Klaus ein Hotel in Monte Rosso gefunden, wo er mit seiner Frau Urlaub machen wollte. Die beiden fuhren mit dem Auto los, kamen aber wegen Straßenumleitungen nicht gleich bis Monte Rosso und konnten sich in der zauberhaften Gegend mit Blick aufs Meer einmal richtig umsehen. Sie verliebten sich auf den ersten Blick in Land und Leute von Bonassola. Als sie dann in der Pension Belvedere unterkamen, lernten sie den Besitzer d'Ippolito, einen kauzigen Süditaliener, kennen, einen »Wirt mit schlechten Weinen« (Klaus), mit dem sie sich anfreundeten. Der hatte in Bonassola einen Weingarten mit sechs, sieben schmalen Terrassen, vielleicht vier Meter breit, wunderbar gelegen über einer Schlucht namens »Goethe Bach«, und diesen Weingarten wollte er verkaufen. Das Ehepaar Klaus griff zu.

Spitzenpolitiker, die sich ein Haus bauen, rufen immer die Aufmerksamkeit der Medien und den Neid der politischen Gegner hervor. Das war bei Bruno Kreisky später nicht anders, als er sich 1975 statt in Kärnten ein Haus in Mallorca anschaffte. Jedenfalls bekam es auch Klaus mit der Mißgunst der Neider zu tun, besonders ein Journalist ist im Auftrag der politischen Gegner einige Male nach Bonassola recherchieren gekommen, ob Klaus nicht vielleicht mit der italienischen Regierung auf Kosten Südtirols einen politischen Schacher begangen hätte. Der Journalist war nicht erfolgreich. Aber es war für den Bundeskanzler eine unerfreuliche Angelegenheit.

Als das an sich kleine, bescheidene Haus fertig war, hat Erna Klaus von d'Ippolito im Hinblick auf die wachsende Familie in Bonassola noch ein zweites Grundstück in der Nähe dazu erworben und darauf ein weiteres Sommerhaus mit zwei Kleinwohnungen errichtet. Klaus: »Natürlich haben uns die Leute nicht geglaubt, daß man so günstig, ehrlich und bescheiden bauen und wirtschaften kann. Die Zeitungsleute sind gekommen und haben Fotos gemacht, auf denen das immer alles toller aussah, als es in Wirklichkeit war.« Das galt auch für den herrlichen mitgekauften Garten mit seinen zahlreichen alten Khaki-, Granatäpfel- und Johannisbrotbäumen und dem von Erna Klaus neu gepflanzten Orangen- und Mandarinenhain samt japanischen Zwerggehölzen. Ihre Pflege war für die neue Besitzerin eine vielgeliebte Arbeit. Der Ehemann: »Sie zwischen den Stämmen und Zweigen arbeiten zu sehen war ein beredtes Zeugnis für die Harmonie zwischen ihr, den Küsten des Mittelmeeres, den Bäumen und Blumen an seinen Ufern.«

Josef und Erna Klaus haben jedem ihrer Kinder ein Haus hinterlassen. Und das ging so: Das Haus von Ernas Eltern in Taxach bei Hallein wurde 1954 verkauft und mit dem Geld in Salzburg im Nonntal eine Villa errichtet, in der heute der älteste Sohn mit Familie lebt. Von dem Haus, das in Zell am Moos gebaut wurde, hat sich das Ehepaar bald wieder getrennt, und zwar wegen der feuchten Lage und der zu weiten Entfernung von Wien. Statt dessen hat es in Wolfpassing zwischen St. Andrä-Wördern und Tulln als Zweitwohnsitz ein kleines Sommerhaus errichtet (von Journalisten als »Schrebergartenhäusel ohne Telefon« beschrieben), in dem heute Sohn Norbert mit Familie den Sommer verbringt.

Und auch in Wien haben sich Josef und Erna Klaus mehrere Male unter die Bauherren gemischt, zuerst in der Göllsdorfgasse und dann an bester Adresse, im 1. Bezirk in der Rotenturmstraße 1–3, wo sie im Kennedyhof eine Eigentumswohnung erwarben, in der sie auch bis 1970 wohnten, ehe sie sie an die Creditanstalt verkauften. Um den Erlös wurde in Wien-Hietzing in der Sauraugasse die Villa gekauft, die heute Tochter Uta gehört.

Bauüberwachung und Einrichtung waren stets Aufgaben von Erna Klaus: »An meiner Frau ist eine Architektin und Baumeisterin verlorengegangen. Da gehört ein gewisses Talent dazu, mit Baumeistern streng zu sein und doch ihre Hochachtung, ja Freundschaft zu erwerben. Baumeister Hans Weidisch hat zum Beispiel nach Umbauten in der Sauraugasse an dem Ganzen solche Freude gehabt, daß er als Mieter in die Parterrewohnung zog.«

Im Jahr 1970 verlor die ÖVP nicht nur die absolute, sondern auch die relative Mehrheit. Der politische Tiefschlag bedeutete jedoch endlich ein Hoch im Privatleben des Ehepaars. Josef Klaus: »Die Wahlniederlage 1970 war für Erna gewissermaßen ein Sieg und eine Erlösung.« Nun konnte er einlösen, was er ihr immer wieder versprochen hatte – wenn er sich einmal zurückzieht, wird er nur noch für sie da sein. Und er hielt Wort: Klaus schied auch aus dem Nationalrat aus und verzichtete auf alle politischen Ehren-, Präsidenten- und Konsulentenpfründen. Er legte auch seine Rechtsanwaltsbefugnis zurück; nicht nur, weil ihm seit den frühen Halleiner Jahren sämtliche legistischen Fachkenntnisse nicht mehr geläufig waren, sondern auch, weil er eine rein erträgnisreiche Interventionskanzlei, für die sich bereits Kollegen als Kompagnons gemeldet hatten, verabscheute.

Zweimal wurde er noch von der ÖVP gefragt, ob er für das Amt des Bundespräsidenten kandidieren wolle, er lehnte aber ab.

Er nahm auch keinen Aufsichtsratsposten an und machte sich von allen öffentlichen Verpflichtungen frei. Mit 60 wurde er zum reinen Privatmann: »Ich machte mir den Weg frei für ein neues Leben und Zusammenleben mit meiner Frau, der gegenüber ich so viel gutzumachen hatte.«

Nun war endlich die Zeit gekommen, sich dem Reisen und Lesen zu widmen. In Bonassola in den siebziger Jahren und später mit Teneriffa und Gran Canaria begann für Erna Klaus erst richtig ein Leben in heiterer Zurückgezogenheit, nur unterbrochen von schönen Wanderungen, so zum Beispiel zu den weißen Dörfern bei Valencia und Malaga, wo sie an Wochentagen Sprachschulen mit überwiegend jungen Menschen – sie war bald die vielgeliebte Abuela – besuchte. Und am Wochenende ging es dann zu zweit in die Berge und Täler. Auch weite Fahrten wurden mit Autobussen und auf Schusters Rappen unternommen. Von Bonassola im kleinen Auto, ein DAF 62, nach Umbrien und in die Toskana, auf den Spuren Friedrichs II. nach Apulien und Sizilien und oft auch nach Südfrankreich, wo einmal in der Provence, Auvergne, im Loire- und Rhonetal 17 Zisterzienserabteien besucht wurden. Auch in Südmarokko zog es sie bei wiederholten Aufenthalten in Agadir hinauf in die Bergdörfer und an die Stellen, wo sich »Gebirge, Wüstensaum und Ozean berühren«. So war es bei einem mehrwöchigen Aufenthalt auf einer Nilinsel bei Assuan mit dem Blick zum Grabe der Begum, und so war es bei einem längeren Aufenthalt im Schottischen Hospiz in Tiberias. So war es in Las Palmas auf Gran Canaria, wo sie vom Balkon ihres Appartements im fünften Stock der Casa Ramon bis ans andere Ufer des Ozeans blicken konnten.

Seit dem Abschied von der Politik lebte das Ehepaar während der Wintermonate im Süden, weil es der Gesundheit der stets wärmebedürftigen Gattin besser entsprach. Schon während der Jahre 1970 bis 1973 hatte das Paar vorerst in Teneriffa überwintert. Später verbrachte es die Winter in Bonassola an der Ligurischen Küste. Ab 1978 wurde das Winterrefugium nach Cran Canaria verlegt. Am Canteras-Strand in Las Palmas, unmittelbar über dem Ozean, erwarben Josef und Erna Klaus ein Zweizimmerappartement und verbrachten dort jeden Winter bis 1995 in glücklicher Zweisamkeit. Nur den Sommer über weilten sie noch zurückgezogen in ihrer Villa in der Sauraugasse in Wien-Hietzing.
Mehr denn je konnten sich beide wieder der Lektüre der sie besonders ansprechenden Werke ihrer Lieblingsautoren zuwenden: Goethes »Wilhelm Meister«, Stifters »Nachsommer«, Eichendorffs »Ahnung und Gegenwart«, Gottfried Kellers »Der grüne Heinrich«. Auch Handkes tausendseitiges Werk »Wir in der Niemandsbucht« haben sie einander vorgelesen. Nach dem Motto: »Er liest, sie strickt!« füllen noch heute Dutzende Pullover die Kästen. Insbesonders interessierte sich Erna Klaus für jene Bücher ihrer persönlichen Lieblingsautoren, die am meisten Tiefgang und Spiritualität aufweisen, so etwa »Hiob« von Joseph Roth, »Josef und seine Brüder« von Thomas Mann, »Der Stern der Ungeborenen« von Franz Werfel und »Der Stachel in der Seele« von Felix Braun. Doch nicht nur schöne Literatur, auch Wil Durants »Kulturgeschichte der Menschheit« in zehn Bänden wurde gemeinsam gelesen. Die »Großen Epochen der Kunst« in acht Videobändern vom Bayerischen Rundfunk und »Die Habsburger« in elf Videobändern vom ORF wurden mehr als einmal gespielt.
Im Jahre 1986 – Josef Klaus war 76, Erna Klaus 73 – konnten sie im Kreise ihrer großen Familie in der Lainzer Pfarrkirche die goldene Hochzeit feiern. Danach ging es wieder, wie vor fünfzig Jahren, auf Hochzeitsreise nach Rom. Am 20. September, ihrem eigentlichen Hochzeitstag, hatten sie das Glück, von Kardinal Opilio Rossi in der Kapelle des von ihm geleiteten Priesterheimes an der Piazza Navona begrüßt zu werden. Im Anschluß las ihnen der Kardinal eine Hochzeitsmesse. Am 23. September durften sie in der Privatkapelle des Heiligen Vaters an seiner Frühmesse teilnehmen und anschließend von ihm persönlich die Glückwünsche empfangen.
Im Jahr 1995 zog das Ehepaar in eine Wohneinheit in das Seniorenheim der Wiener Kaufmannschaft in Wien 19, Hartäckerstraße. Erna

Klaus atmete auf und fühlte sich besonders erleichtert und glücklich, nicht mehr die weiten Wege zur Kirche und zum Kaufmann gehen zu müssen. Freunde von einst kamen und kommen immer wieder gern zu Besuch. Seine »Klausbuben«, Alois Mock, Heinrich Neisser, Peter Marboe, die er einst alle in die Politik geholt hatte, haben Josef Klaus nicht enttäuscht.

Im Jahr 1996 konnte das Paar im Kreis der Familie die diamantene Hochzeit feiern – 60 Jahre geglückte Ehegemeinschaft. Josef Klaus berichtet darüber im familien-traditionellen Adventbrief 1996: »Daß wir am 20. September unseren 60. Hochzeitstag feierten, haben wir weder in der Öffentlichkeit noch im Haus bekanntgemacht. Dafür kamen zur Feier in der Kapelle und im Burgrestaurant, am zu uns heruntergrüßenden Leopoldsberg, aus Wien, Graz, Salzburg 20 Mitglieder unserer Großfamilie auf den von mir schon seit Studententagen so empfundenen und so genannten Mons Sacer Austriae – nur die Familie des Enkels Stefan, Botschaftsangehöriger in Washington, mußte leider fehlen. Vier Generationen, zwei Konfessionen und Nationen, unterschiedliche Auffassungen von Gott und Welt, Glaube und Kirche, Politik und Kultur, waren beim von Rektor Haminger wunderschön gestalteten Gottesdienst und beim anschließenden Festessen erstaunlich ein Herz und eine Seele unter dem Eindruck unserer nun 60-jährigen trotz mancher schwerer Wechselfälle geglückten Ehe und Familie.«

Die Kinder sind alle längst versorgt und können sich sehen lassen: Der älteste Sohn war Berufsoffizier geworden. Er ist 1998 als Corpskommandant-Stellvertreter in Pension gegangen. Tochter Uta wurde Hauswirtschaftslehrerin, hat sich aber bald mit Univ.-Prof. Dr. Gottfried Scholz verheiratet. Der zweite Sohn, Norbert, wurde a.o. Univ.-Prof. für experimentelle Physik an der Universität Wien. Der Jüngste, Sohn Bernhard, wurde Landesbeamter, jedoch krankheitshalber frühpensioniert.

Von den acht Enkelkindern haben drei bereits akademische Grade, vier sind verheiratet. Sie ergänzen die Großfamilie und finden bei ihren Großeltern Rat und Hilfe.

Die frühverstorbene Tochter Iti ist am Grinzinger Friedhof begraben, wo sich auch das schlichte Grab ihrer Eltern befinden wird. Das den Grabstein schmückende Flachrelief Schneider-Manzells – eine zum Himmel strebende Orante – weist auf das lebenslang ersehnte Ziel der Erdentage von Erna Klaus hin.

Josef Klaus vergleicht am Abend eines langen und geglückten gemeinsamen Lebens sich und seine Ehefrau mit dem klassischen Altenpaar Philemon und Baucis. Und viele, die Erna und Josef kennen, stimmen ihm zu und sagen: »Wenn es Philemon und Baucis heute noch gibt – in diesen beiden wurden sie wiedergeboren.«

Vera Kreisky

30. Dezember 1916 – 5. Dezember 1988

Das berühmteste Haus der Armbrustergasse in Wien-Grinzing ist nicht das größte Gebäude. Eisengitter und steinerner Aufgang zum Haustor sind aufs engste zwischen den beiden imposanteren Nachbarhäusern von links und rechts in die Klemme genommen. Nur ein kleiner Zierbaum hat neben den wenigen Aufgangsstufen noch Platz. Dennoch wirkt die Außenfront der »Kreisky-Villa« elegant. Nicht ländlich wie die zahlreichen sich volkstümlich gebenden Heurigenlokale der Umgebung mit ihren für den Tourismus stilisierten Bauernstuben, Holztischen, karierten Leinenvorhängen und Erntedank-Dekorationen. Von diesen hebt sich das Haus Nr. 15, das der für viele bedeutendste Bundeskanzler der Zweiten Republik mit seiner Familie bewohnt hat, mit urbaner Sachlichkeit und Noblesse angenehm ab.

Heute gehört dieses Haus, in dem Österreichs »Sonnenkönig« zu Lebzeiten nur Mieter gewesen war, dem »Bruno-Kreisky-Forum für Internationalen Dialog«, das von Kreiskys einstiger Langzeit-Sekretärin Margit Schmidt als Ort der Begegnung und Auseinandersetzung in seinem Sinn geführt wird. Heute sind Büroräume, eine Bibliothek und ein Konferenzsaal in dem einstigen Wohnhaus der Familie eingezogen, Vorträge finden in einem modernen Anbau statt, in den vom Garten her durch eine große Fensterfront Licht und Helligkeit dringen.

Unschwer, sich vorzustellen, wie der eher kleine, wuchtige Staatsmann hier – die Hände am Rücken verschränkt – eingetreten ist, ins obere Stockwerk hinaufstieg (der Lift wurde erst nach seinem Tode eingebaut) und sich in seinem Wohnzimmer niederließ, dessen SW-Einrichtung aus den späten fünfziger Jahren bis heute weitgehend unverändert geblieben ist.

SW bedeutete damals »Schwedisches Wohnen«, manche denken auch, daß es »Soziale Wohnkultur« bedeutet hat, egal. In jedem Fall war die Villa des Ehepaares Bruno und Vera Kreisky mit den Möbeln und Einrichtungsgegenständen ausgerüstet, deren sparsames, sachliches Design in den fünfziger Jahren aus Schweden stammte und sich vom spätbürgerlichen Pomp und Plüsch der damals üblichen Wiener Behausungen als angenehm nüchtern und praktisch abhob. SW – das waren unverschnörkelt glatte Bücherborde aus hellem Vollholz, meist unverglast, tiefe Polstermöbel mit knietiefen Tischen – eine Revolution der Inneneinrichtung im Österreich der Nachkriegszeit, in der die Wohnzimmer noch mit hohen Eßtischgarnituren und Wandkommoden vollgeräumt waren.

Die Couchgarnitur der Kreisky-Villa, in der einst von Leonard Bernstein bis Willy Brandt zahlreiche Große der Weltkultur und -politik Platz genommen hatten, ist zwar neu überzogen, hat aber die Farben der ursprünglichen Bezüge beibehalten. Und zwar: Die eine Bank ist orange tapeziert, die andere gegenüber in schwarzem Leinen mit stilisierten Tulpen in bunten Farben, ein Design des nach Schweden vertriebenen Architekten Joseph Frank. »Forum«-Leiterin Margit Schmidt erklärt: »Diese beiden unterschiedlich bezogenen Sitzbänke sind schon immer ein Kompromiß gewesen. Frau Kreisky bevorzugte kräftige, deutliche Farben. Während er eher den dunkleren den Vorzug gab. So haben sie eben eine Bank nach ihrem, die andere nach seinem Geschmack beziehen lassen. Und so ist es bis heute geblieben.«
Vera Kreisky – schwer sich das Leben an der Seite dieses großen Mannes vorzustellen, für den Politik und Privates zu einem einheitlichen Ganzen verschmolzen waren. Er hat seine Villa an fast jedem Wochenende als erweitertes Büro betrachtet, in das er regelmäßig Sekretärin, Pressebetreuer und Referenten zum Arbeiten holte. Und wo – historisch wohl einmalig – jedermann zu allen Tages- und Nachtzeiten anrufen konnte, weil Kreisky in seiner Bürgernähe darauf bestanden hatte, mit seiner Nummer im Telefonbuch zu stehen und für jedermann erreichbar zu sein. Und es klingelte auch tatsächlich fast täglich schon zum Frühstück, wenn sich das Ehepaar gerade den Kaffee eingoß.
Wie lebte es sich an der Seite eines Polit-Denkmals schon zu Lebzeiten, bei dem die ganze Welt, vom Voest-Arbeiter bis zur indischen Ministerpräsidentin, um Rat anstand?
Diese Frage beschäftigt umso mehr, als Kreisky es war, der in den Jahren seiner Alleinregierung das Frauenstaatssekretariat erfand, mit dem erstmals in der Geschichte Österreichs das Signal gesetzt wurde, daß Frauenpolitik nicht zwangsläufig mit dem Familienministerium identisch sein müsse, sondern einen eigenständigen gesellschaftlichen Bereich abdeckt.
Wie lebte die Frau des Kanzlers, der das patriarchalische Familien- und Eherecht reformierte und der die Wünsche der Frauen nach Gleichberechtigung und Partnerschaft erstmals in den Rang von Politik erhob? Fragen über Fragen.
Für aufmerksame Fernseher von damals wird vor allem ein Bild für immer in Erinnerung sein: Kreisky steigt auf irgendeinem Flugplatz der Welt die Gangway herunter. Vor ihm wartet das Zeremoniell eines

großen Staatsempfangs: roter Teppich, höchste Minister und Politiker des Gastgeberlandes, Ehrenkompanie in Reih und Glied angetreten, tuschbereite Musikkapelle und auch sonst jegliche Feudalrepräsentanz. Und was tut Kreisky? Statt, wie fast sämtliche Polit-Größen, die der Verfasserin dieses Buches aus gleicher Gelegenheit in Erinnerung sind, sich zu allererst der umarmungsheischenden Willkommens-Riege zuzuwenden, tritt Kreisky einen Schritt von der Gangway zur Seite, dreht sich um, reicht seiner Frau Vera, die hinter ihm kommt, die Hand und hilft ihr, die letzten Stufen herunterzusteigen.

Feminismus hin, Selbständigkeit der Frau her – diese Geste gab zu denken. Mit dieser Fürsorglichkeit hat sich der große Politiker über alle Protokolle der Welt hinweggesetzt und einem viel älteren und viel wichtigeren Ritual des Menschengeschlechts gemäß gehandelt – dem der Ritterlichkeit des Mannes gegenüber der eigenen Frau. Für Ehemann Kreisky schien es an oberster Stelle seiner Werteskala zu stehen. Und zwar nicht nur in diesem Moment, als die Scheinwerfer der Kameras auf ihn gerichtet waren. Es gibt nicht eine Stimme, die davon berichten könnte, daß Kreisky, trotz seiner enormen Belastung, je einmal – mitten im Büroalltag – seiner Frau am Telefon nicht zugehört hätte, wenn sie anrief. Er war, so die einhellige Antwort seiner Mitarbeiter, stets überaus behutsam, besorgt und geduldig, niemals gereizt, nervös oder kurz angebunden, wenn sie tagsüber am Telefon etwas mit ihm besprechen wollte. Margit Schmidt, Kreiskys getreue Sekretärin von 1965 bis zu seinem Tod 1990, kann es aus nächster Nähe bezeugen: »Allein aus diesen Telefonaten war spürbar, daß zwischen beiden eine große Liebe bestand. Das waren zwei Menschen, deren Beziehung zueinander nicht nur oberflächlich und nebenher verlief. Er war mit seinen Gedanken immer auch bei seiner Frau.«

Vera Kreisky, wer war sie und wie lebte sie? Was waren ihre Lebensträume, und welchen konnte sie an der Seite dieses übermächtigen Partners, der stets und überall im Mittelpunkt stand und alle Aufmerksamkeit auf sich zog, wo immer sie beide auch auftraten, verwirklichen? Diese Frage interessiert bei Vera Kreisky noch eine Spur mehr als bei allen anderen Kanzlergattinnen. Denn:

- Vera Kreisky war als gebürtige Schwedin in bezug auf Emanzipation durch das wesentlich fortschrittlichere, liberalere Klima der skandinavischen Länder geprägt.
- Sie hatte ein Studium abgeschlossen und einst auch von einer eigenen Berufstätigkeit geträumt.

Vera und Bruno Kreisky

- Und sie lebte, wie gesagt, an der Seite eines Mannes, der gemeinsam mit Hertha Firnberg und Johanna Dohnal maßgeblich daran mitgewirkt hatte, den Frauen in Österreich den Aufbruch in eine neue politische und gesellschaftliche Entfaltung zu ermöglichen.

Wie Kreisky selbst, so stand auch seine Frau Vera an der Grenze zwischen mehreren Welten oder, wie der Titel von Kreiskys erstem Memoirenband lautet, »Zwischen den Zeiten«.

Auf die Welt kam Vera Kreisky, Mädchenname Fürth, am 30. Dezember 1916 in Stockholm, als Tochter einer wohlhabenden jüdischen Unternehmerfamilie. Ihre Eltern Theo und Grete Fürth waren noch vor dem Ersten Weltkrieg aus Wien nach Schweden ausgewandert, wobei sie einem gründerzeitlichen Wirtschaftsboom im skandinavischen Raum folgten. Familienpatriarch Theo Fürth besaß eine gutgehende Textilgroßhandelsfirma und konnte den Seinen einen gediegenen Lebensstandard bieten. Tochter Vera studierte Sprachen, zwischendurch sogar an der Sorbonne in Paris, sie beherrschte neben Schwedisch und Deutsch auch Englisch, Französisch und Italienisch

perfekt. Sie wollte Dolmetscherin werden, hat ihr Studium auch abgeschlossen, aber darauf verzichtet, das Doktorat zu erwerben.
Warum Bruno Kreisky ab September 1938 in Stockholm weilte, darf als bekannt vorausgesetzt werden. Am 15. März 1938 als Mitglied der verbotenen Arbeiterpartei und – überdies – Jude von der Gestapo in Schutzhaft genommen, war er im August des gleichen Jahres nur unter der Auflage entlassen worden, das Land zu verlassen. Freunde ermöglichten ihm die Flucht nach Schweden. Dort arbeitete er im Sekretariat der Stockholmer Konsumgenossenschaft, schrieb Zeitungsartikel und setzte seine politische Tätigkeit fort. Kreisky war damals fertiger Jurist und 30 Jahre alt, Vera um fünf Jahre jünger.
Wie es dazu kam, daß er Fräulein Fürth am 23. April 1942 heiratete, schreibt er selbst in seinen Memoiren: »Auf den schönen Frühherbst folgt in Schweden eine kurze scheußliche Spätherbstperiode, die kalt und feucht ist. Um den anschließenden langen Winter zu verkürzen, beginnen die Schweden früh zu feiern. Ein Fest besonderer Art ist der heiligen Lucia gewidmet. Es ist eine Art Lichtfest, für das man immer die hübschesten blonden Mädchen aussucht, die dann mit Lichtern im Haar einen Umzug veranstalten. 1941 war ich mit einer dieser hübschen Lucias für den Abend verabredet. Mittags rief mich ein Freund an, den ich beim Skifahren in Lappland kennengelernt hatte, und bat mich, ihm den Gefallen zu tun, zu ihm zu kommen. Er habe eine Verabredung mit einem Mädchen, das aber unter gar keinen Umständen allein zu ihm kommen wolle und deshalb zwei Freundinnen mitbringen werde. Er brauche daher zwei zusätzliche Kavaliere. Schweren Herzens habe ich das Rendezvous mit meiner Lucia verschoben. An diesem Abend habe ich dann meine spätere Frau getroffen, Vera Fürth.«
Eine Lucia war Vera Fürth rein äußerlich gewiß nicht: Sie war zwar groß und schlank, aber nicht blond, sondern hatte kastanienbraunes Haar. Die Hochzeit nur ein halbes Jahr danach hat nicht die volle Zustimmung ihrer Eltern gefunden. Man stelle sich vor: Hier ein kapitalistischer, zwar assimilierter, aber doch jüdischer Unternehmer – da ein radikalsozialistischer, aus der Kultusgemeinde ausgetretener Habenichts und Flüchtling. Welcher Vater wäre da nicht gegen diese Verbindung gewesen? Bruno Kreisky erzählt selbst: »Am 23. April 1942 fand die Hochzeit statt – sehr zum Mißvergnügen meiner Schwiegereltern nicht im traditionellen Rahmen. Auf dem Standesamt fand ich den Ehering nicht gleich, und es entstand eine peinliche Situation.

Anschließend gab es in einem feinen Hotel Stockholms, dem Grand Hotel Royal, das Mittagessen, zu dem meine Frau ihre und ich meine Freunde einlud.«

Vera Kreisky, die gleichfalls aus der Kultusgemeinde ausgetreten war, hat sich – im Unterschied zu ihrem Mann – protestantisch taufen lassen. Auch ihre Kinder Peter, geboren 1944, und Suzanne, geboren 1948, wurden beide noch in Stockholm protestantisch getauft. Peter trat später auch aus dieser Glaubensgemeinschaft aus.

Mit Sicherheit ist anzunehmen, daß die Liebe der Tochter aus reichem Hause zu dem heimatlosen Exil-Österreicher groß gewesen sein muß, denn sonst hätte sie nicht so unendlich viel für ihn aufgegeben.

Erstens den Wohlstand. Für jeden anderen wären die Angebote des reichen Schwiegervaters verlockend gewesen, nicht so für den politbesessenen jungen Kreisky. Wäre Kreisky eben nicht Kreisky gewesen, wäre aus ihm glatt ein Stockholmer Textilunternehmer und nicht der ungewöhnlichste Bundeskanzler Österreichs in diesem Jahrhundert geworden.

Die Auseinandersetzung mit dem Vater seiner Frau beschreibt der »verlorene Schwiegersohn« so: »Er war ein Mann mit erheblichen Vorurteilen; von Sozialpolitik und Arbeitszeitbegrenzung hielt er nichts, obwohl er ansonsten recht großzügig war. Von meiner politischen Tätigkeit hielt er ebenfalls nichts. Er war ein Anhänger des rigorosesten Manchester-Liberalismus und fand den Staat eigentlich überflüssig. Arbeitslosenunterstützung fördere nur die Arbeitsunwilligkeit der Menschen, Altersversorgung hindere sie bloß daran, für ihr Alter vorzusorgen, und dem Gleichheitsgedanken zu frönen sei nichts als zerstörerisch.«

Theo Fürth war von Herzen überzeugt, daß jene Ideologie, die Kreisky vertrat, ein Unfug sei. Infolgedessen machte er seinem Schwiegersohn das seiner Meinung nach großzügige Angebot, ihm zu seinen Lebzeiten noch ein Viertel des Eigentums an seinem sehr gutgehenden Unternehmen zu überlassen, den gleichen Anteil, den Fürths Sohn bekam. Nach seinem Ableben sollten die beiden Erben das Unternehmen teilen. Die Bedingung allerdings war, daß Kreisky der Politik den Rücken kehrte. Politik war in den Augen des Schwiegervaters ein undankbares Geschäft, das noch dazu nichts einbrachte. Als Kreisky im Frühjahr 1946 zum ersten Mal in Österreich einreisen konnte, meinte Fürth ironisch: »Mit großen Blumensträußen werden sie dich nicht empfangen.«

Mit letzterem hat Schwiegervater Fürth sogar recht behalten. Umso größer muß die Liebe seiner Tochter gewesen sein, sonst hätte sie ihrem Bruno zuliebe nicht nur ihren gesicherten Wohlstand und ihre Chance auf eigene Berufstätigkeit als Dolmetscherin aufgegeben, sondern darüber hinaus auch – und dies wiegt vielleicht am schwersten – ihre gesicherte Heimat. Freiwillig tauschte sie das liberale fortschrittliche Schweden gegen ein Land, das ihr als antisemitisch, post-faschistisch, klerikal, antiliberal, vom Weltkrieg zertrümmert und vom Kommunismus im Osten bedroht geschildert worden war.
Kreisky selbst war schon 1947 mit der Schweden-Hilfe nach Österreich zurückgekehrt und hat mit der Parteiarbeit begonnen. Für kurze Zeit wurde er dann, bereits als Angestellter des Bundeskanzleramtes, Abteilung Auswärtige Angelegenheiten, der österreichischen Gesandtschaft in Stockholm zugeteilt.
Aus dieser Zeit ist eine Episode bekannt, die im Familienkreis immer wieder zur Erheiterung zum besten gegeben wurde, wenn es galt Kreiskys überlegene politische Basisarbeit zu demonstrieren: Die Familie hatte damals im Sommer auf den Schäreninseln vor Stockholm gewohnt. In Schweden fanden gerade Wahlen statt, zum nächsten Wahllokal hätte die damals noch schwedische Staatsbürgerin Vera Kreisky per Boot übersetzen müssen. Kreisky damals zu seiner jungen Frau: »Wenn du die Liberalen wählst, mußt du selber rudern. Ich rudere dich nur, wenn du deine Stimme den Sozialdemokraten gibst!«
Im Jahr 1951 war Vera Kreisky mit den zwei kleinen Kindern Peter, 7, und Suzanne, 3, ihrem Ehemann in das – im Verhältnis zum wohlstandentwickelten Schweden – völlig rückständige, verarmte Österreich nachgefolgt. Es ist keine Aufzeichnung bekannt, daß Vera sich je über diesen sozialen Klimasturz beklagt hätte.
Im Gegenteil: Ohne auf diesen immensen Verzicht auf Lebensqualität einzugehen, verzeichnet Kreisky in seinen Memoiren ziemlich nüchtern: »Offenbar in Vorahnung seines Todes beschwor er [Kreiskys Schwiegervater] mich noch einmal. Wann immer du glaubst, daß es nicht geht in Wien, kannst du zurückkommen. Solange ich lebe, kannst du in die Firma eintreten. Im Moment meines Todes allerdings sind die Würfel gefallen, dann übernimmt mein Sohn alles, und du wirst es gegenüber deiner Familie verantworten müssen, daß sie nie reich sein wird.«
Nun, in totale Armut abgestürzt ist die junge Familie in Wien allerdings auch nicht. Bruno Kreisky war Legationsrat dritter Klasse in der

wirtschaftspolitischen Abteilung der Sektion Auswärtige Angelegenheiten im Bundeskanzleramt. Vera hatte von zu Hause doch ein kleines Erbteil mitbekommen. Die Familie bezog standesgemäß eine Vier-Zimmer-Wohnung an nobler Adresse in der Grinzinger Allee. Während Kreisky tagsüber den Einsatz der Gelder des Marshallplanes koordinierte, nahm er auch in der Freizeit seine politische Tätigkeit wieder auf – als Subkassier der SPÖ in Wien-Hernals!
Sohn Peter kam in Wien in die Volksschule, wozu er erst richtig Deutsch lernen mußte, da er bis jetzt vorwiegend nur Schwedisch gesprochen hatte. Tochter Suzanne war zu Hause bei der Mutter und einer Frau Steiner, die als Köchin, Haushälterin und Kindermädchen engagiert war. Peter erinnert sich an die für ihn verlockend wirkende »Abenteuerlandschaft« rund um das Wohnhaus: Bombentrichter, Ruinen, Flüchtlingsbarackenlager, verwachsene G'stätten. Seine Eltern haben es nicht so gerne gesehen, wenn er sich darin für längere Zeit verlor. Wie überhaupt diese erste Zeit in Wien für seine Mutter nicht allzu leicht gewesen sein dürfte.
Vera Kreisky hatte anfangs beabsichtigt, ihr Sprachstudium in Wien nostrifizieren zu lassen, sie spekulierte mit einer Berufstätigkeit, gab diesen Plan dann allerdings auf und fügte sich – mehr als sie vielleicht wollte – dem damaligen Rollenverständnis.
Sohn Peter erzählt: »Ich glaube, daß diese Übersiedlung nach Wien für meine Mutter ein ziemlicher Bruch gewesen sein muß. In Schweden hatte der liberale Aufbruch in eine freiere Sicht der Geschlechterrollen längst begonnen, dieses spätfeudale, faschistische, patriarchale, klerikale Österreich muß sie als großen Rückschritt empfunden haben. Nicht nur ideologisch, sondern auch in den ganz kleinen Dingen des Haushalts. Gerade in Schweden waren für die berufstätige Frau bereits jede Menge praktischer Erleichterungen auf dem Haushaltssektor selbstverständlich geworden, von den elektrischen Küchengeräten bis hin zur Alufolie. Diese Dinge hat es in Österreich noch lange nicht gegeben. Das war für meine Mutter mit Sicherheit eine Erschwernis.«
Ein kleiner Trost mag gewesen sein, daß Wien im Ausgleich dafür bald wieder ein reiches kulturelles Programm bieten konnte. Mit großer Begeisterung gingen Bruno und Vera Kreisky in Theateraufführungen und in Konzerte. Veras Lieblingskomponist war Gustav Mahler. Aber sie liebte die gesamte Wiener Klassik bis hin zu Arnold Schönberg. An den Wänden der Wohnung hingen bald Bilder von

Hundertwasser und Hausner, dazu gesellten sich Plastiken von Wotruba, dem Bildhauer, mit denen die Kreiskys eng befreundet waren.

Vera hat immer gerne gelesen, vorwiegend Biografien großer Künstler und Politiker. Sie las original in allen Sprachen, die sie beherrschte, und begleitete ihren Mann zu vielen Empfängen, Theaterbesuchen und Repräsentationsverpflichtungen. Auch auf Reisen fuhr sie gerne mit. Vor allem in Österreich war sie viel mit ihrem Mann – bald Vizekabinettchef bei Bundespräsident Theodor Körner, dann Staatssekretär für Auswärtige Angelegenheiten im Bundeskanzleramt – unterwegs. Peter: »Sie war an allem interessiert, was der Vater tat, und hat ihn in seinen Aufgaben sehr unterstützt.«

Ein »Heimchen am Herd« war Vera Kreisky mit Sicherheit nicht. In dieser Dissonanz, nicht ein solches sein zu wollen, dennoch aber – aus Liebe – zu einem mehr oder weniger unauffälligen Leben an der Seite des mächtigen Partners gezwungen zu sein – in dieser Dissonanz mag vielleicht ein verstärkender Faktor für Vera Kreiskys spätere depressive Leiden zu finden sein.

Bis dahin ist es aber noch weit. Peter erinnert sich an eine »sehr liebevolle Mutter, die sehr lustig sein konnte, sehr witzig, mit hochentwickelter Begabung zu schnellen, humorvollen bis sarkastischen Bemerkungen«. Oft wurde zu Hause noch Schwedisch gesprochen, jedoch auch in Deutsch waren bald alle Beteiligten sattelfest.

Anti-autoritär war die Erziehung der Kreisky-Kinder trotz aller Aufgeschlossenheit nicht. Im Hause waren großbürgerliche Umgangsformen gewünscht, bei Tisch waren trotz hitziger politischer Debatten gute Manieren durchaus gefragt.

Peter: »Es war immer alles sehr ambivalent: Meine Mutter war zwar eine starke Persönlichkeit, hat sich dann aber in Konflikten mit uns doch wieder auf die Kontrolle durch den Vater berufen. Obwohl sie beide den liberalen geistigen Aufbruch vertraten, waren meine Eltern in vielem doch auch in ihrer eigenen bürgerlichen Prägung verfangen.«

Schwiegertochter Eva Kreisky, Universitätsprofessorin für Politologie, schrieb sieben Jahre nach Kreiskys Tod in der Festschrift zur »Bruno-Kreisky-Ausstellung« 1998 im Historischen Museum der Stadt Wien über seine ambivalente Prägung in bezug auf die Weiblichkeit: »Bruno Kreisky war in der Tat ein Virtuose im Spiel mit seinen Widersprüchlichkeiten. Dies erwies sich auch in seinem Umgang mit der Frauenfrage: Seine Geschlechterbilder nährten sich aus ganz

banalen bürgerlich-traditionellen Erfahrungen, die Frauen und Männern jeweils spezifische Rollen und Fähigkeiten innerhalb der patriarchalen, hierarchischen Geschlechterordnung zuschreiben. Das blieb so bis zu seinem Tode. Die Erfahrung mit Frauen im Elternhaus entsprachen der Lebenssituation junger bürgerlicher Herren der damaligen Zeit: die Mutter, die Köchin und die Hausgehilfinnen, die ihm ab und zu als ›Verbündete‹ nützten. Auch die Mutter war ihm ›eine große Hilfe‹, weil sie immer wieder seine Jugendstreiche deckte.«
Auch als Vater schwankte Kreisky zwischen paternaler Strenge und antiautoritärem Geist, als dessen Vollstrecker er in zahlreichen gesellschaftlichen Anliegen galt: Peter hat von seinem Vater im Leben (nur) zwei Ohrfeigen bekommen: Die erste als Fünfjähriger, als er einmal unvorsichtig und abrupt auf einer vielbefahrenen Straße die Autotüre aufriß. Und die zweite mit 13, als er seine Schuhe schlampig putzte: »Mein Vater konnte es irgendwie nicht fassen, daß ich mich zum Schuheputzen, zu dem er im Gefängnis angehalten worden war, nicht geschickter anstellte. Er hat sich bei dieser Ohrfeige allerdings den Arm ausgerenkt, was ich damals nicht ohne Schadenfreude registrierte.«
Im Frühjahr 1954 übersiedelte die Familie in die kleine Villa in der Armbrustergasse, zuerst als Mieter bei der Witwe von Josef Redlich, Finanzminister im letzten k. u. k. Kabinett und 1931/1932 auch in der Regierung Buresch, Grete Redlich. Später, nachdem diese an die Wiener Städtische verkauft hatte, als Mieter dieser Versicherungsgesellschaft. Das ist auch so geblieben. Die »Kreisky-Villa« stand nie in Kreiskys Eigentum. Erst nach seinem Tode wurde in ihr mit finanzkräftiger Unterstützung von Kreisky-Feund und Millionär Karl Kahane das »Bruno-Kreisky-Forum« als Stiftung eingerichtet. Die Villa wurde von der Bundesregierung gekauft und dieser Stiftung einverleibt.
Die Sommerferien hat die Familie anfangs noch häufig in Stockholm zugebracht. Peter hat auch während der Schulferien und später als Student in Schweden gejobt, unter anderem auch in der schon vom Vater her bekannten Konsumgenossenschaft. Die wechselseitigen Besuche sind nie abgerissen. Der soziale Wohlfahrtsstaat Schweden mit seinen in so unaggressiven Bahnen verlaufenden demokratischen Strukturen ist für Kreisky nicht nur das auch für Österreich in viele erstrebenswerte Gesellschaftsmodell geblieben, sondern war immer auch Ort der Begegnung mit Verwandten, Freunden und politischen Weggefährten.

Daß Vera Kreisky Heimweh nach Schweden hatte, versteht sich von selbst. Über den zunehmenden Erfolg ihres Mannes war sie erfreut, sie hielt ihn für angemessen und diesem Mann, den sie liebte und bewunderte, auch gebührend. Sie hat jedoch den Erfolg, Aussagen des Sohnes zufolge, phasenweise auch als belastend empfunden. Kein Wunder. Vor allem in dem Jahrzehnt von Kreiskys epochebestimmender Kanzlerschaft in den Jahren 1970 bis 1983 kann dies nicht anders gewesen sein.

Kreiskys Sekretärin Margit Schmidt erinnert sich, viele Wochenenden und Feiertage gemeinsam mit anderen Mitarbeitern des Kanzlerbüros bei ihrem Chef in der Armbrustergasse zugebracht zu haben. Durch seine Doppelbelastung – Kanzler und Parteichef der SPÖ – war Kreisky so gut wie keine Freizeit gegönnt. Die Abende, in denen er mit seiner Frau ins Konzert, ins Theater oder auch nur nebenan zu einem der Heurigen gehen konnte, waren rar geworden.

Wenn es auswärts bei einer Abendeinladung einmal spät geworden war, war andrerseits sie es, die – ungeachtet der übrigen Gäste – zum Aufbruch drängte. Da konnte sie auch, so die Augenzeugen, ziemlich energisch werden. Mit den Worten »Die Vera will gehen« hat sich Bruno Kreisky dann ihren Wünschen gefügt und ist brav mit nach Hause gegangen.

Was die mutige und großzügige Entscheidung Bruno Kreiskys, mit seiner Privatnummer im Telefonbuch zu stehen, um möglichst jederzeit für jedermann erreichbar zu sein, für das Familienleben bedeutet hat, läßt sich unschwer erraten. Sowohl seine Frau wie auch seine Kinder mußten sich an das von früh bis spät läutende Telefon gewöhnen. In der Villa gab es kein Sekretariat.

Abgehoben hat, wer gerade in der Nähe des Telefons stand.

Margit Schmidt: »Oft hat jemand angerufen, wenn wir gerade in der Villa waren. Er hat dem Anrufer, den er oft gar nicht gekannt hatte, lange zugehört. Er war niemals ungehalten, auch wenn es schon nach Mitternacht war. Er hat das nie als Zumutung empfunden. Er war immer ansprechbar. Sicher hätte es seine Frau fallweise lieber gehabt, einmal mit ihm allein zu sein. Denn es waren wirklich immer wieder auch fremde Leute in ihrem Wohnzimmer, aber sie war darüber nie ungehalten – zumindest nicht in meiner Gegenwart.«

Wenn im ersten Stock niemand abhob, wenn Frau Kreisky und die Köchin gerade beim Einkaufen waren, dann klingelte es im Erdgeschoß vor den Räumen der Kinder. Sohn Peter: »Die Belastungen, denen mein Vater ausgesetzt war, sind enorm gewesen. Er besaß Einfühlungsvermögen in gigantischem Ausmaß, und dies nicht zu PR-Zwecken, sondern es war echte Zuwendung. Seine enorme Außenbelastung war für Menschen, die mit ihm gelebt haben, nicht immer einfach zu ertragen. Und sie ging aber auch zu Lasten seiner eigenen Substanz.«

Im großen Wohnzimmer – auf den beiden unterschiedlich bezogenen Sitzbänken – wurde viele bürofreie Stunden zusätzlich gearbeitet. Vera Kreisky hat sich dann meist in einer Ecke des Wohnraumes dazugesetzt und zugehört. Kaum jemals hat sie die Arbeit ihres Mannes unterbrochen oder kommentiert, sie war stiller Zeuge. Nur der hohe Zigarettenkonsum – sie rauchte eine Filterzigarette nach der anderen – hat vielleicht angezeigt, welch hohes Maß an persönlicher Zurücknahme und Selbstdisziplin sie sich abverlangte.

Bruno Kreisky hatte sich das Rauchen – zuerst Zigaretten, dann Pfeife – schon lange vor seiner Kanzlerschaft abgewöhnt. Er hat aber selten ein Wort des Ärgers darüber verloren, daß seine Frau diesem Laster weiterhin ausgiebig frönte. Wahrscheinlich hätte sie in diesem einen Punkt auch nicht auf ihn gehört. Befragt nach seinem Führungsanspruch in der Ehe-Koalition, sagte Vera einmal in einem der raren Interviews, die sie gab: »Mein Mann würde wohl dagegen protestieren, als Patriarch dargestellt zu werden, denn er hält sich für einen toleranten Partner. Aber er ist das Anschaffen, das Entscheiden, das Alles-selbst-Machen so gewohnt, daß er es auch zu Hause tut.«

Bis hin zur Farbe ihres Kleides für den Opernball bedürfe alles seiner allerletzten Genehmigung, hat sie einmal verraten. Dabei hatte Vera, wie schon an den Polstermöbeln erkennbar, in Stoffen und Farben einen ganz anderen Geschmack als der Regierungschef. Während er dunkle, gedämpfte Töne und unauffällige Muster bevorzugte, hat sie ganz gerne zu den prächtigen, farbenfrohen gegriffen. Ihre Garderobe war zwar elegant, aber durchaus nicht immer unauffällig grau, schwarz und klassisch. Sie hat es kräftiger bevorzugt. Seltsam, sich vorzustellen, daß es darüber im Hause des großzügigen Reformers, liberalen Denkers und Staatsmannes Debatten gegeben haben soll.

Häufig ist der Arbeits-Troß des Vaters an Samstagen auch zum Abendessen oder an Sonntagen zum Mittagessen geblieben. Es ist kaum je die Hausherrin persönlich gewesen, die die Speisen zubereitet hat, dafür hat es meist eine Köchin gegeben. Bei Tisch hat sich die Diskussion um den letzten Theater- oder Kinobesuch oder um Politik

gedreht. Frau Kreisky hat einmal gesagt, daß ihr Mann ihr Urteil vor allem dann gesucht habe, wenn es um Personen ging, er habe ihrer Menschenkenntnis besser getraut als der seinen.
Kanzler-Sekretärin Schmidt, jetzt Geschäftsführerin des Bruno-Kreisky-Forums, erinnert sich an die Frau ihres Chef, der sie wie kaum eine andere Mitarbeiterin durch 25 Jahre hindurch nahe gewesen war: »Frau Kreisky war immer freundlich und nett. Ich habe mich nie um Privatangelegenheiten meines Chefs gekümmert, dazu wäre nie Zeit gewesen. Ich kannte Frau Kreisky ab 1965, als ich bei Doktor Kreisky im Außenministerium begann. Es gehörte zu meinen Aufgaben, mit ihr Kontakt zu halten, wann sie wo zu sein hatte, damit sie sich rechtzeitig vorbereiten konnte. Ich mußte ihr auch die Kleidervorschriften durchsagen, die damals noch geherrscht haben. Langes oder kurzes Kleid und so weiter. Das mußte ich koordinieren. Vor allem zu den Reisen ist sie sehr gerne mitgekommen, sie war immer sehr elegant und immer sehr gut gekleidet.«
Frau Kreisky hat nicht nur in den großen Modesalons der Zeit, Adlmüller und Farnhammer, gekauft, sondern auch bei einer Schneiderin nähen lassen. Mit fortschreitendem Alter hatte die einst gertenschlanke junge Schwedin mit Gewichtsproblemen zu kämpfen. Sie versuchte mit Diät ihrem stets drohenden Übergewicht beizukommen, machte aber ebensowenig wie er kein Hehl daraus, daß sie gut und gerne aß.
Auf den Fotos der Zeit, die die vierköpfige Familie fröhlich beim Frühstück im Garten oder auf der Terrasse zeigen, sind unverzichtbar immer auch zwei große Boxerhunde mit drauf. »Wastl« und »Bianca«, mit denen man die beiden Abendmenschen auch immer wieder mal in der Dunkelheit zwischen den Gärten von Grinzing eine Runde drehen sah.
Im Winter fuhr Kreisky regelmäßig gerne Ski, seine Frau teilte ihm zuliebe für einige Zeit diese Freizeitaktivität, obwohl es dabei für beide wiederholt zu unangenehmen Brüchen kam. Im Laufe der Zeit war es die Sonne des Südens, die sie mehr und mehr in ihren Bann zog, bis es 1975 auch tatsächlich zur Anschaffung des Bungalows auf Mallorca kam.
Der Einsamkeit der Politikergattin suchte Vera Kreisky durch Besuche bei Freundinnen, darunter die Opernsängerinnen Hilde Güden und Birgit Nilsson, bei Bridgespielen (gelegentlich für einen guten Zweck), bei Ausstellungen (meist moderner Maler) und bei der Lektü-

re vorwiegend zeitgenössischer Schriftsteller zu entkommen. Genau wie ihr Mann war Vera stets daran interessiert, die vielen großen Persönlichkeiten – von Leonard Bernstein bis Olof Palme und Willy Brandt – im Haus zu Besuch zu haben. An Tagen, an denen es ihr gutging, war sie eine lustige, zum leisen Spott neigende, interessierte Gesprächspartnerin. An Tagen, an denen es ihr weniger gutging, zog sie sich zurück und sprach nicht viel. Sobald die depressiven Phasen anhaltender wurden, begab sie sich wiederholt in klinische Behandlung.

Die Kinder waren während der Kanzlerschaft ihres Vaters allmählich erwachsen geworden. Sohn Peter studierte Jus und engagierte sich bei den sozialistischen Mittelschülern und Studenten. Mit diversen Protestaktionen auf der Straße hat er Über-Vater Kreisky immer wieder an die radikale Stimme der linken Basis erinnert. Tochter Suzanne war sanfteren Gemüts. Sie ließ sich zur Kindergärtnerin ausbilden, heiratete und bescherte den Eltern bald den ersten Enkelsohn, Oliver. Eine Weile wohnten noch alle unter einem Dach, die Kinder im Erdgeschoß der Villa, die Eltern im ersten Stock. Als erste ist Suzanne mit ihrer Familie ausgezogen, Peter folgte Ende der siebziger Jahre mit Ehefrau Eva, deren Sohn Jan kam als zweiter Enkel Kreiskys im Jahr 1979 auf die Welt.

Traditionell sind die drei Generationen bis zum Tod des Kanzlers fast jeden Sonntag zum gemeinsamen Mittagstisch in der Armbrustergasse zusammengekommen.

Zum weiteren geliebten Familientreff wurde ab Mitte der siebziger Jahre auch das Haus auf Mallorca. Diese Anschaffung, die in den österreichischen Medien für großen Wirbel sorgte (Kreisky damals: »Kärnten ist mir zu teuer!«), war in Wirklichkeit nicht einmal seine Initiative gewesen, sondern war auf Wunsch von Vera erfolgt, die es immer stärker nach Süden zog, in die Sonne und in die Wärme. Sie liebte das Meer, war eine ausgezeichnete Schwimmerin, ist oft weit hinausgeschwommen, hat sich dann gerne lange in der Sonne aufgehalten, während ihr Mann den Schatten vorzog.

Daß es allerdings auch in Mallorca nicht zu jenem heißersehnten ungetrübten Privatleben gekommen ist, hat Vera sehr bald erfahren müssen. Auch nach Mallorca wurde die getreue Sekretärin Schmidt regelmäßig aus Wien angefordert, worauf sie mit der Aktentasche ankam, die Schriftstücke erledigen ließ und wieder abreiste. In einem der ersten Sommer hat Kreisky gleich sein berüchtigtes »Mallorca-Paket« geschnürt, das die inzwischen längst eingeführte Kapitalertragssteuer

Kest enthielt und besonders bei Bankern wie CA-General Hannes Androsch, Kreiskys verstoßenem Kronprinzen, für Aufruhr sorgte. Und es ist kein Urlaub unter spanischer Sonne vergangen, in dem er nicht auch laufend Journalisten zu den beliebten Sommer-Interviews empfangen hätte. Diese Interviews waren schon deshalb so begehrt, weil sie den Blättern in der Sommerflaute regelmäßig Höchstauflagen bescherten. Ein jedes dieser Gespräche – auch solche nach der aktiven Amtszeit – hatte immer wieder die Kraft, die Innenpolitik zum Glühen zu bringen.

Kreisky hat Österreich viel gegeben, es hat ihn zweifellos viel gesundheitliche Substanz gekostet. Zum Beispiel hat er sich bei Eröffnung des imposanten Arlbergtunnels zwischen Tirol und Vorarlberg – ein Stollen wurde auf Vera Kreisky getauft – einen bleibenden Schaden an seinem rechten Auge zugezogen, der auch von besten Ärzten in den Vereinigten Staaten, der Schweiz und Deutschland nicht behoben werden konnte.

Mit dem Ausscheiden aus der Regierung im Jahre 1983 – Kreisky war 72 Jahre alt – war das Leben des Ehepaares nicht, wie erhofft, leichter geworden. Die Nierenerkrankung und das Augenleiden waren als neue schwere Belastungen hinzugekommen. Vera stand ihrem Mann in der Zeit der Dialyse, die er – bis zur Nierentransplantation im Juni 1984 – bald jeden zweiten Tag benötigte, und später, als er die Sehkraft auf dem einen Auge fast gänzlich verlor, unermüdlich zur Seite. Sie war es dann, die ihm die Tageszeitungen vorlas, obwohl auch ihr psychischer Zustand sich allmählich verschlechterte. Im Dezember 1988 mußte Vera überraschend ins Allgemeine Krankenhaus. Dort verstarb sie, für alle unerwartet, am 5. Dezember 1988. Herzstillstand. Für Kreisky war dies ein kaum zu ertragender Verlust. Margit Schmidt erzählt, daß sie ihren Chef am Morgen des trüben Wintertages, als er sie zu sich gebeten hat, völlig gebrochen und verzweifelt vorgefunden hatte. Bruno Kreisky hat über den Tod seiner Frau, die ihm durch die Tiefen und Höhen seines Lebens gefolgt war, bitterlich geweint.

Margit Schmidt hat sich nach seinem Ausscheiden aus dem Kanzleramt als Beamtin beurlauben lassen und ist Kreisky noch bis zu seinem Tod am 29. Juli 1990 als seine persönliche Büro-Allrounderin zur Verfügung gestanden. Bis in die späten achtziger Jahre hat sie ihm seine Vorträge getippt, seine Reisen organisiert und an seinen drei Memoirenbänden mitgewirkt. Sie ist die Diskretion in Person: »Ich kann mich nicht erinnern, daß mir Dr. Kreisky während seiner aktiven Zeit viel aus seinem Privatleben erzählt hätte. Dazu war wirklich kaum Gelegenheit. Wenn seine Frau anrief, war er liebevoll und überaus sorgsam. Er war der Typ des ritterlichen Ehemannes, der sehr um sie bemüht war. Vor allem auch in den Phasen ihrer Depressionen mit den schwankenden Befindlichkeiten. Sie hat kein Hehl daraus gemacht, wenn es ihr nicht gutging. Er war für sie die wichtigste Bezugsperson. Um sie abzulenken, hat er sie immer wieder auf Kurzreisen und zu Konferenzen mitgenommen. Erst nach dem Tod seiner Frau ist er immer wieder auf sie zu sprechen gekommen, hat mir erzählt, was für eine kluge, lustige Frau sie in ihrer Jugend gewesen ist. Bei jeder Gelegenheit fielen ihm Gedanken und Äußerungen von ihr ein. Es war deutlich zu spüren, wie sehr ihm zuletzt der wichtigste Lebensmensch fehlte.«

Da im letzten Jahrzehnt ihrer Ehe eigentlich er der Schwerkranke war – Nierentransplantation, Sehschwäche, Schlaganfälle –, hatte er immer damit gerechnet, vor ihr zu sterben. Er hat Vorsorge getroffen, daß sie nach seinem Tode bestens betreut würde. Daß sie umgekehrt ihn nun völlig unerwartet früher verlassen hatte – darauf war er nicht vorbereitet.

Es ist überliefert, daß der junge Bruno Kreisky in Stockholm des Jahres 1942 der jungen Studentin Vera Fürth den Hochzeitsantrag mit den Worten eröffnet hatte: »Du weißt ja, ich bin kein Mann zum Heiraten ...«

Seiner Ansage zum Trotz hat die Ehe bis zum Tod fest gehalten, fast fünf Jahrzehnte. Niemand hat den Ehemann gegenüber seiner Frau je gereizt, erzürnt, lieblos gesehen. Es darf diese Leistung durchaus als die zweitgrößte in seinem beispielhaften Lebenswerk angesehen werden.

Damit durchaus nicht im Widerspruch steht, daß Kreisky nicht unbedingt ein Leben lang im engsten Sinne treu gewesen ist. Er hat von Jugend an nie ein Hehl daraus gemacht, an der Gesellschaft schöner und kluger Frauen Gefallen zu finden. In dem schon zitierten Katalog zur »Kreisky«-Ausstellung 1998 spricht Schwiegertochter Eva deutlich seinen Unmut gegenüber rein männlich ausgerichteten Parteistrukturen an: »Viele Jahre später artikulierte er immer wieder seine tiefe Abneigung gegen Männervereine: ›Ich hasse Männergesellschaften.‹ Über die unangenehme Zeit der Haft sagte er, daß ›ein Leben ohne Frauen eine besondere Belastung‹ darstelle. Die Sozialdemokratie, der Schutzbund und ihre Männerbündelei gefielen ihm demnach ebensowenig wie andere Männerbünde.«

Es bedeutet keineswegs, die Größe dieses überragenden Staatsmannes zu schmälern, wenn man ihn als großen Verehrer der Weiblichkeit darstellt. Sein Porträt wäre unvollständig, würde man die Frauen unerwähnt lassen, die er außer Vera noch geliebt hat. Vor allem in den späten Jahren, als es ihr gesundheitlich immer häufiger für lange Phasen schlechtging und sie sich immer wieder in Spitalsbehandlung begeben mußte, hat er sich mit der Leere an seiner Seite nicht abgefunden.

Die große menschliche Qualität eines Ehemannes liegt eben, nach Meinung der Verfasserin, nicht unbedingt darin, seiner Frau physisch immer treu zu sein – dies würde heißen, die biologischen Gesetzmäßigkeiten der Männlichkeit zu verkennen. Die große eheliche Tugend liegt auch darin, die Ehefrau trotz allem nie zu verlassen, zu schmähen oder zu demütigen, wie dies immer wieder zum großen Leidwesen vieler Ehefrauen geschieht.

Auch das ist eheliche Treue: Der Gefährtin vieler Jahre und Mutter der gemeinsamen Kinder fürsorglich und ritterlich die Würde der ersten Frau zu bewahren. Die wenigsten können es: Thomas Klestil hat es nicht geschafft, der viel ältere französische Staatspräsident François Mitterrand sehr wohl – und eben auch Grandseigneur Kreisky.

Der »Sonnenkönig« hat in seinen späten Jahren – er war 63 Jahre alt – eine Gefährtin gefunden, die nicht unwesentlich daran Anteil hatte, daß er den Bürden seiner offiziellen und privaten Belastungen besser standhalten konnte. Denn auch er war während der Kanzlerjahre gesundheitlich gelegentlich mehr gehandicapt, als er sich selber und anderen zugeben wollte. Da traf er eines Abends auf einem Fest, das zu Ehren der ihm seit seinem Exil bekannten und vorübergehend am Theater in der Josefstadt engagierten schwedischen Schauspielerin Ulla Jacobsson gegeben wurde, eine Frau, die von 1972 bis zu seinem Tode so etwas wie seine Muse wurde: die um gut zwanzig Jahre jüngere, zauberhaft feminine Josefstadt-Schauspielerin Senta Wengraf. Ihr war es gegeben, von »diesem so imponierenden Mann« (Wengraf) umschwärmt und begehrt zu werden.

Um es vorwegzunehmen: Es war eine Beziehung, von der, wie es eben in Wien so ist, »ohnehin jeder gewußt hat« (Wengraf). In den Medien hatte man sich damals jedoch noch größte Zurückhaltung auferlegt, Privatangelegenheiten von Politikern wurden noch nicht so unerbittlich offengelegt, wie dies der Journalismus der neunziger Jahre zu tun pflegt. Die Gesellschaftssendung »Seitenblicke« des Fernsehens hat es noch nicht gegeben (sonst wäre die Anwesenheit von Senta Wengraf bei zahlreichen Heurigen oder auch in der Opernballoge des Kanzlers wohl auch einem größeren Personenkreis aufgefallen). In den Zeitungen waren die Gesellschaftsrubriken noch nicht eingeführt, außer in der »Kronen-Zeitung«. Wie viele andere Journalisten auch hat Roman »Adabei« Schliesser von der Beziehung gewußt, hat aber – wie über andere pikante Affären – Stillschweigen bewahrt.

Auch Senta Wengraf selbst hätte von sich aus keinen Wert darauf gelegt, ihre Liebe zu Kreisky in Geschichtsbüchern oder Kreisky-Biografien wiederzufinden. Wären da nicht die Recherchen für dieses Buch gewesen. Es war die Verfasserin, die die reizende Senta Wengraf kurzerhand bei einer Schale Tee einmal danach gefragt hat. Wengrafs Antwort war ausweichend: »Das ist doch so lange her! Das interessiert doch heute überhaupt niemanden mehr!« Anfänglich bemühte sich die Schauspielerin, diese grand amour in ihrer Bedeutung herabzuspielen. Sie irrte sich allerdings: Denn die Wahrheit ist immer interessant. Die vielen Facetten Kreiskys – wann denn sollten sie beleuchtet werden?

»Bitte schreiben Sie nichts, was in irgendeiner Weise dem Andenken an diesen großen Mann schaden könnte«, bat Senta Wengraf, von deren verführerischer Quirligkeit – halb Elfe, halb Schalk – auch in ihren Sechzigern nichts verlorengegangen ist. Als ob es dem Ansehen des großen europäischen Staatsmannes Mitterrand geschadet hätte, als die Welt nach seinem Tode erfuhr, daß er eine Geliebte hatte und zu der nun 18jährigen Tochter aus dieser Beziehung stets guten Kontakt pflegte.

Gemeinsam haben in aller Öffentlichkeit eben zwei Frauen von Format miteinander um Mitterrand getrauert.

Zart, knabenhaft, fröhlich, verspielt war Senta Wengraf, nach Aussagen zahlreicher Mitwisser, für Kreisky die ideale Geliebte schlechthin. Sie war in einer einzigen frühen Ehe mit Graf Herberstein verheiratet gewesen, lebte, von ihm aber längst freundschaftlich geschieden, das ungetrübte Dasein eines von vielen Freunden umringten Singles.

»Nie hätte ich mir angetan, ein zweites Mal zu heiraten, dazu ist mir meine Freiheit viel zu wichtig!«

Sie hat niemandem – nicht Kreiskys Frau, nicht seinen Kindern, schon gar nicht seiner Politik – auch nur einen Zentimeter von deren Spielraum genommen. Sie hat, im Gegenteil, allem etwas von ihrer

bezaubernden Lebensfrische hinzugefügt, zu allererst Kreisky himself, der Hauptperson, um die sich alles drehte.
Es verging kein Tag, an dem der Politiker die Geliebte nicht mehrmals angerufen hätte. Senta Wengraf: »Es war mir unmöglich in dieser Zeit, mit irgend jemand anderem zu telefonieren, mein Apparat mußte für seine Anrufe frei bleiben. Habe ich nicht gleich abgehoben, oder war um Gottes willen doch einmal etwas länger besetzt, ließ er gleich jemanden aus dem Kanzleramt zu mir herüberkommen, ob mir auch nichts passiert ist.«
Die Kehrseite: »Es war natürlich schmeichelhaft, von so einem imponierenden Mann begehrt zu werden. Aber es war für mich auch eine Art Gefängnis. Denn meine Kollegen am Theater wußten doch davon. Wäre ich mit anderen Männern ausgegangen, hätte es geheißen, jetzt ist sie ihm untreu, was ja nicht stimmte. Ich habe höllisch aufgepaßt, Kreisky nicht zu beschämen, ihm nicht zu schaden. Ich mußte mich tadellos aufführen und mußte, was ich gar nicht so gerne tat, öfter alleine zu Hause bleiben, als mir lieb war.«
Dennoch haben der König und die Schauspielerin einander fast täglich getroffen. Die Kriminalbeamten waren eingeweiht, die Kreisky bis vor die Haustüre ihrer schönen Wohnung in der Nähe des Rings begleiteten. Im Kanzleramt stand unter den vielen Telefonapparaten einer, den nur Kreisky benutzte, an dem nur er selbst wählte und abhob. An Sekretärin Schmidt vorbei hat er von diesem aus seine amourösen Treffen selbst organisiert. (Trotzdem waren auch seine engsten Mitarbeiter eingeweiht.) Ohne viel Mühe gelang es, lange Zeit Diskretion zu wahren und dennoch so oft wie möglich zusammenzusein. Da sie beide Nachtmenschen waren, ist es vor allem zu sehr später Stunde auch zu langen Telefonaten gekommen, in denen Kreisky nicht selten sein Herz ausschüttete. Senta Wengraf ist vielleicht die einzige, die Kreiskys andere, verwundbare Seite gekannt hat. Vielleicht, denn auch sie sagt: »Wirklich hineinsehen in ihn hat wohl niemand können!«
Da sie dem lustigen Schauspielvolk angehörte, fiel es ihr auch nicht schwer, abends im Kreise eines bunten Künstler-Trüppchens mit ihm auszugehen: »Wenn er anrief, ob ich nicht abends mit zum Heurigen wollte, war es nicht schwer, große Begleitung dafür zu finden. Jeder wollte mit Kreisky zum Heurigen gehen. Hab ich etwa Curd Jürgens gefragt, hat der sofort begeistert ja gesagt, dann sind wir als ganze Truppe beim Zimmermann oder sonstwo eingefallen.«

Auch beim verpflichtend verordneten Opernball, zu dem er sich höchst ungern in den Frack zwängte, war sie häufig Gast in seiner Loge. Schließlich soll auch Vera von der Beziehung gewußt haben, nachdem es ihr, so glaubt Senta Wengraf, »irgendeine charmante Opernsängerin einmal gesteckt hat«. Das Drama ist ausgeblieben.

Wie Vera zu der Tatsache der Rivalin gestanden ist? Kreisky-Sohn Peter, der mit dieser Frage konfrontiert wurde, gibt ausweichend Antwort: »Ich kann die Beziehung nicht bestätigen, weil ich in diesen Jahren schon von zu Hause ausgezogen war. Und möchte mich dazu auch nicht äußern.« Trotzdem liefert er ausführlich den möglichen ideologischen Hintergrund für eine reibungslose Dreiecksbeziehung: »Meine Eltern waren, trotz aller bürgerlichen Vorbehalte, doch auch sehr durch das liberale Klima Schwedens geprägt. Dort gab es bereits in den dreißiger Jahren eine offizielle Sexualaufklärung, wie es sie in Österreich noch bis heute nicht gibt. Meine Eltern waren beide alles andere als kleinbürgerliche und kleinfamiliäre Denker, sie haben sich sicher über die Möglichkeiten einer offenen Ehegestaltung Gedanken gemacht. Ihre Beziehung war von Offenheit, aber auch Diskretheit gekennzeichnet. Sicher kamen sie mit ihrer liberalen Haltung auch immer wieder in Zwiespalt. Wie sie damit zurechtkamen, ist mir natürlich verborgen geblieben.«

Nicht verborgen ist dem Sohn allerdings geblieben, daß sich Frau Wengraf vor allem in den Jahren der schweren Erkrankungen liebevoll um seinen Vater gekümmert hat. Abwechselnd mit anderen Personen seines Vertrauens, darunter der Sohn, die Sekretärin und die Gefährtin aus Jugendtagen, Marietta Torberg, die Witwe des Schriftsteller-Freundes Friedrich Torberg, hat sie nach ihm gesehen, ihm die geliebten Zeitungen vorgelesen, ihn auch in Mallorca aufgesucht, da er das Alleinsein haßte. Stundenlang ist sie an seiner Seite gesessen, wenn er an den Blutwäsche-Apparaten hing.

Senta Wengraf: » Aus der Liebe zu Beginn ist später eine große Sorge um seine Gesundheit geworden. Ein Mitleid mit seinen vielen, zum Teil schweren Leiden. Es war für mich ganz selbstverständlich, ihm bis zum Ende, so gut es ging, beizustehen.«

Hermine Sinowatz

5. Oktober 1931 – 5. August 1995

Es regnete an diesem Juli-Dienstag 1998, an dem Altbundeskanzler Fred Sinowatz bereit war, mich für ein Gespräch über seine Frau zu empfangen. Es schüttete, als ich an der Tankstelle des kleinen burgenländischen Ortes Neufeld nach der Straße fragte, in der Dr. Sinowatz wohnt. Sofort wußte man Bescheid.

Sinowatz ist der bedeutendste Sohn dieser burgenländischen Arbeiter-Gemeinde. Mir persönlich ist der rundliche Politiker mit der mächtigen, platten Nase – als wäre er eine der naiven Figuren des burgenländischen Malers Gottfried Kumpf – immer sympathisch gewesen. Besonders als Unterrichtsminister der Regierung Kreisky in jenen aufbruchbewegten siebziger Jahren, in denen Österreich mehr Demokratie, mehr Liberalität, mehr Großzügigkeit und Weltoffenheit erlangt hat als je zuvor und danach, hat sich der Mann, der vom Lande kam, als sozialdemokratischer Humanist und mutiger Erneuerer von Schulwesen und Kunst behauptet.

Als Kanzler der Jahre 1983 bis 1986 hatte er nach Bruno Kreisky einen weniger glücklichen Stand. Er hat das Amt nicht freiwillig angetreten. Er habe sich »mit Händen und Füßen gewehrt«. Es wurde gewitzelt, Kreisky habe sich als Kanzler und Parteivorsitzender absichtlich einen Schwächeren als seinen Nachfolger ausgesucht, damit sein, Kreiskys, Glanz umso länger konkurrenzlos strahle.

Mit seiner birnenförmig fülligen Erscheinung ist Sinowatz beliebtes Objekt zahlreicher Karikaturisten gewesen – doch diese Scherze waren leicht zu verkraften im Vergleich zu der Flut von Prozessen, in die Fred Sinowatz von 1985 bis 1993 verwickelt war. Von der Demütigung und Kränkung, die er in diesen Jahren erfahren mußte, hat sich Sinowatz aber seelisch und körperlich nie mehr richtig erholt.

Aus der Tür seines bequemen Einfamilienhauses trat mir nur vier Jahre nach dem Freispruch im Noricum-Prozeß ein Mann entgegen, der ein Schatten seiner einst so imposanten Erscheinung war. Fred Sinowatz, Jahrgang 1929, war zwar erst im Alter von 69 Jahren, doch wirkte er alt, müde, gebrechlich. Ein jahrelang mißachteter Diabetes hat sich gerächt. Seine Beine waren schlecht durchblutet, die Nerven angegriffen, das Gehen wurde ihm schwer. Er stützte sich auf einen Stock. Am auffallendsten aber war der Eindruck, hier einen schrecklich einsam gewordenen Menschen vor mir zu sehen. Die Gründe erfuhr ich bald: Seine geliebte Frau mußte zu Beginn des Noricum-Prozesses, 1993, erfahren, daß sie an Krebs erkrankt war. Zwei Jahre später, am 5. August 1995, war Hermine Sinowatz trotz mehrfacher Chemotherapien gestorben. Das Haus des Witwers ist still und leer. Und es waren dies auch seine ersten Worte nach der Begrüßung: Sinowatz entschuldigte sich fast dafür, daß das große ehemalige Wohnzimmer im Erdgeschoß nun zu seinem ausschließlichen Lebensraum geworden war, mit Schreibtisch, Fernseher und Bücherwand, und daß sein Arbeitszimmer nebenan zu seinem Schlafraum umfunktioniert werden mußte. »Ich hab herabziehen müssen, weil ich mir das Hinaufgehen in den Stock sparen will.« Durch das große Verandafenster sahen die Koniferen des zur Straße hin gelegenen vorderen Gartens herein. Das Zimmer war aufgeräumt, besser gesagt, nur noch mit dem Minimum an dem ausgestattet, was einem alleinstehenden älteren Herrn gerade noch wohnlich und praktisch erscheint. Kein Tischtuch, keine Blumen, keine Zierdeckchen, kein Krimskram zum Abstauben. Das Leben eines Alleinstehenden, der seinen Lebensradius enger zieht.

Fred Sinowatz hatte zwei große Schachteln vorbereitet, in denen wir nach Bildern kramen konnten, Fotografien seiner Hermine, die ihm so sehr fehlt. Mit der es ihm nicht gegönnt war, nach all den Jahren in der Politik, den Lebensabend gemeinsam zu verbringen. Und dieser Verlust wiegt ihm nun doppelt schwer. Denn er macht sich Vorwürfe und kommt im Gespräch immer wieder darauf zu sprechen, daß er sich damals, als sie noch lebte, viel zu wenig Zeit für sie genommen hat.

Hermine Sinowatz kam 1931 zur Welt, war also zwei Jahre jünger als ihr Mann. Sie hieß mit ihrem Mädchennamen Semmler und stammte nicht wie er aus dem Burgenland, sondern aus der Nachbargemeinde Ebenfurt, die noch auf niederösterreichischem »Hoheitsgebiet« liegt. Doch diese Grenzziehung sollte im Leben der beiden keine Rolle spielen. Beide waren der Landschaft des Steinfeldes, die im Westen bis zur Hohen Wand und zum Schneeberg reicht und bereits das milde pannonische Klima verspürt, tief verbunden, einer Landschaft, in der sich die Felder der Bauernschaft mit den Schloten und Fabriken früher Industrialisierung zu einer kontrastreichen Harmonie fügen.

Hermines Vater war kaufmännischer Angestellter in der Textilindustrie, die damals in diesem Gebiet zwischen Wien und Wr. Neustadt noch intensiv verteten war. In fast jeder Gemeinde war ein Textilbetrieb. Hermines Vater arbeitete in den Produktionsstätten der Familie Borkenstein, während Sinowatz' Eltern in der großen Jutefabrik von Neufeld beschäftigt waren. Die Familie Sinowatz zählte zu den »Aristokraten« der örtlichen Arbeiterbewegung. Der Onkel, an den Sinowatz sich besonders liebevoll erinnert, war Bürgermeister: »Mein Onkel ist fast nicht zur Schule gegangen wie damals in Ungarn noch üblich. Er hat sich selbständig weitergebildet und hat sich eine beachtliche Bibliothek zugelegt, die er mir dann vermacht hat. Er war ein Sir der Sozialdemokratie, ein wirklich guter Mann. Da er lange arbeitslos war, hat er mir schon vor der Schule Lesen und Schreiben beigebracht. Ich glaube, daß ich durch ihn schon früh in diese andere, diese liberale und weltoffene Geistesverfassung versetzt worden bin. Heraus aus dem Provinziellen. Er hat mich geprägt.«

Neufeld war bereits in der Zeit der Monarchie, als es noch zu Ungarn gehörte, ein Industriedorf mit einer selbstbewußten Arbeiterschaft und einer starken sozialistischen Parteiorganisation. Neben der Jutefabrik gab es eine chemische Fabrik und ein Braunkohlenbergwerk. Dieses Bergwerk hat im Ersten Weltkrieg noch ein Drittel des Strombedarfs von Wien geliefert. In den dreißiger Jahren, als der Kohleabbau unrentabel geworden war, wurde es aufgelassen. In der immensen Tagbaugrube stieg der Grundwasserspiegel rasch, und es entstand ein See mit besonders klarem Wasser, der Neufeldersee. Stolz klingt aus der Stimme des Altkanzlers: »Die Qualität des Gewässers, das, unter dem Steinfeld durchgedrückt, von Schneeberg und Rax herstammt, besitzt die gleiche Qualität wie das Wiener Hochquellwaser.«

Sinowatz' Großvater und auch seine Mutter arbeiteten in der Neufelder Jute-Manufaktur, sein Vater lernte in der chemischen Fabrik das Schlosserhandwerk, ehe er dann – bis zu dessen Schließung – im Bergwerk arbeitete. Hermines Elternhaus war eher mittelständisch, während das von Fred Sinowatz eindeutig der Arbeiterschaft zuzurechnen war. Nach der Hauptschule in Ebenfurt besuchte Hermine Semmler die Lehrerbildungsanstalt in Wr. Neustadt und beendete sie 1951 mit der Matura. Zu den schönsten Momenten im Leben der Hermine Sinowatz zählte ihre Maturareise 1951 nach Rom, was gemessen an der schweren Nachkriegszeit damals ein ebenso fernes Ziel war wie heute eine Reise nach Tokio.

Sie war ausgebildete Volksschullehrerin, konnte ihren Beruf jedoch nicht ausüben, weil es damals nicht genügend freie Stellen gab. Sie hätte zwar eine Lehrstelle im fernen Vorarlberg oder in Kärnten bekommen können, zu dieser Zeit hat sie aber bereits ihren künftigen Ehemann gekannt. Und so wollte sie von zu Hause nicht mehr weg und nahm eine Stelle im Büro der Jutefabrik an. Kennengelernt haben sich die beiden Ende der vierziger Jahre – wie könnte es anders sein –

Hermine und Fred Sinowatz

am Neufeldersee beim Baden. Sinowatz war 21, Hermine 19 Jahre alt. Er studierte Germanistik, Geschichte und ein bißchen Zeitungswissenschaften in Wien und war daneben bereits ausgiebig in der Lokalorganisation der SPÖ tätig.
Neufeld hat eine große sozialdemokratische Tradition aufzuweisen. Hier gab es schon 1890 die erste große Streikbewegung. Sofort nach dem Anschluß des Burgenlandes an Österreich verfügte der Ort über die stärkste Lokalorganisation dieses neuen, neunten österreichischen Bundeslandes.
Wer das Burgenland geringschätzt, kennt seine wahre Bedeutung nicht. Aufs überzeugendste nahegebracht hat sie mir einst der aus Ungarn stammende Schriftsteller und Essayist György Sebestyen: »Im Osten das Morgenland, im Westen das Abendland und in der Mitte das Burgenland.«
Der Politiker Fred Sinowatz hat bis heute noch keine Biografie veröffentlicht, er hat dies auch nicht vor. Nur ein Manuskript über die Stationen seines Lebens liegt noch unvollendet vor ihm auf dem Tisch, das er, sobald er es fertiggestellt haben wird, dem Archiv des Vereins

der Arbeitergeschichte und einigen Bibliotheken vermachen will. Er hat damit nicht vor, sich in die Tagespolitik seiner Nachfolger einzumischen, will jedoch den Verlauf seines politischen Wirkens aufzeichnen, damit Interessierte darin einmal nachlesen können.

Bewegt verweist Sinowatz in diesen noch unvollendeten Aufzeichnungen auf die stummen Zeugen einer für die zwanziger und dreißiger Jahre dieses Jahrhunderts beispielhaften sozialistischen Gemeindeverwaltung seiner Heimatgemeinde: Von den Kinderfreunden bis zu den Arbeiterradfahrern, vom Arbeitersportverein bis zum Arbeitergesangsverein reichten die Zeichen einer eigenen sozialistischen Kulturstruktur. Sinowatz widmete sich ebenso wie sein Vater und sein Großvater vor ihm bereits früh der Parteiarbeit.

Auch in den Jahren des Verbotes der Sozialdemokratischen Partei im Ständestaat der dreißiger Jahre und während des Zweiten Weltkrieges gingen im Hause Sinowatz Gesinnungsgenossen zu illegalen Treffen ein und aus. 1945 wirkte Fred Sinowatz – noch als Gymnasiast – aktiv an der Wiedererrichtung der Partei mit und wurde 1954, nach Beendigung seines Studiums, als Funktionär in den Lokalausschuß gewählt. Beruflich kam er auf seinen Wunsch hin in den wissenschaftlichen Dienst der Landesregierung, konkret ins Landesarchiv und in die Landesbibliothek, und befaßte sich mit dem Studium der Geschichte des Burgenlandes, Schwerpunkt: der Wechsel des Burgenlandes von Ungarn zu Österreich durch die Friedensverträge von St-Germain und Trianon Ende des Ersten Weltkrieges. In der Nachkriegszeit kam Sinowatz als jüngster Kandidat auf die Liste der SPÖ für die Gemeinderatswahlen, und schon 1956, im Alter von 27, wurde er gleichzeitig Obmann der stärksten burgenländischen Ortsorganisation und Gemeinderatsmitglied. Zwei Jahre später, 1958, saß er bereits im Landesparteivorstand.

Wenn er später sein von vielen mißverstandenes und belächeltes »Ohne Partei bin ich nichts« sagen wird, war dies als Liebeserklärung an seine geistige Heimat gemeint. Richtiger wäre: Ohne Menschen wie Fred Sinowatz würde es die Partei nicht geben ...

Und so muß er sich rückblickend die Frage gefallen lassen, ob denn vielleicht die SPÖ seine wahre große Liebe gewesen sei, der er mehr Stunden seiner Zeit gewidmet hat als seinen privaten Angelegenheiten?

Diese Unterstellung bestreitet er vehement: »Nein, nein. Meine große Liebe, das war meine Frau. Sie war sehr hübsch. Zuerst brünett, das Blond dürfte ein bißchen später gekommen sein. Sie war sehr klug

und sehr interessiert, überaus menschlich und sehr tüchtig. Sie hat mir alles abgenommen, was privat an Arbeit angefallen ist. Sie war liebenswürdig und eine wirklich unterhaltsame Gesprächspartnerin. Sie war für mich in all den Jahrzehnten nicht wegzudenken.«
Wehmütig erinnert er sich – wenn er den Vergleich zu den vielen Freiheiten junger Leute von heute zieht –, daß es ihm und seiner Hermi vor der Hochzeit am 28. August 1954 höchst selten gelungen war, eine Nacht einmal gemeinsam zu verbringen, was damals den jungen Leuten strikt verboten war. Die Eltern hätten es nicht erlaubt, doch bei den Großeltern in Floridsdorf war es einmal nach der letzten Prüfung in Wien doch möglich geworden: »Es war nach dem Tanzabend bei Horst Winter im Volksgarten, da sind wir in Wien geblieben. Es war eine kleine Sensation für damals, mit Hermi in einem Zimmer gemeinsam schlafen zu dürfen. Es war ja rundherum eine so prüde Lebenseinstellung.«
Erst als er das Studium beendet hatte, waren die wirtschaftlichen Voraussetzungen für eine Familiengründung gegeben. Zuerst wohnte das junge Paar noch in der kleinen Mansarde seines Elternhauses. Als Freds Vater den beiden einen Acker vom Großvater gleich hinter dem Elternhaus überließ, der als Baugrund bereits zu einer neu aufgeschlossenen Siedlung gehörte, fingen sie an, das einstöckige Haus zu bauen, von dem sich Fred Sinowatz niemals mehr trennen würde. Auch in den Jahren als Minister und Kanzler in Wien hat er jeden Abend – oft wurde es nach Mitternacht – die knappe Stunde für die Strecke von Wien nach Neufeld in Kauf genommen, um zu Hause zu übernachten. Und zeitig früh ging es wieder zurück. Ein Kanzler als Pendler, wie viele andere Burgenländer auch.
Zweimal hat er während seiner Jahre in der Bundesregierung versucht, sich in Wien eine Wohnung zu nehmen, aber beide sind auch nach Theaterbesuchen und wenn es spät geworden ist, lieber die Autobahnstrecke nach Hause gefahren. Sinowatz: »Ich bin in den 17 Jahren, die ich von 1971 bis 1988 in Wien war, jeden Tag nach Hause gefahren. Mit ganz, ganz wenigen Ausnahmen.«
Wenn es wirklich sehr spät geworden ist, hat er in dem dafür vorgesehenen kleinen Kabinett im Bundeskanzleramt übernachtet, auf dem ausziehbaren Klappbett. »Im allgemeinen aber hatte ich es mir so eingerichtet, daß mein Chauffeur aus der Nachbargemeinde stammte. So daß wir beide doch jedesmal nach Hause kamen.«
Um den Hausbau, bei dem Eltern und Verwandte mitwirkten, hat sich

überwiegend Sinowatz' Vater gekümmert, tatkräftig unterstützt von Schwiegertochter Hermi, obwohl auch sie zu Beginn der Ehe noch berufstätig war und 1956 ihr erstes Kind zur Welt brachte, Tochter Eva.

Fred Sinowatz war, er gibt es selbst zu, fast ausschließlich von seiner politischen Tätigkeit in Anspruch genommen. Auch die Wochenzeitschrift der SPÖ im Burgenland »BF – Burgenländische Freiheit« hat er praktisch im Alleingang verfaßt, wozu er zusätzlich noch so manche Nachtschicht einlegte. »Mein Vater verbrachte viele Stunden am Bauplatz, zusammen mit meiner Frau. Er plante und überwachte den Baufortschritt. Weil wir beide nicht übermäßig verdienten, finanzierten wir den Bau neben Eigenmitteln mit einem Wohnbaukredit.«

Die Geburt der kleinen Eva verlief nicht ganz ohne Komplikationen. Bald stellte sich heraus, daß Eva an einer Neugeborenen-Gelbsucht litt. Sie mußte sofort vom Wr. Neustädter Krankenhaus, wo sie zur Welt kam, in eine Wiener Kinderklinik überstellt werden. Die jungen Eltern waren verzweifelt, als sie ihre kleine Tochter im Inkubator liegen sahen, »teilnahmslos und am kleinen Körperchen ganz braun«, erinnert sich Sinowatz. Klein Eva erholte sich jedoch rasch und wurde ein völlig gesundes Kind.

1959 war das Haus fertig, die kleine Familie konnte einziehen. Polit-Pensionist Sinowatz erzählt: »Es waren überaus anstrengende Jahre, aber meine Freude an der Arbeit, meine Jugend und das Verständnis meiner Frau halfen mir über alle Schwierigkeiten hinweg.«

Auch ein Auto wurde zu dieser Zeit angekauft, gleichfalls mit Hilfe der Eltern, die nunmehr ein Geschäft betrieben, ein gebrauchter Fiat 1100 E.

Auch Hermine hatte den Führerschein erworben. Im Sommer 1959 ging es mit dem Auto zum Internationalen Gemeindetag in Holland, zu dem Sinowatz auch seine Frau mitnehmen konnte: »Dieser Auslandsaufenthalt war für uns damals keineswegs eine Selbstverständlichkeit. Er war für uns ein großes Erlebnis und entschädigte uns einigermaßen dafür, daß wir einen Teil unseres Privatlebens meinen politischen Verpflichtungen opfern mußten.«

Hermine Sinowatz habe – so zumindest erzählt es ihr Witwer – keine Minute ihres Lebens damit gehadert, einen Vollblut-Politiker zum Mann zu haben. Zumindest hat sie ihrem Fred gegenüber nie eine abwertende Bemerkung über seine berufsbedingten Abwesenheiten gemacht. Schließlich war er bereits engagierter Parteifunktionär, als sie

einander an jenem herrlichen Sommertag am Neufeldersee kennengelernt hatten.
Und so hat sie damit rechnen müssen, daß er neben dem Studium und später neben dem Beruf auch noch Parteiämter innehaben würde. Auch war sie selbst vollauf damit beschäft, Haus und Kinder zusammenzuhalten. Nach Eva war im Jahr 1960 Sohn Peter dazugekommen. Das Haus wurde umgebaut und erweitert. Hermine Sinowatz hatte ihre Eltern, Schwiegereltern und ihre Schulfreundinnen aus Kindheit und Jugendzeit in der Nähe. Sie war nicht einsam.
Daß sie gerne aber doch mehr bei all ihren Unternehmungen auch ihren Mann dabei gehabt hätte, das hat dieser dennoch immer wieder gespürt. Sinowatz gibt zu: »Ich denke, sie hat schon ein bißchen darunter gelitten, daß wir so wenig Zeit miteinander gehabt haben. Wir konnten oft nicht in den Urlaub fahren, oder wenn es doch gelang, mußte ich nach wenigen Tagen schon wieder zurück, während sie mit den Kindern bleiben konnte. Auch die Erziehung der Kinder hat sie zum Beispiel völlig allein inne gehabt. Aber sie hat dies doch alles ohne Murren und Aufbegehren akzeptiert.«
Im Jahr 1961 stieg Sinowatz zum Landesparteisekretär auf, wenig später wurde er als Abgeordneter in den Landtag entsandt. Im September 1963 kam Tochter Eva in die erste Klasse Volksschule. Im allgemeinen ist dies ein stolzes, hoffnungsfrohes Ereignis im Leben von Eltern. Nur im Leben von Politikern scheint dies anders zu sein, wie Sinowatz, der ehemalige Unterrichtsminister, sich erinnert: »Es war ein großes Ereignis in der Familie – nur an mir ist es wieder einmal fast unbemerkt vorübergegangen.«
Sein berufliches Engagement trug indes herzeigbare Früchte. 1964 wurde die SPÖ die stärkste Partei des Burgenlandes und stellte mit Hans Bögl den Landeshauptmann. Fred Sinowatz erfüllte somit allmählich drei Funtkionen: eine staatliche und zwei parteiinterne. Er war Landtagspräsident und daneben in der SPÖ Landesparteisekretär und gleichzeitig Obmann des im Landtag tätigen SPÖ-Clubs. Er war faktisch Tag und Nacht unterwegs. Er legt Wert auf die Feststellung: »Trotz dreier Funktionen hat es damals nur einen Bezug gegeben. Wir kannten dies gar nicht anders.«
1966 wurde Fred Sinowatz Kulturlandesrat. Die Seefestspiele Mörbisch wurden ausgebaut und die Grillparzer-Spiele auf Burg Forchtenstein ins Leben gerufen, wo unter anderem der junge Klaus Maria Brandauer als Leon in »Weh dem, der lügt!« auffiel. Symposi-

en und Ausstellungen in den Schlössern des Landes belebten die verschlafene Szene. Nun folgte die Zeit, da Künstler das Burgenland in seiner wohltuenden Rückständigkeit, seiner weiten schwermütigen Landschaft und dem warmen pannonischen Klima zu schätzen begannen und sich einer nach dem anderen hier niederließ. Kulturlandesrat Sinowatz hat sie mit seiner großen Offenheit für das zeitgenössische Kunstgeschehen gemeinsam mit dem damaligen Landeskonservator für das Burgenland, Alfred Schmeller, dem späteren Direktor des neu errichteten Museums des 20. Jahrhunderts in Wien, dazu angeregt. Der Plan ging voll auf. Der Phantastische Realist Anton Lehmden siedelte sich im Schloß Deutschkreuz an, Schriftsteller György Sebestyen in Hornstein, der Maler Peter Pongratz wirkte in Eisenstadt, Theatermacher Erwin Piplits in Neumarkt, die Bildhauer Wander Bertoni und Walter Pichler eröffneten ihre Werkstätten, Peter Handke, Gerhard Rühm, Jan Rys wirkten im Lande, die ältere Garde, unter ihnen Ernst Schönwiese und Hellmut Andics, war schon länger da, ebenso der pannonische Geiger und Komponist Toni Stricker sowie Maler Gottfried Kumpf.
Das in wirtschaftlicher Hinsicht unterentwickelte Burgenland weist eine große Dichte Kulturschaffender auf. Zu all den Eröffnungen von Ausstellungen, Ateliers und Werkstätten ist Hermine Sinowatz mit ihrem Mann begeistert mitgegangen. Beide haben auch gerne gegessen, auch den guten burgenländischen Wein und Schnaps nicht verachtet. Und er war froh, seine Frau bei diesen Gelegenheiten »ein bißchen aus dem vielen Alleinsein herauszureißen«.
Zur fülligen Erscheinung des Politikers ist es nicht von ungefähr gekommen. Sinowatz kennt selbst die Ursachen: »Wenn man beruflich so viel im Land unterwegs ist, hat man immer wieder die Verpflichtung zu trinken. Aber es war nicht nur die Verpflichtung, ich habe selber ganz gerne gegessen und getrunken. Meine Frau hat zwar aufgepaßt und immer wieder Essen vor mir versteckt, aber es half nichts. Wenn ich abends nach Hause gekommen bin, wenn die Spannung abgefallen ist, bin ich über den Kühlschrank hergefallen und hab ihn leer gegessen. So viel hat sie gar nicht wegräumen können, daß ich es nicht gefunden hätte.«
Häufig sind auch Parteifreunde abends noch mit nach Neufeld ins schöne große Wohnzimmer mitgekommen. Auf ein Stamperl Wodka und mehr. Engste Freunde des Ehepaares Sinowatz waren Leopold Gratz und seine erste Frau. Später schloß diese Freundschaft auch die

zweite Frau des ehemaligen Außenministers und Wiener Bürgermeisters ein. Sinowatz und Gratz waren eng befreundet, seit sie einander – Gratz Zentralsekretär, Sinowatz Landesparteisekretär – bei der politischen Arbeit kennengelernt hatten. Sie sind der gleiche Jahrgang 1929, im Jahr 1999 werden beide 70. Die Freundschaft hält bis heute an. Fred und Hermine Sinowatz waren aus der Kirche nicht ausgetreten, aber sie waren beide keine praktizierenden Katholiken. Dennoch zählt der Papstbesuch im Jahr 1985, verbunden mit einer Besichtigung der Vatikanischen Museen anläßlich des ersten Besuches beim italienischen Ministerpräsidenten Craxi zum Schönsten, was sie gemeinsam erlebt haben.
Auch in Teneriffa verbrachten sie einige Male ihren Urlaub im Sommer. Den Wunsch jedoch, sich – so wie Vorgänger Bruno Kreisky – im Süden für ständig eine kleine Villa zu kaufen, diesen Wunsch hat weder Hermine noch Fred Sinowatz je gehegt. Dazu gefiel es ihnen in ihrem eigenen Haus und Garten am Neufeldersee viel zu gut.
Das Jahr 1967 brachte beruflich wie privat große Erfolge. Tochter Eva kam ins Gymnasium in Eisenstadt, Sohn Peter ging in die Volksschule, beide Kinder entwickelten sich zu braven, tüchtigen Schülern. Und die SPÖ gewann die Wahlen in einigen Bundesländern. Die stürmischen 68er warfen ihre Schatten voraus, bis hin ins Jahr 1970, in dem die Sozialisten aus den Wahlen im ganzen Land als stärkste Partei hervorgingen und es unter Bruno Kreisky erstmals zu einer SPÖ-Alleinregierung kam.
Die legendäre Ära Kreisky begann, Sinowatz war ab Oktober 1971 ihr Kunst- und Unterrichtsminister und machte deutlich, was unter sozialistischer Bildungspolitik zu verstehen war. »Hunderte Schulen wurden gebaut, so daß für alle Kinder des Landes jeweils im Umkreis einer halben Autostunde ein Gymnasium zu erreichen war.«
Das Schöne an der Zeit als Unterrichtsminister und Vizekanzler bestand darin, daß Fred Sinowatz nun seine Frau auf die zahlreichen Staatsbesuche ins Ausland mitnehmen konnte. Es ging nach China, Indien, Finnland, Schweden, Jugoslawien. Die Kinder waren bereits groß, Hermine hat in New York Nancy Reagan und andere First Ladies kennengelernt und diese Auslandsreisen als große Abwechslung sehr genossen.
Nach Kreiskys Rücktritt 1983, als die Sozialisten die absolute Mehrheit wieder verloren hatten, wurde der sympathische, besonnene Unterrichtsminister als Nachfolger ins Kanzleramt geholt. Er blieb bis

1986 und gab dann – nach den innenpolitischen Krisen mit der Verstaatlichten und vor allem nach der »Affäre Waldheim« – sein Amt dankend an seinen Nachfolger, den Banker Dr. Franz Vranitzky, weiter. Da war Sinowatz 57 Jahre alt, seine Frau Hermi 55. Sie freuten sich auf einen dritten – einen gemeinsamen – Lebensabschnitt.
Doch es sollte anders kommen. Vorerst war Sinowatz nach seinem Rücktritt als Kanzler noch Parteiobmann geblieben, 1988, mit 60 Jahren, legte er auch diese Funktion endgültig zurück. Er wäre frei gewesen für ein Leben an der Seite seiner Frau. Tochter Eva war mittlerweile fertige Juristin und trat in den juridischen Dienst des Wiener Magistrates ein. Auch Sohn Peter näherte sich der Selbständigkeit, er studierte an der HTL in Wr. Neustadt.
Nun hätte für die Eltern endlich die Zeit des intensiven Reisens anbrechen können. Gerne wären sie für längere Zeit durch Amerika gefahren, hätten einige Zeit in den Museen von New York verbracht, auch eine Reise auf der Donau bis hinunter ans Schwarze Meer war schon lange Zeit geplant. Versäumte Bücher wären nachzuholen gewesen, auch versäumte Gespräche, Besuche bei Freunden und im Theater.
Aber dem war nur in sehr beschränktem Ausmaß so. Die Zeit der zermürbenden Prozesse begann und beeinträchtigte jegliches Privatleben des Ehepaares. Der erste Prozeß zum Vorwurf der »braunen Vergangenheit« des VP-Präsidentschaftskandidaten Kurt Waldheim war noch vergleichsweise harmlos. Diesen Prozeß, von Sinowatz selbst gegen das Nachrichtenmagazin »profil« wegen übler Nachrede angestrengt, hat er zwar verloren, er wurde zu einer Geldstrafe von 300 000 Schilling verurteilt. Doch diese finanzielle Einbuße wog leicht im Vergleich zu der Schmach, Häme und Verfolgung, die er im Zusammenhang mit der Lieferung von Waffen der staatlichen Firma »Noricum«, einer Voest-Tochter, an den kriegführenden Iran zu erdulden hatte. Es wurde ihm fälschlich vorgeworfen, von diesen verbotenen Waffenlieferungen gewußt und sie genehmigt zu haben. Hier wurden er und auch sein Freund Gratz im Jahre 1993 nach intensiver dreimonatiger Verhandlung in Wien zwar in allen Anklagepunkten freigesprochen, doch die Wucht der nicht nur im Gerichtssaal, sondern auch in den Medien über ein Jahrzehnt breitgetretenen Affäre und Vorverurteilung hat Kräfte verzehrt. Auch die der Frau an seiner Seite. Hermine Sinowatz mußte inmitten des Prozesses erfahren, daß sie Brustkrebs hatte. Fred Sinowatz kann nicht ganz ausschließen, daß zwischen den Aufregungen rund um diesen Prozeß und der Krebserkrankung seiner Frau ein

Zusammenhang bestand. Sie sei mit den Kränkungen und Demütigungen noch viel schlechter fertig geworden als er. Sinowatz: »Meine Frau hat auf Kritik immer viel emotionaler reagiert als ich. Als ich dann ununterbrochen in der Zeitung stand, war das für sie nicht angenehm. Aber sie war ja durch mich von den wahren Hintergründen informiert. Sie war immer die größte Stütze für mich.«
Ob er da einen Zusammenhang zwischen dem psychischen und dem körperlichen Leid sähe, ist die Frage. Sinowatz: »Manche Ärzte sagen, daß dies der Fall sein könnte. Erbliche Belastung war es im Fall meiner Frau jedenfalls nicht. Die Krankheit hat uns aus heiterem Himmel getroffen. Die Belastung war in der Zeit des Prozesses besonders groß, aber sie hat dieses Schicksal mit Mut und Anstand getragen.«
Am 5. August 1995 ist Hermine Sinowatz gestorben. In der chronologischen Niederschrift des Witwers finden sich dann lange keine Aufzeichnungen mehr. Erst viel später notierte er: »Wieder habe ich nun viele Wochen keine Zeile meines Berichts zu Papier gebracht. Meine Frau, die 1993 gerade während des unseligen Noricum-Prozesses an Krebs erkrankt war, ist vor drei Wochen, am 5. August 1995, gestorben. Sie hatte die heimtückische Krankheit tapfer ertragen. Nicht weniger als 23mal mußte sie zur Chemotherapie, sie überstand eine Brustoperation und mußte wochenlang nach einem schrecklichen Sturz, bewirkt durch Metastasen im Gehirn, im Spital verbringen. Die letzten Monate wurde sie, die so selbständig ihr Leben gestaltete und so akkurat auf ihre Körperpflege bedacht war, zum Pflegefall. In dieser Zeit, die wir gemeinsam verbrachten, sind wir uns nach vier Jahrzehnten Ehe noch einmal auf eine besondere Weise nahegekommen. Große Traurigkeit erfüllt mich, wenn ich an diese Tage erinnert werde. Der körperliche Verfall dieser lebensfrohen Frau und noch mehr die mentale Veränderung durch die Behandlung mit Morphium haben mich betroffen gemacht. In den letzten Tagen überwältigte sie die Müdigkeit immer mehr, sie verspürte keine Schmerzen, aber ihr organisch gesunder Körper bäumte sich gegen den Tod noch einmal auf. Peter, Eva und ich waren noch zwei Tage an ihrem Bett, ehe sie am späten Nachmittag aufgab und schließlich ruhig einschlief. Viele Freunde, Bekannte und Weggefährten gaben ihr die letzte Ehre. Selbst Altbundespräsident Kirchschläger und Diözesanbischof Iby waren nach Neufeld gekommen.«
Vereinsamt hat Fred Sinowatz die Tage nach dem Begräbnis damit zu-

gebracht, die geliebten Erinnerungsstücke, ihre Korrespondenz und die vielen Fotografien zu ordnen, die sie mit den Kindern und Enkelkindern zeigen. Sinowatz ist nicht mehr der alte: »Immer ist mir das Herz schwer, wenn ich durch die leeren Zimmer unseres einfachen Wohnhauses gehe, das wir uns vor Jahrzehnten gebaut hatten und in dem unsere Kinder groß geworden sind. Daß Hermi diese schreckliche Krankheit nicht bezwingen wird können, haben wir, sie und ich, seit geraumer Zeit gewußt. Trotzdem kann ich das Unabänderliche und Endgültige des Todes meiner Lebenspartnerin nicht verwinden.«

Die Bewohner der kleinen Heimatgemeinde Neufeld haben auch in den schweren Zeiten immer zu ihrem Fred gehalten. Hier sind nie böse Worte gefallen, nicht beim Fleischer, nicht hinter vorgehaltener Hand. Man hat dem Freund aus Kindertagen, dem Schulfreund aus der Jugend nicht die kleinste Unredlichkeit zugetraut. Aus dieser tiefen Verbundenheit mit seiner Umgebung, mit seinen Freunden von früher und aus den Jahren der Politik hat Sinowatz einigermaßen Trost schöpfen können. Auch die Kinder sind ihm ganz nah geblieben. Sohn Peter ist Elektroingenieur bei der Bewag, dem burgendländischen Stromlieferanten, seine Frau Volkschuldirektorin in Neufeld. Sie haben gleich auf der gegenüberliegenden Straßenseite vom Wohnhaus des Vaters ein schönes Haus gebaut. So ist mit den zwei Enkeltöchtern, im Alter von 14 und 8 Jahren, immer auch junges Leben um ihn. Zum Essen ist er Gast bei der Familie seines Sohnes. Tochter Eva kommt mit Mann, einem Arzt in Wien, und Tochter Viktoria gerne an den Wochenenden zu Besuch, sie wohnen dann im Sommer in einem kleinen Holzhäuschen am See, in der kalten Jahreszeit beim Großvater.

Fred Sinowatz ist nicht ganz allein. Er erledigt seine Korrespondenz, Studenten kommen, um ihn etwas für ihre Dissertation zu fragen. Er verfaßt Beiträge für politische Sammelbände und hält hie und da auch Vorträge, auf die er sich vorbereitet. In der restlichen Zeit ordnet er seine Papiere und bringt mit der Hand sein politisches Vermächtnis zu Papier, das ihm dann eine seiner ehemaligen Sekretärinnen in die Maschine tippt. Er denkt nicht daran, dieses Buch zu veröffentlichen, will das Manuskript aber mehreren Bibliotheken übergeben. »Damit auch meine Sicht der Ereignisse irgendwo nachzulesen ist.«

Auf Seite 214 hat er, inmitten all der Parteidaten, Erinnerungen an Wahlen und Regierungsgeschäfte, noch einmal notiert: »Wenn ich ehrlich bin, muß ich sagen, daß mir die Erinnerung an meine Frau doch mehr zu schaffen macht, als man meinen könnte. Stark leide ich an der Leere des Hauses am Abend. Ich bin in dem relativ großen Haus allein und bin abends eigentlich zu müde, um zu arbeiten. Wenn ich dann lese oder vor dem Fernsehapparat sitze, erwische ich mich immer dabei, daß mir irgendein Ereignis des Tages einfällt und ich mir vornehme, das gleich meiner Frau zu erzählen. Natürlich weiß ich im nächsten Augenblick, daß sie nicht mehr da ist, aber der bittere Geschmack bleibt. Und wenn ich mit den Enkelkindern beisammen bin – Lisa geht ja schon in die zweite Klasse des Gymnasiums, Viki ist in die Volkschule eingetreten, und die kleine Lena geht noch in den Kindergarten –, und die lachen und plaudern fröhlich dahin, dann fällt mir ein, daß Hermi vor ihrem Tod so traurig war, weil sie noch so gerne am Leben ihrer Enkel teilgenommen hätte. Aber ich muß mich von dieser Reminiszenz losreißen und meine eigentliche Arbeit wiederaufnehmen.«

Christine Vranitzky

geb. 16. Oktober 1940

Der Journalist Hans Rauscher widmete in seinem Buch »Vranitzky – Eine Chance« der Frau des Bundeskanzlers ein eigenes Kapitel: Christine Vranitzky. Es schien ihm unmöglich, eine Biografie über den Staatsmann zu schreiben, ohne gleichzeitig das große Verdienst zu erwähnen, das seiner Frau auf dem Weg an die Spitze zukam. Über die Position der Politikerfrauen schreibt er ganz allgemein: »Meist haben sie nur die Wahl zwischen zwei Rollenbildern: Lady Macbeth oder Mauserl. Die einen suchen über ihren Mann die Macht, die anderen fürchten und meiden sie. Österreich ist überwiegend Mauserl-Land. Politiker verstecken ihre Frauen und die Frauen verstecken sich selbst.«
Mit »Lady Macbeth« muß dem kundigen Zeitungsmann wohl Nancy Reagan vorgeschwebt sein, von der bekannt war, daß sie ihren Ronald via Horoskop-Terror dirigierte. Mit »Mauserl« kann er keinesfalls Frau Vranitzky gemeint haben, denn mit der attraktiven »sportlichen, immer braungebrannten Blondine«, wie Rauscher sie charakterisiert, wird in der Geschichte der First Ladies Österreichs ein neues Kapitel aufgeschlagen. Nicht Lady Macbeth und keinesfalls Mauserl, sondern eine selbstbewußte Ehefrau mit dem Mut zur eigenen Meinung.
Während Dr. Franz Vranitzky in den Jahren 1986 bis 1996 außenpolitisch das nach der Waldheim-Affäre paralysierte und isolierte Österreich wieder souverän auf die Landkarte setzte und innenpolitisch das Staatsschiff auf dem bewährten Kurs des großkoalitionären Friedens steuerte, hielt sich Ehefrau Christine durchaus nicht versteckt. Das entsprach erstens nicht ihrem Temperament, zweitens war in den Medien längst ein neues Zeitalter angebrochen. Mehr und mehr war das Privatleben von Politikern – ihr Heim, ihre Kinder, ihre Hobbys, ihre Wünsche, ihre Träume – Gegenstand des öffentlichen Interesses geworden. Zudem hatte sich auch das Bild der Frau massiv gewandelt. Die Rolle vom gehorsamen Hausmütterchen war aufgegeben und durch die Vorstellung von der Selbständigkeit der Frau abgelöst worden. Christine Vranitzky, zu Beginn der Kanzlerschaft ihres Mannes 46 Jahre alt (und somit bis dahin die jüngste Kanzlergattin), repräsentierte deutlich die Frauengeneration dazwischen: intakte Ehe, Priorität Kinder und dennoch emanzipiert.
Ihre Selbstsicherheit war ihr bereits in die Wiege gelegt. Sie kam am 16. Oktober 1940 in Wien als drittes von vier Kindern des orthopädischen Schuhmachermeisters Karl Kristen und seiner Frau Anna zur Welt. Geschäft und Werkstätte des Vaters lagen im Palais Ferstel im 1. Bezirk. Vor dem Krieg gehörte der Betrieb einem gewissen Herrn

Fürth. Herr Kristen, sein Geschäftsleiter, führte den arisierten Betrieb während des Krieges weiter und hat ihn dann, nach Rückkehr des vormaligen Besitzers, diesem rechtmäßig gegen eine lebenslängliche Beteiligung abgekauft. In diesem Orthopädiebetrieb haben alle drei Kristen-Töchter das Bandagisten-Gewerbe erlernt. Elfriede, Christine und Brigitte. Bruder Herbert wurde Facharzt für Orthopädie. Mitte der sechziger Jahre wurde in Wien-Favoriten, am Reumannplatz, zuerst eine Filiale eröffnet, die aber später zum Hauptbetrieb ausgebaut wurde, als das Geschäft im Ferstel wegen Totalrenovierung des Palais aufgegeben werden mußte.

Gewohnt hat Familie Kristen in der Reisnerstraße im gutbürgerlichen Teil des 3. Wiener Gemeindebezirks. Die Wohnung war für vier Kinder nicht eben groß. Christines Mutter blieb anfangs zu Hause, als aber alle vier Kinder in die Schule gingen, konnte auch sie vormittags im Geschäft mitarbeiten. Christine denkt gerne an ihre behütete Kindheit: »Riesige Sprünge konnten wir nie machen, aber wir besaßen einen VW-Käfer, in den wir uns zu sechst hineinstopften, und machten schöne Urlaubstouren durch ganz Österreich. Als Kind gingen mir diese beengten Autoreisen zeitweise auf die Nerven, heute bin ich stolz darauf, so viel gesehen zu haben.«

Den jungen, gutaussehenden Franz Vranitzky lernte Christine Kristen beim Basketballspielen im Spitzenklub »Babenberg« in ebendiesem Palais Ferstel kennen, in dem der väterlicher Betrieb sich zu dieser Zeit noch befand. Der Beginn der Beziehung wird mit 17. Mai 1958 angegeben, Christine war 18, Franz 21 Jahre alt. Sie arbeitete bereits im Geschäft, er studierte an der Hochschule für Welthandel (heute Wirtschaftsuniversität) und hat nebenbei auch gearbeitet. In der großen Sporthalle hat es gefunkt. Die sportliche, blonde Christine, immerhin Wiener Jugendmeisterin im Speerwurf und im Nationalteam der Basketball-Damen, fand den 1,85 Meter großen Basketballstar anfangs »ein bisserl arrogant«, merkte aber bald, daß sich hinter dieser Haltung in Wirklichkeit angeborene Zurückhaltung verbarg, die ihn später auch als Politiker auszeichnen sollte, indem er im Konfliktfall stets kalmierend, nie dramatisierend agierte. Ihr erster Eindruck: »Er war ein ausgezeichneter Spieler, ein Ästhet, er hat sich durch wunderschöne Würfe ausgezeichnet.«

Anfangs bewunderte sie ihn aus der Ferne. Zur ersten richtigen Begegnung war es erst nach dem dramatischen Unfall gekommen, in den Vranitzky beim Verlassen der Sportstätte verwickelt wurde. Er stand noch plaudernd mit Freunden am Gehsteig der Herrengasse, stieg dann allzu abrupt, ohne zu schauen, auf die Fahrbahn und prallte mit einem Auto zusammen. Quetschungen und Prellungen und mehrere Brüche waren die Folge, einen Arm trug er komplett in Gips. Erst da war ein perfekter Anlaß gegeben, ihn anzusprechen. Frau Vranitzky: »Als er so verletzt in die Halle gekommen ist, hab ich ihn frech gefragt, bis wohin der Gips wohl reicht, und das war's dann! Da hat er mich entdeckt.«

Am 21. Juni 1962 wurde geheiratet. Standesamtlich und kirchlich. Beide sind sie, trotz sozialdemokratischer Gesinnung, katholisch geblieben. Das Doktorat hat Vranitzky dann schon neben seiner ersten Anstellung als Kostenrechner der Firma Siemens-Schuckert erworben. »Er hat nichts gehabt, und ich habe nichts gehabt. Ich habe von meinen Eltern nichts gewollt, und wir haben ganz klein angefangen.«

Anfangs wohnte das junge Paar noch bei Christines Eltern in der Reisnerstraße, dann aber fanden sie eine kleine Wohnung in der Keinergasse, gleichfalls im 3. Bezirk, und sie waren überaus glücklich. Da beide arbeiteten, konnten sie sich erste bescheidene Wünsche erfüllen. Die erste Anschaffung war ein kleiner Motorroller. »Nichts haben und doch mit dem Bißl, das man hat, auskommen ist schon faszinierend. Wir haben jedes Mal gesagt, das kann sich nicht ausgehen, und es ist sich doch immer wieder ausgegangen. Aber wir haben nie in Saus und Braus gelebt.«

Wenn sie später kritisierte, daß sich viele junge Menschen teure Urlaube, kostspielige Autos und Luxusgüter leisten und damit oftmals schon überschulden würden, ehe sie eine Familie gründen, so dachte sie an ihre eigenen bescheidenen Anfänge: »Ich bin fest davon überzeugt, daß man sich zuerst etwas aufbauen muß. Wir hatten schon ein Zuhause, bevor die Kinder kamen. Wir haben uns immer überlegt: ›Können wir's uns leisten, daß ich zu Hause bleibe?‹ Ich habe bis zum ersten Kind gearbeitet und war zu Hause, bis die Kinder in die Schule gingen. Erst als sie größer und selbständiger waren, bin ich wieder ins Geschäft gegangen.«

Die Vergrößerung der Familie ging Hand in Hand mit dem beruflichen Aufstieg des Familienvaters. Es fügte sich, daß der talentierte Doktor der Volkswirtschaft dem stellvertretenden Generaldirektor der Nationalbank, Stefan Wirlander, positiv auffiel. Er holte ihn zu sich. Vranitzky trat mit 1. Februar 1962 der SPÖ bei. Ehefrau Christine ist ihr nie beigetreten.

Christine und Franz Vranitzky

Die Arbeit in der Notenbank brachte für Dr. Vranitzky längere Aufenthalte in den USA, in England oder in den Niederlanden mit sich. Da in diese Zeit – 1966 – die Geburt von Tochter Claudia fällt, war auch Ehefrau Christine ausreichend beschäftigt. Aus der Keinergasse übersiedelte die Familie nach Grinzing an die Langen Lüssen. 1969 kam Sohn Robert zur Welt. Und sie weiß es, als ob es heute wäre: »Als Robert in die vierte Volksschulklasse ging, also zehn Jahre nach seiner Geburt, sind wir in die Eigentumswohnung in der Sieveringer Straße gezogen.« In diesen Räumlichkeiten wohnt die Familie noch heute.

Die nächste Station in der Karriere des aufstrebenden Nationalökonomen war im Kabinett des jungen Finanzministers und Kreisky-Kronprinzen, Dr. Hannes Androsch. 1970 wurde der 33jährige Vranitzky volkswirtschaftlicher Berater des 32jährigen Androsch. Es war Vranitzkys erster Einsatz an vorderster politischer Front. 1976 verließ er Androsch und zog als Generaldirektor-Stellvertreter in die Creditanstalt ein.

Für Christine waren die ersten Schritte auf dem glatten Parkett der internationalen Finanz nicht einfach. »Ich habe mich nicht ganz sicher gefühlt und wußte nicht, was ich mit diesen Größen reden sollte. Da war einmal eine Einladung zu Dr. Kurt Grimm, der grauen Eminenz in der CA, und ich war noch irrsinnig jung, schüchtern und sehr nervös. Bis Dr. Grimm selbst das Eis brach und mich mit den Worten begrüßte: ›Oh, ein Sonnenschein in unserer Mitte!‹ Da habe ich begriffen, daß alle eigentlich sehr nett sind.«

Mit dem Ehemann kam es in dieser Zeit zu dem alles entscheidenden Deal, der ein für alle Mal die Weichen für eine mustergültige Ehe-Arbeitsteilung festlegte, von der später auch die Öffentlichkeit noch einiges erfahren sollte. Christine Vranitzky hat, als die Kinder noch zur Schule gingen, kurz auch am Theater an der Wien gearbeitet. Sie hat an der Kostümaustattung mitgewirkt und hätte großen Gefallen daran gefunden, sich künstlerisch und organisatorisch noch intensiver mit der Welt des Theaters auseinanderzusetzen. Dadurch aber waren die Kinder zu Hause etwas vernachlässigt. Da kam es zur Aussprache, bei der Vranitzky sie um den Gefallen ersuchte, doch lieber bei den Kindern zu bleiben. Seine Bitte: »Ich habe keine Ruhe im Beruf, wenn ich weiß, daß die Kinder immer von jemandem anderen beaufsichtigt werden. Das ist mir sehr wichtig!« Darauf hat sie, wie die meisten Frauen, die ihre Bestätigung auch in der Arbeitswelt suchen, geantwortet: »So, aber mir macht meine Arbeit Spaß!« Und da kam es zum Kompromiß im Hause Vranitzky, der sich zur Freude aller bewährt hat. Vielleicht, weil es ein Kompromiß war, der das patriarchalische Prinzip geschickt und einvernehmlich mit dem partnerschaftlichen verbindet. »Da hat Franz mir versprochen, wenn ich ihm zuliebe auf meine Arbeit verzichte, werde er dafür jede Minute, die sein Beruf ihn nicht braucht, für die Familie da sein. Er meinte, daß ihm eine glückliche Familie die größte Hilfe bei seiner Karriere sei.«

Und so sprach sie vor dem Hintergrund erprobter Erfahrung, wenn sie später erklärte: »Ich erwarte, daß sich die Leute zusammenreden. So wie wir das getan haben. Denn jetzt konnte ich sagen: Okay, dann lasse ich das Theater bleiben. Worauf Franz mich noch ermunterte, mir keine Hemmungen aufzuerlegen und ohne Scheu jeden, der mich danach fragt, wissen zu lassen, daß ich Hausfrau und Mutter bin und damit meinem Mann am meisten helfe. Dabei geht es ja nicht nur um Hemden bügeln und Anzüge putzen, sondern es geht um Familien-Arbeit. Er sagte mir, daß er ohne Familie nicht sein könne. Das habe ich eingesehen.«

Gleichzeitig hat sich Christine Vranitzky damals mit dem großen Psychiater und Erziehungsexperten, Professor Erwin Ringel, befaßt. Sie fand sich mit ihm einer Meinung, wenn er meinte, daß es im Zusammenleben wichtig sei, sich in den Partner hineinzudenken, um seine Reaktionen besser verstehen zu können. »Das habe ich mir zu Herzen genommen, und auf einmal war es für mich kein Problem mehr, mich als ganz junge Frau unter all diesen älteren Bankern wiederzufinden, die sich allmählich ohnehin gerne mit mir unterhalten haben. Das war meine Lehre: Ich habe mir schon damals geschworen, immer ich selber zu bleiben. Ich werde weder im Denken noch im Tun etwas vortäuschen, denn jede Verstellung wird rasch durchschaut.« Jeder, der Frau Vranitzky aus der Nähe kennt, Freund und Feind, wird bestätigen, daß sie diesem Prinzip treu geblieben ist.

Und auch das Familienoberhaupt hat sich an sein Wort gehalten. Als Androsch aus der Regierung ausschied und Vranitzkys Posten in der CA bekam, wechselte dieser an die Spitze der Länderbank, dem zweitgrößten verstaatlichten Geldinstitut Österreichs. In jener Zeit ließ sich Familienleben noch relativ leicht mit dem Job vereinbaren. »Solange Franz in der Bank war, hatte er am Wochenende Zeit. Nie ist er wie andere nach der Arbeit allein oder mit Freunden in den Kegelklub oder zum Kartenspielen gegangen, das kam bei ihm nicht in Frage. Wenn er frei war, sind wir ins Theater gegangen oder wir haben mit den Kindern etwas unternommen. Er hat dem Familienleben stets den Vorzug vor anderen Freizeitaktivitäten gegeben. Erst als er an die höchste Stelle in die Politik berufen wurde, ist er spürbar unabkömmlicher geworden.«

1984 berief Kanzler Sinowatz den Banker mit dem Image eines »eiskalten Technokraten«, wie »profil« damals schrieb, als Finanzminister in seine Regierung. Im selben Jahr übrigens, in dem das Wirtschaftsmagazin »trend« ihn wegen der Sanierung der Länderbank als »Mann des Jahres« auf das Cover setzte. Zwei Jahre danach, 1986, als Sinowatz infolge Kurt Waldheims Präsidentschafts-Wahlsieges, den er als persönliche Niederlage empfand, zurücktrat, übernahm Vranitzky das Amt des Regierungschefs. Er wurde Kanzler. Die Ehefrau registrierte:

»Ab diesem Moment wurde es mit seinem Arbeitseinsatz über die normale Bürozeit hinaus extrem intensiv.«
Nachdem beide Kinder groß waren – Robert machte Matura, Claudia studierte an der Wirtschaftsuniversität –, konnte auch Christine Vranitzky jetzt außer Haus wieder aktiv werden. Sie wurde Geschäftsführerin im elterlichen Betrieb, ihre Schwester stand ihr bei. Mit großem Geschick brachte sie über Gratis-Beratungsstunden in Kindergärten und bei den sozialistischen »Kinderfreunden« immer mehr Eltern dazu, ihre Kleinen zur orthopädischen Kontrolle zu bringen, die in ihrem Institut bei Bedarf auch kostenlos durchgeführt wurde. Zahlreichen Kindern, die vielleicht sonst nie einen Orthopäden aufgesucht hätten, konnten Einlagen verschrieben werden. Der aufrechte Gang, der gerade Rücken – zwei wichtige demokratische Tugenden in den Augen von Frau Vranitzky.
Mit Tatendurst griff die tüchtige Geschäftsfrau aber auch im Bereich der Staatsrepräsentation ein. Der übliche protokollarische Speiseplan gefiel ihr nicht: »Ich habe mich getraut, den Banketts die furchtbar steife Note zu nehmen. Vielleicht, weil ich doch wesentlich jünger war als alle meine Vorgängerinnen. Und zweitens, weil es mich störte, daß bei großen internationalen Empfängen immer dasselbe Einheitsmenü aufgetischt wurde. Es war alles ziemlich einfallslos. Ich habe mich gefragt, warum man nicht eine stärkere österreichische Note hineinbringen könnte? Ich habe mich eben ein bißchen eingemischt.«
Ihre Anregungen fanden durchaus Gefallen: »Üblich waren eine Boullion was weiß ich, dann das ewige Kalbfleisch mit englischem Gemüse und zum Abschluß eine Eisbombe. Ich habe darauf geachtet, daß die Zusammenstellung österreichischer wurde: also Grießnockerlsuppe, dann Zwiebelrostbraten oder Schnitzel. Wozu brauche ich Seeigelsuppe, wenn es Gemüsesuppe gibt? Einmal haben wir einem italienischen Staatsgast Schnitzel mit Erdäpfelsalat serviert. Das Protokoll ist kopfgestanden, aber ihm hat es geschmeckt. Er hat diese Art der Kartoffelzubereitung nicht gekannt. Als Gegenleistung verlangte ich, beim nächsten Besuch in Italien bei ihm Spaghetti serviert zu bekommen. Das hat ihn etwas irritiert, er meinte, das nie durchsetzen zu können. Und so gab es bei offiziellen Besuchen in Italien eben das gleiche wie auf der ganzen Welt. Das finde ich schade.«
Ihr Berater in der Zusammenstellung feinster heimischer Menüpläne war da bereits Meisterkoch Attila »Hummerkönig« Dogudan. »Als

Nachspeise hat es, was noch nie dagewesen ist, Powidltascherl oder Mohnnudeln gegeben.«
Auch zu Hause hat die ausgezeichnete Köchin für den tadellosen Nachschub der Lieblingsspeisen ihres Mannes gesorgt: Schweinsbraten oder Wiener Schnitzel. Auch wenn Gäste ins Haus kamen, kochte sie immer selbst. Am liebsten schmackhafte Hausmannskost.
Auch ein anderes traditionelles Betätigungsfeld von Politikerfrauen definierte sie neu. Auf dem Gebiet der »Charity«, zwingender Bestandteil der Rolle einer Frau eines Spitzenpolitikers, ging sie neue Wege. Sie erzählt selbst: »Als die Kinder flügge waren, kam der Gedanke: Wie kann ich diesen guten Namen, den ich trage, dazu benützen, Gutes zu tun?«
Sie gab sich selbst die Antwort: Der »Christine-Vranitzky-Charity-Cup« war geboren. Am Golfplatz Freudenau, wo sie ihrer neuen sportlichen Leidenschaft nachging, kam die Erkenntnis: »Die Leute geben so viel Geld aus, um spielen zu dürfen. Ich werde sie dazu bringen, noch mehr auszugeben, und zwar für einen guten Zweck.« Der Ehemann war einverstanden. Etwas Gutes für ärmere Menschen im eigenen Land sollte es sein. »Es hat mir nicht genügt, einfach nur Wohltätigkeitsbasare für Caritas oder Rotes Kreuz zu organisieren, ich wollte etwas Eigenes auf die Beine stellen, das ich selbst kontrollieren konnte.«
Die Idee war vielversprechend. Schon in diesem ersten Jahr – 1986 – des hochklassig besetzten Golf-Turniers, zu dem sie Profis aus aller Welt einlud, damit sich österreichische Golfer gegen gutes Geld messen konnten, durfte sie einen Reinerlös von 700 000 Schilling verbuchen. Der Erfolg gab ihr recht. Das Geld bekamen Bergbauern. Einem von ihnen hatte eine Mure das halbe Haus weggeschwemmt. Die Golferin mit den goldenen Händen ließ ihm neben dem Hof eine neue Stützmauer hinbauen. Ausschreibungen und Bauarbeiten kontrollierte sie selbst. Einem anderen kaufte sie einen Spezialtraktor mit Rasenmäher für besonders steile Wiesen. Auch einem dritten Notleidenden wollte sie beispringen. Das aber verstand der Dorfpfarrer zu unterbinden. In guter alter Don-Camillo-Manier wetterte er: »Du wirst dir doch nicht von der roten Vranitzky helfen lassen!« Das Geld bekam statt dessen die Bergrettung.
Im darauffolgenden Jahr lag der Charity-Erlös bei einer Million Schilling, er ging zur Gänze an die Bergrettung, die damit lebensrettende Ausrüstungsgeräte anschaffte.

Freilich sind in den beiden ersten Jahren ihrer Charity-Tätigkeit auch Fehler passiert. So wußte die Wohltäterin nicht, daß sie sämtliche Einnahmen aus dem Cup als persönliche Einnahmen zu versteuern hatte. Das tat weh. Denn für jedes Jahr waren rund 80000 Schilling an die Finanz abzuführen. Erst im dritten Jahr, 1988, war sie schlauer. Nun wußte sie, daß sie zuerst einen gemeinnützigen Verein gründen mußte. Sie tat es. Sie gründete den Verein »Sozialmedizinische Initiative Österreichs«. Für den Vorstand konnte sie Prominente wie den damals noch lebenden Kenner der österreichischen Seele, Erwin Ringel, gewinnen, dazu Gesundheitspabst Willi Dungl, den Ärztekammerpräsidenten Michael Neumann, Wiens Gesundheitsstadtrat Sepp Rieder und als Kassier Bank-Austria-General Gerhard Randa. Präsident war der Primar am Orthopädischen Spital der Stadt Wien in Speising, Hans Tilscher. Speziell er bezeichnete Christine Vranitzkys Aktivitäten als »ausgesprochen glücklich«. Schon im ersten Jahr flossen dem Verein vier Millionen Charity-Schillinge zu, die alle beim Golf eingespielt worden waren. Professor Tilscher: »Wir haben damals Tausenden Menschen, die aus dem Spital entlassen wurden, zu Hause aber keine Betreuung hatten, helfen können.« Durch Bereitstelllung von Rollstühlen, Behelfen und Heimbetreuung. Familienmensch Christine Vranitzky: »Diese alten Menschen sind die wahren Notleidenden in unserem Sozialsystem. Menschen, bei denen die Familie versagt. Ich hasse Familien, die sich nicht um ihre Alten kümmern.«
Der Erfolg des dritten Wohltätigkeits-Turniers war auch deshalb so überwältigend, weil sich erstmals das Fernsehen dazu gesellte. Christines Charity-Golf, zu dem erstmals Weltchampions wie ein Greg Norman anreisten, wurde zu einem gesellschaftlichen Spitzenereignis. Die Liste der Sponsoren – Casinos Austria, Kika, AUA, Anker, ÖMV, Visa, Toto, CA, Bank Austria und und und – liest sich wie das »Who is who« der heimischen Wirtschaft.
Dennoch dachte Christine Vranitzky ans Leisertreten. Denn die Organisation dieses dritten Charity-Cups hat ihr die letzten Reserven abverlangt. »Ich habe gewerkt wie ein Büffel.« Zu dieser Zeit haben ihr nämlich ihre von Geburt an geschwächten Nieren den Dienst aufgekündigt. Eine erste Transplantation mit der Niere ihrer Mutter schlug fehl. 1990 mußte sie ein zweites Mal unter das Messer der bewährten Transplantationschirurgen der Universitätsklinik Hannover, in der einige Jahre vor ihr auch Kanzler Kreisky eine neue Niere bekommen hatte.

Christine Vranitzky hätte selbst jede Menge Hilfe und Schonung gebraucht. »Es ist mir schlechtgegangen. Aber ich habe mich trotzdem um alles persönlich gekümmert. Um das Gratis-Buffet ebenso wie um die Fahnenstangen. Ich habe nächtelang telefoniert, bin unermüdlich mit großen Unternehmern essen gegangen, um sie als Sponsoren zu gewinnen, das war das Anstrengendste von allem.«
Doch auch im nächsten Jahr spannte sie sich noch einmal vor den Karren. Erstmals half Tochter Claudia mit, die – tragischer Zufall – gleichfalls Probleme mit der Niere zu verkraften hatte. Bei einem Skiunfall hatte sie sich eine Niere gequetscht, sie mußte herausoperiert werden. Claudia sah aber auch mit nur einer Niere stets kerngesund und strahlend aus.
Mit vereinten Kräften wurde das Turnier 1989 in Zell am See ein durchschlagender Erfolg: Der Reinertrag von 5,5 Millionen Schilling war absolut österreichischer Fundraising-Spitzenrekord. In diesen Höhen bewegen sich sonst nur die Gewinne der Charity-Galas einer Liz Taylor oder eines Elton John. Eingedenk der Probleme, die die Kämpferin mit ihrer eigenen kranken Niere gehabt hatte, stiftete sie den Erlös diesmal dem mit Professor Mühlbacher, dem ersten Transplanturchirurgen des AKH, gegründeten Verein »Austrotransplant«, der sich zur Aufgabe stellte, anfallende Organspenden noch besser mit den Bedürfnissen der Patienten zu koordinieren. Außerdem bekam Prof. Rudolf Pichlmeier in Osttirol Geld für ein Heim zur Nachbetreuung jugendlicher Transplantationspatienten.
Diese Erfolgsgeschichte von Christine Vranitzkys uneigennützigem Fundraising-Unternehmen muß deshalb so ausführlich erzählt werden, weil sie damit – Jahre später – völlig zu Unrecht in ein schiefes Licht geriet.
Weil die Arbeit ihre Kräfte überstieg, übertrug sie ab dem Jahr 1992 Organisation und Vermarktung des »Christine-Vranitzky-Charity-Cups« und auch die Durchführung der von ihr propagierten Werbekampagne »Sport statt Drogen« der Event-Agentur »Teleaxis«. Tochter Claudia wurde dort angestellt und betreute diesen Cup nun professionell neben vielen anderen Sportereignissen. Die Aufregung war perfekt, als ein Magazin es für unangemessen hielt, daß Tochter Claudia dort monatlich brutto 60000 Schilling verdiente. Ein in der Branche durchaus angemessenes Salär. Frau Vranitzky klagte das Magazin wegen unrichtiger Sachverhaltsdarstellung und gewann den Medien-Prozeß mühelos in allen Punkten. Das Magazin mußte den Freispruch

veröffentlichen. Doch der politische Gegner hatte seine Munition. Ob Golf der richtige Sport für den Chef der Arbeiterpartei sei, wurde gefragt. »Kanzlers Handicap« war eine der Schlagzeilen, die zeigt, wie sehr Christines Golf-Leidenschaft im Nationalratswahlkampf 1994 mißbraucht wurde.
In der Folge hat sich Christine Vranitzky von »Teleaxis« getrennt, ließ ihre Charity-Cups aber weiter von professionellen Firmen organisieren. Die Erlöse sanken, da, so die Expertin: »Einer Firma niemals soviel geschenkt wird, wie mir einst gratis gegeben wurde.« 1991 lukrierte sie 1,5 Millionen, 1992 1,9 Millionen und 1993 bis 1996 immerhin noch je 2 Millionen für wohltätige Zwecke – eine beachtliche Leistung. 1996 machte sie mit dem Charity-Cup Schluß.
Frau Vranitzky ließ jedoch nicht locker. Sie verkaufte Bäckereien und Punsch für den Lions-Club im Weihnachtsstandl am Graben. Vom Erlös wurde notleidenden Familien geholfen. Sie stellte Warenlieferungen für den kalten Winter in Rußland zusammen und überwachte das Entladen der LKW-Transporter in Moskau höchstpersönlich. Und ganz allgemein unterstützte sie die von ihrem Mann ins Leben gerufene »Franz Vranitzky Aktion: Gegen die Gewalt in Familien«, bei der sich jährlich einmal die populärsten Künstler Österreichs gratis für eine Gala im Theater an der Wien zur Verfügung stellen. Der Reinerlös aus dem Kartenverkauf geht an Frauenhäuser und familientherapeutische Organisationen.
Was Ehe, Kinder und Familie betrifft, so bilden Franz und Christine Vranitzky eine seltene Ausnahme. Mit großem Gefallen bekamen die Österreicher einen stets von seiner feschen, sonnigen Ehefrau begleiteten Spitzenpolitiker zu Gesicht, der sich in dieser öffentlichen Zweisamkeit auch sichtlich wohl zu fühlen schien. Jeder, der Herrn und Frau Vranitzky aus der Nähe sah – Journalisten, Freunde, Mitarbeiter –, konnte bestätigen, wie ungestreßt, unverkrampft und herzlich beide miteinander umgingen. Auf keinem der Feste und bei keinem der Anlässe, zu denen Christine ihren Mann begleitete, wirkte sie lustlos oder steif. Locker, resolut und selbstbewußt nahm sie den Platz an der Seite ihres Kanzler-Gemahls ein. Und auch er achtete, trotz gigantischer Umzingelung durch Fans, stets darauf, daß seine Frau nie allzu weit von ihm abgedrängt wurde. Sie nannte ihn auch vor Publikum ungeniert »Mandi«, er rief sie herzlich »Gisi«. Das Muster eines geglückten Lebensteams. Einer ihrer Lieblingssprüche: »Nur wenn die Frau mitspielt, funktioniert es.«

Da war es nur konsequent, daß diese Mustergattin mit einigen Aussprüchen über Kinder und alleinerziehende Mütter in ein ideologisches Wespennest stechen mußte. Mit Meldungen wie: »Ich halte nichts davon, daß Frauen Kinder kriegen und sie um 7 Uhr früh abgeben, um dann vielleicht vier- oder fünftausend Schilling zu verdienen« oder: »Sobald ich mich entschließe, Kinder zu kriegen, kann es nur eine Familie mit Vater-Mutter-Kind geben« hatte sie bald Geschlechtsgenossinnen aller Couleurs, vor allem aber die Gewerkschafterinnen und Politikerinnen des SPÖ-Lagers, also der Partei ihres Mannes, gegen sich aufgebracht. Dieser Wirbel war wiederum Munition für die stets nach spektakulären Fehden Ausschau haltenden Medien. Frau Vranitzkys kritische Äußerungen spalteten die Österreicher in zwei Lager.

Die Autorin dieses Buches war eine jener Journalistinnen, die mit Artikeln wie »Eine aufregende Frau« oder »Mama nationale« diese Kontroverse mit aufgezeichnet hat, indem sie Frau Vranitzky wiederholt zu Interviews und Diskussionsrunden einlud. Mit Frau Vranitzky war Auflage zu machen.

Jedoch: So anfechtbar obige Mutter-Kind-Meinungsäußerungen aus dem Zusammenhang gerissen auch immer sein mögen – eines steht fest: Frau Vranitzky befindet sich mit ihren Ansichten im hohen Maße im Einklang mit namhaften Kinderpsychologen, die eine »kindvergessene Gesellschaft« zu diskutieren beginnen – obwohl natürlich auch fest steht, daß nicht alleine den Müttern die Schuld daran zu geben ist, wenn immer mehr Familien auseinanderbrechen, immer mehr Kinder mit Vertrauensverlust ihren Weg ins Leben suchen müssen oder fälschlichen Trost in Drogen suchen. Fest steht aber auch, daß es in unserer demokratischen Gesellschaft jedermann/frau erlaubt sein muß, seine Meinung zu äußern, auch wenn diese den momentanen Zeitgeist nicht trifft.

Frau Vranitzky hat als »Buhfrau der Nation« (eine der Schlagzeilen) heftige Kritik einstecken müssen. Aber sie stand und steht immer noch zu ihrer Meinung. Für dieses Buch, das zwei Jahre nach Kanzler Vranitzkys Rückzug aus der Politik geschrieben wurde, resümierte sie überzeugt: »Die Prügel waren mir immer egal. Ich bin nach wie vor der Meinung, daß ich mit meinen Worten zur Kinderbetreuung recht habe. In zehn Jahren werden alle reumütig auf mich zurückkommen. Ich stimme eben nicht überall mit den roten Damen überein. Frauenpolitik interessiert mich nicht, mir ging es immer um die Kinder!«

In der Zwischenzeit gibt sie aber auch zu, daß es Ausnahmefälle gibt, für die der Staat einspringen soll.
Als Franz Vranitzky in seinem letzten Jahr im Amt auf einem Bundesfrauenkongreß der SPÖ für die »konservativen Entgleisungen« seiner Frau einmal mehr kritisiert wurde, tat er vor allem eines nicht: Um keinen Vorteil der Welt wäre er seiner Frau in den Rücken gefallen. Es hieß, daß ihn ihre selbstbewußte Meinung Stimmen gekostet hätte. Sollte dies tatsächlich zugetroffen haben, so hat er dennoch nie der Versuchung nachgegeben, politisches Kalkül über die Loyalität zum wichtigsten Menschen seines Lebens zu stellen.
Sie wußte es: »Mein Mann war immer auf meiner Seite. Er ist auch jetzt noch überzeugt, daß ich recht habe.« Eines stimmte jedenfalls: Was ihre Familie betrifft, so waren Liebe und Einvernehmen die Grundpfeiler für ein gelungenes, sonst leider rar gewordenes Familienglück. Christine Vranitzky hat daran ihr Verdienst und hält Glück deshalb für machbar.
Auf die Frage, ob sie glaube, ihrem Mann mit ihren freizügigen Aussagen politischen Schaden zugefügt zu haben, weiß sie eine sehr plausible Antwort: »Nein, das hat ihm nicht geschadet. Denn wenn so etwas schaden kann, dann ist etwas faul in der Partei. Das Recht auf freie Meinungsäußerung ist ein demokratisches Grundrecht, jeder muß sagen dürfen, was er will.«
In einem Leserbrief an ein Magazin hielt Franz Vranitzky später einmal fest: »Ich habe mich in all den Jahren meiner Amtstätigkeit als Politiker nie durch meine Frau belastet oder behindert empfunden, sie war mir vielmehr eine unersetzliche Stütze. Eines ihrer Aktiva bestand außerdem darin, daß sie sich eigene Meinungen bewahrte und sich das daraus resultierende Verhalten vorbehielt. Daß sie sich auf diese Weise weder einem parteipolitischen Kadavergehorsam unterwarf, noch auch einem grauen Einheitsbrei der zeitgeistigen Einfachparolen einrühren ließ, freut mich für sie und für mich noch heute.«
Vranitzkys Kanzlerschaft fiel in die Periode von Kurt Waldheims Präsidentschaft, und der Kanzler und seine Ehefrau bekamen unverschuldet den beachtlichen internationalen Schaden zu spüren, der durch die »Causa Waldheim« entstanden war.
Franz Vranitzky war es bei seinen Reisen in die Vereinigten Staaten, in den skandinavischen Raum, vor allem aber nach Israel gelungen, ein anderes Bild von der »Waldheimat« zu vermitteln. Das Bild von einem Volk, in dem immerhin knapp die Hälfte der Wähler, nämlich

an die 47 Prozent, Waldheim nicht gewählt und damit deutlich zum Ausdruck gebracht hatte, daß es zu dem umstrittenen Präsidenten auf Distanz gegangen war. Kein anderer als der souveräne Staatsmann Vranitzky hätte dem Ausland die Gesinnung eines gewandelten Österreich so glaubhaft vermitteln können. Frau Vranitzky war auch in diesen Momenten »ein Sonnenschein« an seiner Seite. Während er sich auf höchster Ebene um Schadensbegrenzung im Ansehen des Landes bemühte, konnte sie mit ihrem frischen Temperament ungehindert grenzüberschreitende Freundschaften schließen: mit Lea Rabin, Teddy Kollek, Hillary Clinton und vielen anderen: »Das waren jedesmal Auslandsbesuche mit ordentlichem Zittern. Aber da ist niemand hinter uns gestanden und hat uns geholfen.«

Gerne begleitete sie ihren Mann auf die im Zuge des Beitritts Österreichs zur Europäischen Union häufiger gewordenen Staatsbesuche, wenn er dies wollte und sein Arbeitsablauf es zuließ. Einmal verriet sie: »Mein Mann sagt, daß er ungern ohne mich auf Dienstreisen geht. Er sagt, es ist viel schöner, wenn ich dabei bin und wenn er mich nach all den Strapazen wiedersehen kann. Das wiederum hat mich stolz gemacht, wenn ich gemerkt habe, wie wichtig ich für ihn bin.«

Es versteht sich von selbst, daß sie, wenn sich Staatsbesuche in ein und derselben Metropole häuften, sie nicht immer das gleiche Damenprogramm vorgesetzt bekommen wollte. Dagegen opponierte sie in ihrer deutlichen Art und Weise. Indem sie einfach offen aussprach, was ihr mißfiel. Beim fünften Besuch in Moskau hat ihr Wunsch, statt zum fünften Mal Kreml und Tretjakow-Galerie zu durchstreifen, lieber eine Textilfabrik oder eine Künstlerwerkstätte zu besuchen, enorme Organisationsprobleme ausgelöst. Aber es wäre nicht Christine Vranitzky, wenn sie sich nicht durchgesetzt hätte. Beim sechsten Mal Moskau wurde sie vorher gefragt, was sie denn gerne besichtigen würde.

Sie ist eine Frau, die eben keine ausgetretenen Pfade geht.

Ende 1996 zog sich Franz Vranitzky – knapp nach erfolgreichem Beitritt Österreichs in die Europäische Union und nach Fusion der beiden österreichischen Großbanken CA und Bank Austria – aus der Politik zurück. Einfach, weil »zehn Jahre genug« sind, wie er sagt. Im darauffolgenden Jahr – Viktor Klima ist sein Nachfolger im Kanzleramt – feierte Vranitzky seinen 60. Geburtstag.

Die Kinder haben ihre eigenen Nester gebaut. Dem Vorbild und Rat der Mutter folgend, haben beide jung geheiratet. Mutter Christine: »Es ist schön, miteinander klein anzufangen und miteinander alles

aufzubauen. Das ist der Grund, warum in jungen Ehen wenig gestritten wird. Gestritten wird erst, wenn alles da ist.«
Tochter Claudia organisiert weiterhin Sportveranstaltungen, sie ist mit Joachim Knehs, Geschäftsführer des Herren- und Damenbekleiders Don Gil, verheiratet. Das junge Paar hat zwei Kinder und wohnt in der oberen Etage des elterlichen Heimes in Sievering. In diesen Räumen hat während seines Studiums auch Sohn Robert mit Frau und ebenfalls zwei Kindern gewohnt. Robert hat sein Biotechnik-Studium abgeschlossen und forscht nun bei »Austrian Energies« im Bereich Wasserkläranlagen. Die Kanzlergattin in Ruhe ist eine leidenschaftliche Großmutter.
Christine Vranitzkys Resümee zu zehn Jahren Kanzlerschaft ihres Mannes: »Mein Mann hat sehr viel unternommen, um das Ansehen Österreichs in der Welt zu festigen. Das ist ihm gelungen. Österreich steht heute fast besser da als die Schweiz. Wir haben europaweit die geringsten Arbeitslosenzahlen und die besten Wirtschaftsdaten. Ich glaube, es ist ihm viel für Österreich gelungen, aber nach einer gewissen Zeit muß man gehen. Politik ist beinhart und undankbar. Politiker kriegen, auch wenn sie noch so viel leisten, keinen Dank zurück. Nach einer gewissen Zeit wollen die Leute etwas Neues. Und deshalb war es richtig, daß er sich zurückgezogen hat. Privat geht es uns heute prächtiger denn je.«
Keine hat sich über den Rücktritt Vranitzkys mehr gefreut als die Ehefrau. Vranitzky ging jedoch keineswegs endgültig in den Ruhestand. Er wurde Sondervermittler der OSZE für den Krisenherd Albanien, half in der Bundesrepublik Deutschland SPD-Kollegen Gerhard Schröder im Wahlkampf 1998, hält Vorträge und wurde schließlich Berater der Westdeutschen Landesbank, mit Büro in Wien.
Zu zweit kann man Franz und Christine Vranitzky nach wie vor auf dem Opernball und in den Morgenstunden danach mit besten Freunden am Würstelstand vor der Albertina sehen, ein uraltes Ritual. Sie haben Zeit gefunden, ihre große Bibliothek und den etwas kleineren Weinkeller ihres Hauses neu zu ordnen. Sie verbringen weiterhin einige Wochen im Sommer in Krumpendorf am Wörthersee. Franz Vranitzky hat es abgelehnt, sich im Präsidentenwahlkampf 1998 als Gegenkandidat Klestils aufstellen zu lassen. Seine Frau war glücklich über diese Entscheidung, aus gutem Grund: »Jetzt können wir wieder tun, was wir wollen. Keiner redet uns drein.« Vor allem: »Jetzt fragt uns keiner mehr, wo und wie lange wir Golf spielen.«

SONJA KLIMA

GEB. 27. MAI 1963

Es war ein leuchtender Herbsttag, an dem Sonja Klima mit der Autorin dieses Buches in die Bucklige Welt hinausfuhr. Die Reise entlang abgeernteter Felder und buntlaubiger Weingärten verlief munter und fröhlich, sie galt jedoch einem ernsten Ziel. Die Frau von Bundeskanzler Viktor Klima hat sich eine neue große Aufgabe gestellt: Sie will die Therapiestation »Grüner Kreis«, die sich seit eineinhalb Jahrzehnten erfolgreich um Gesundung und Resozialisierung junger Suchtkranker bemüht, bei einem neuen großen Projektvorhaben unterstützen. Während mehrerer vorangegangener Besuche hatten es ihr besonders die kleinen Kinder zahlreicher junger weiblicher Patienten angetan. Besonders für diese Kinder und ihre Mütter sollte etwas geschehen, damit der therapeutische Aufenthalt noch vielversprechender in eine gesunde Zukunft der einmal Gestrauchelten mündet.
Frau Klima wollte sich mit Hilfe der Ärzte und Therapeuten für die Realisierung eines eigenen »Mutter-Kind-Hauses« einsetzen. Und weil dafür Geld nötig war, das der Staat allein nicht aufbringen konnte, sollten mit Hilfe zahlreicher Spendenevents zusätzliche Mittel im Privatbereich lockergemacht werden. Frau Klima stellte sich für diesen gesellschaftlich wichtigen Zweck an die Spitze eines wohldurchdachten Fundraising-Konzeptes. Der gemeinnützige Vereins »Cara«, den sie im Februar 1999 ins Leben gerufen hat, bezweckt die Unterstützung ausgewählter sozialer Projekte im Bereich der Behandlung der Suchterkrankungen, der Suchtprävention und der Betreuung des Umfelds der Kranken. Viel persönliche Energie wird dazu aufzubringen sein.
Sonja Klima ist die jüngste aller First Ladies Österreich. Sie ist zum Zeitpunkt des Erscheinens dieses Buches etwas über 35 Jahre alt und macht somit unbestreitbar den Wandel sichtbar, der seit Kanzlergattin Hilde Figl in all den Jahren in der Position der First Ladies stattgefunden hat.
Während es Frau Figl einst gegönnt war, im wesentlichen in ihrem Privatbereich von der Presse verschont zu bleiben, stehen heute die Frauen der Spitzenpolitiker ebenso im Scheinwerferlicht der Öffentlichkeit wie ihre Männer, ob sie dies wollen oder nicht. Auch sie werden beobachtet, befragt und beschrieben. Und sie werden weit mehr als früher als Einzelpersönlichkeit wahrgenommen.
Frau Klima hat sich mittlerweile daran gewöhnt, daß das Interesse der Öffentlichkeit nicht nur angenehme Seiten bereithält. Sie weiß ebenso deutlich wie zahlreiche First Ladies vor ihr, daß ihre Stellung und ihr

Name ihr zum Beispiel die prominente Unterstützung so wertvoller Hilfsprojekte wie das eingangs beschriebene eher ermöglichen. Sie hat aber auch erfahren müssen, daß ihr eigener Lebensbereich – ihre Berufstätigkeit, ihre Bekleidung, ihre Hobbys – ganz ohne ihr Zutun zum Gegenstand öffentlicher Diskussionen werden kann. Was sie tut, wie sie sich kleidet, wofür sie sich engagiert, kann lebhaftes Pro und Kontra auslösen. Da gilt es, souverän zu bleiben und Nerven zu bewahren.

Bisher jedenfalls hat Frau Klima bewiesen, daß ihr diese Gratwanderung zwischen der Medien-Öffentlichkeit und dem Schutz ihrer Privatsphäre bravourös gelungen ist.

Diese Gratwanderung ist übrigens nicht eine, die nur von den »bösen Medien« abverlangt wird, sondern sie ergibt sich auch mehr als früher aus den Erfordernissen einer immer transparenter gewordenen Gesamtpolitik. Die Pressesprecher eines Dr. Viktor Klima wissen sehr wohl, daß es dem Kanzler höhere Sympathiewerte einbringt, wenn er, etwa zum Opernball, in den »Seitenblicken« des ORF mit seiner jungen Frau aufscheint. Und sie wissen dies auch zu nutzen.

Kanzlergattin sein ist heute nicht leicht, vor allem, wenn man wie Sonja Klima immer darauf bestanden hat, eine selbständig denkende und agierende Persönlichkeit zu sein. Plötzlich muß sie bei allen Äußerungen Rücksicht nehmen, ob diese in das politische Konzept ihres Mannes passen oder nicht. First Lady sein ist nicht einfacher geworden.

Sonja Klima wurde am 27. Mai 1963 in Baden bei Wien geboren. Ihre Mutter, Irmgard Holzinger, war gebürtige Waldviertlerin, ist aber ihres Berufes wegen als junge Volksschullehrerin in den Süden von Wien, nach Berndorf, versetzt worden, wo sie an der Volksschule unterrichtete und mit ihrer Familie auch lebte. Sonjas Vater, Hubert Holzinger, war Leiter des Arbeitsamtes Baden, wo ihm, dem überzeugten Sozialdemokraten, die damals beginnende Schließung von frühen Industrieanlagen im Triesting- und Piestingtal schon sehr zu schaffen machte. Vielfach haben verzweifelte Arbeitslose auch zu Hause bei ihm Rat gesucht, er hat sich rund um die Uhr bemüht, ihnen zu helfen. Zusätzlich war er freiwillig auch Bezirksstellenleiter beim Roten Kreuz in St. Veit. Diesen Rettungsdienst für das gesamte Triestingtal hat er mit auf die Beine gestellt, er sah ihn als seine zweite Lebensaufgabe an. Die Tochter erinnert sich, daß er seine Ziele, den Menschen zu helfen, selbstlos von früh morgens bis spät abends verfolgte. Überanstrengung und Erschöpfung blieben nicht aus. Allzu früh erlag er im Jahr 1976 seinem zweiten Herzinfarkt, Tochter Sonja war da erst 13 Jahre alt. Aber sie meint, von ihm ganz besonders dieses bedingungslose Engagement für sozial schwächere Menschen für ihr Leben mitbekommen zu haben. Schon für die junge Schülerin gab es keine Alternative zum Sozialismus. »Mein Vater hat mich viel in die Fabriken der Umgebung mitgenommen, und ich durfte auch oft mit meinem Bruder zu ihm ins Arbeitsamt, das war für uns sehr lehrreich. Viele Betriebe rund um Baden bis hinüber nach Ebreichsdorf sind damals in Konkurs gegangen, bei uns in der Gegend war das ganz schlimm. Da hat man anfangs versucht, in manche Firmen noch sehr viel Geld hineinzustecken, aber es half nichts. Nur die berühmte Berndorfer Besteckproduktion, die gibt es teilweise noch heute.«

Nach dem Tod des Vaters hatte die Mutter allein für die beiden Kinder zu sorgen, für Sonja und ihren um vier Jahre älteren Bruder Dietmar, der heute in Berndorf ein Geschäft für Kunsthandwerk und Antiquitäten betreibt.

Sehr viel Zeit verbrachte Sonja Holzinger aber auch bei ihren Großeltern mütterlicherseits im Waldviertel, vor allem die großen Ferien vom letzten bis zum ersten Schultag. In Allentsgschwendt, einem idyllischen Ort in der Nähe von Gföhl, war der Großvater Bauer und Schmied. Für Klein Sonja ein einziges Paradies: »Das war für mich wunderschön. Dort habe ich meine Liebe zur Natur entdeckt, dort bin ich mit Tieren aufgewachsen, und dort wurde auch der Grundstein für meine heutige Natur- und Tierliebe gelegt.«

Nach der Hauptschule in Berndorf lernte die gute Schülerin weiter, zuerst ein Jahr an der Handelsakademie in Baden. Doch die Aussicht auf einen Bürojob befriedigte sie nicht, sie wechselte in das Bundesoberstufenrealgymnasium in Wiener Neustadt. Nach der Matura besuchte sie zwei Jahre die Pädagogische Akademie in Baden, denn für sie stand bereits fest, daß auch sie, wie ihre Mutter, Lehrerin wird: »Ich wollte Volksschullehrerin werden, weil mir das Arbeiten mit Kindern immer Freude gemacht hat. Ich glaube, das ist für eine Frau ein toller Beruf. Man kann vermitteln, man kann erziehen und kann später zurückblicken, wie aus den allerkleinsten Taferlklaßlern Ingenieure, Fabriksarbeiter, Hochschulprofessoren wurden. In der Volksschule hat man sie noch alle versammelt, man bildet sie aus, prägt sie, weil es ja sensationell ist, wie die Kinder in diesem Alter noch alles vom Lehrer annehmen. Darum ist die Volksschule die wichtigste Schule. Meine Mutter liebte ihren Beruf genauso wie ich.«

Sonja und Viktor Klima

Die geliebten Großeltern waren zu dieser Zeit bereits zu alt geworden, um das kleine Bauernhaus im Waldviertel noch zu bewirtschaften. Zu Sonjas großem Bedauern haben sie es aufgegeben und sind zu der Tochter und den Enkeln nach Berndorf gezogen. Da die Waldviertler Idylle dahin war, mußte sich die Tierfreundin um Ersatz umsehen. Sie fand ihn in einem Reitstall in der Umgebung: »Meistens war ich im Sommer bei den Tieren in einem Reitstall in der Nähe von Berndorf, da habe ich ausgemistet und die Pferde geputzt. Da wir finanziell nicht so begütert waren, hab ich dort sehr viel mitgeholfen, wofür ich reiten durfte. Ich hatte selbstverständlich kein eigenes Pferd, schon die Reitstunden wären für mich zu teuer gewesen. Aber Reiten war dennoch mein großer Traum. Meine Mutter hat eher Angst davor gehabt, aber ich hab mich durchgesetzt. Auch mein Bruder war nicht besonders begeistert, der schwärmte eher von einem Motorrad.«

Als sie 1984 die Pädagogische Akademie beendet hatte, war Sonja 21 Jahre alt. Man sagte ihr, daß sie mit Sicherheit fünf bis acht Jahre auf ihre erste Anstellung warten müsse. In der Zwischenzeit hat sie eben zur Überbrückung die verschiedensten Jobs angenommen, unter anderen auch den einer Kellnerin. Sie hat nicht aufgegeben. Auch an der Universität hat sie die Fächer Psychologie und Pädagogik inskribiert, hat dann aber kaum mehr Prüfungen abgelegt, weil es im zweiten Jahr des Wartens überraschend mitten im Schuljahr dann doch zu einer Berufung als »Springerin« in der Volksschule Himberg, am südlichen Stadtrand von Wien, kam: »Da habe ich sehr viel gelernt.«

Ein Problem bestand nur darin, wie sie täglich von Berndorf nach Himberg gelangen sollte. Es half nichts. Sie mußte sich einen Kredit aufnehmen, um ihr erstes kleines Auto zu kaufen, weil die 50 Kilometer hin und zurück nicht anders zu bewältigen waren. Oft denkt sie an die Anfänge zurück, vor allem dann, wenn unverständige Zeitgenossen sie daran erinnern. »Ganz zu Beginn meiner Ehe habe ich einmal einen bösen Brief bekommen, ich würde anderen den Job wegnehmen, die keinen Bundeskanzler zum Mann haben und es sich nicht leisten könnten, mit dem Auto in die Schule zu fahren. Ich wollte schon zurückschreiben: ›Wissen Sie, wie ich begonnen habe, da habe ich auch kein Auto gehabt, ich mußte jobben, habe mir einen Kredit aufgenommen. Auch meine Berufsanfänge waren hart.‹ Das wird leider allzu leicht vergessen.«

Dies gehört zu den Schattenseiten des Lebens an der Seite eines Spitzenpolitikers: »Da spielt leider der Neid eine große Rolle. Aber warum soll ich mich verteidigen? Ich bin nicht als Frau des Bundeskanzlers geboren worden, das war ja alles Zufall. Um keinen Preis möchte ich deshalb meinen Beruf aufgeben. Wenn man in der Öffentlichkeit steht, ist man eben für alle ein Angriffspunkt. Es kann einem alles auch negativ ausgelegt werden. Niemandem würde es im Unterschied dazu einfallen, den Mann einer Politikerin auf der Straße zu beschimpfen, daß er berufstätig sei. Mich aber schon. Das tut weh.«

In Himberg ist die junge Lehrerin ein halbes Jahr geblieben, dann wurde sie in ihren Heimatbezirk Baden versetzt, nach Pottenstein, gleichfalls als Springerin. Danach kam sie für drei Jahre in der Sonderschule Berndorf zum Einsatz. Der Dienst mit diesen geistig behinderten Kindern hat ihr gut gefallen, schon dachte sie ans Umsatteln, weil sie sich so sehr an diese hilfsbedürftigen Kinder gewöhnt hatte. Dann aber wurde sie an die Volksschule in Berndorf berufen, in der auch sie selbst die Schulbank gedrückt hatte. Mit großer Begeisterung hat sie dort die Vorschulklasse begründet und gemeinsam mit der Direktorin einen Schulversuch gestartet, der sich über Vorschule, erste und zweite Klasse erstreckte. Ähnlich wie in den Montessori-Schulen wurde in kleinen Teams gearbeitet, die Kinder gingen besonders gerne mit. Ihr pädagogisches Konzept ist ebenso einfach wie wirksam: »Kinder suchen nach Regeln, Kinder brauchen eine Führung. Bei der antiautoritären Erziehung wissen sie absolut nicht, welchen Weg sie gehen sollen. Ich bin für Regeln, die braucht man schon beim kleinsten Spiel. Wenn ich die nicht einhalte, kann ich nicht spielen, und so ist es im Unterricht wie im Leben. Ich bin gegen den Drill, aber wenn ich das Einmaleins lerne, dann braucht dies eben ein gewisses Maß an Disziplin und Übung. Ich weiß, daß Kinder einen großen Bewegungsdrang haben, aber ich weiß auch, wie ich sie wieder zur Ruhe und Konzentration bringen kann. Ich finde meinen Beruf sehr schön.«

Die ersten Jahre des Erwachsenseins und Geldverdienens hat die junge Lehrerin ausgiebig genutzt, um in den großen Ferien mit Freunden jene Teile der Welt zu besichtigen, für die sie sich abseits der Touristenpfade am meisten interessierte: In Indien reiste sie auf den Spuren exotischer und seltener Tiere: »Da konnte ich Tiger und Panzernashörner beobachten! Wir fuhren mit dem Zug nach Kalkutta und weiter durch Bangladesch hinauf bis Assam, wo der berühmte Tee herkommt. Man lernt sehr viel dazu auf solchen Reisen, aber man ist auch froh, in Österreich geboren zu sein. Reisen in fremde Länder, um andere Menschen und ihre Lebensbedingungen kennenzulernen, sind überaus wichtig. Gleichzeitig aber freute ich mich jedesmal, wieder nach Österreich zurückzukehren, wo nicht diese oft erschreckenden Lebensbedingungen herrschen, die man auf Reisen in der Dritten Welt zu sehen bekommt.«

Eine ihrer späteren Reisen an der Seite des Bundeskanzlers hat sie wieder nach Indien geführt. Da hat sie die Route der vorbereiteten Besichtigungen auch schon mal verlassen, um mit ihrem Mann in jene Viertel der Großstädte zu entweichen, die normalerweise auf Staatsbesuchen nicht hergezeigt werden. Überbevölkerung, Kinderarbeit,

Slums und Überleben auf den Straßen – Sonja Klima schaut vor dem Elend der anderen nicht weg.
Neben Kindern haben es ihr immer wieder Tiere angetan: Sogar auf den entfernten Aleuten ist die Reiselustige in jenen Jahren, als sie noch unverheiratet war, herumgekreuzt, jener Inselkette, die Alaska mit Sibirien verbindet. Das war noch in der Sowjetunion, vor dem Ende des Kommunismus. Ganze Magazine ihres Fotoapparates hat sie dabei leergeschossen.
In Alaska waren es die Wale, die sie von einem Boot aus beobachten konnte: »Es war wunderbar, ihnen zuzusehen, wie hoch sie aus dem Wasser herausgesprungen sind. Aber freilich sahen wir auch die Kehrseite, nämlich die japanischen Schiffe, die die Wale gejagt und gefangen haben. Und wir sahen die riesigen Fabriken für die Tonnen von Fischen, die sie aus dem Meer gefischt haben.« Sie war und ist ihrer Grundhaltung entsprechend jedesmal auf der Seite derer, die Druck auf die brutalen und rein kommerziell orientierten Ausbeuter des Tierreiches ausüben.
Und dann kam der 1. Mai 1994. Viktor Klima, damals Verkehrsminister, frequentierte an diesem Tag der Arbeit bereits die 15. Festveranstaltung en suite. Sein Freund Ernst Höger, der damalige niederösterreichische Landeshauptmannstellvertreter, hatte ihn schon deshalb auf den Marsch durch mehrere Festzelte mitgenommen, weil er Klima aus dessen trauriger Stimmung herausreißen wollte. Klima hatte nach 25 Jahren Ehe soeben die Trennung von seiner Frau Hannelore hinter sich. Obwohl es ein gütliches und einvernehmliches Auseinandergehen der Eheleute war – Tochter Julia, damals 15, blieb bei der Mutter, Sohn Jan studierte bereits an der Universität für Montanistik in Leoben –, war Viktor Klima eben nicht heiter gestimmt.
Im Bierzelt von Berndorf, dem letzten an diesem Tag, meinte es das Schicksal dann gut mit ihm. Höger stellte ihm die attraktive Tochter des mittlerweile verstorbenen Parteifreundes Hubert Holzinger vor. Höger war somit unmittelbarer Augenzeuge und »Kuppler«: »Ich habe die Sonja, die ich gut kenne, dem Viktor vorgestellt. Er hat gelacht, sie hat gelacht, und in dem Moment hat es gefunkt.« Im 15. Bierzelt hat der Spitzenpolitiker sein neues Glück gefunden.
Auch Sonja scheute sich später nie, offen einzugestehen: »Ja, es war Liebe auf den ersten Blick. Und es war das berühmte Schicksal, dem man nicht entrinnen kann. Denn ich war jahrelang schon nicht mehr auf dieses Fest gegangen. Dieses Mal aber ging ich, weil meine Mut-

ter mit meinen kleinen Neffen dort war. Sie ging gerne hin, weil mein Vater dieses Volksfest vor 30 Jahren mitbegründet hat. Da hab ich mir gesagt, na gehst halt wieder einmal hin! Und alles Weitere ist purer Zufall gewesen. Es waren 2000 Leute im Zelt, und ausgerechnet wir sind einander Tisch an Tisch gegenüber gesessen.«

Es kam, wie es kommen mußte: »Er war so sympathisch und so lieb und so nett, und das war's eigentlich! Ob er jetzt Minister war oder Schuhverkäufer gewesen wäre, war mir völlig wurscht. Seine Ausstrahlung und seine Liebenswürdigkeit haben mich angesprochen. Kein Mensch wußte damals, daß er Kanzler wird. Für mich zählte der Mensch und nicht das Rundherum.«

Drei Monate später wurde Viktor Klima von seiner ersten Frau, auch eine Lehrerin, offiziell geschieden. Der Termin stand schon lange fest. Seine Exfrau war damals bereits über ein Jahr aus der gemeinsamen Wohnung in Schwechat ausgezogen und war nach Wien übersiedelt. Sie hat kurz darauf wieder geheiratet.

Viktor Klima, damals 47, und Sonja Holzinger, eben 32, schlossen am 20. Mai 1995, ein Jahr nach ihrer ersten Begegnung, den Bund fürs Leben. Der Hochzeitsantrag mit roten Rosen bei Sonjas Mutter in Berndorf war formvollendet, die Hochzeit auf Schloß Rotmühle in Schwechat erfolgte im kleinen Kreis. Standesgemäß wurde der Verkehrsminister mit einem alten Postbus von zu Hause abgeholt.

Das glückliche Paar zog in das Reihenhaus in Schwechat, das Klima kurz zuvor in einer ruhigen Gegend des Ortes gekauft hatte. Zwar ist der Motorenlärm vom nahen Flughafen nicht zu überhören, doch dem Wohnhaus gegenüber liegt ein ruhiger Park, in dem Frau Klima weite Spaziergänge mit ihren beiden Hunden machen kann.

Als Klima Finanzminister wurde, änderte sich zunächst nichts. Erst als zu Beginn des Jahres 1997 – nach Rücktritt Franz Vranitzkys – Klima zum Bundeskanzler bestellt wurde, sah das Leben der jungen Lehrerin von heute auf morgen plötzlich anders aus. Verglichen mit anderen Ländern, wo große Absperrungen um die Wohnhäuser der Regierungschefs gezogen werden, wo hochbewaffnete Sicherheitstrupps vor elektrischen Zäunen Aufstellung nehmen, läuft das Leben eines österreichischen Bundeskanzlers noch relativ »normal« ab. Die Kriminalbeamten zum Schutz des Kanzlers, seiner Frau und seines Wohnhauses sind alle diskret, auch die Hunde des Ehepaares haben sich längst mit ihnen angefreundet.

Schlimmer war aber bereits das Ausmaß des Medienwirbels.

Am Tag der Bestellung Klimas zum Kanzler belagerten Journalisten auch die kleine Volksschule in Rannersdorf, einer Nachbargemeinde Schwechats, wo Frau Klima damals eine zweite Klasse unterrichtete. Sie wurde mit Interviewwünschen überschüttet. So gut wie alle Zeitschriften wollten die attraktive Frau auf dem Titelblatt haben, jedes Geheimnis ihres Privatlebens sollte preisgegeben werden.
Frau Klima war diese plötzliche Öffentlichkeit ihres früher so stillen Lebens anfangs nicht geheuer. Über Nacht stand sie im Rampenlicht und wurde behandelt wie ein Star: »Sie haben mich mit ihren Kameras und Mikrofonen vor dem Haus, vor der Schule, fast überall gestellt. Es war ganz unmöglich, mich umzudrehen und einfach wegzugehen. Das hätte unhöflich gewirkt«, erzählt sie. Ab sofort konnte sie mit ihrem kaukasischen Hirtenhund Grolly und dem schwarzen Terrier Kery nicht mehr, wie gewohnt, spazierengehen. Auf Schritt und Tritt hat man sie erkannt und wollte mit ihr reden. Nicht nur Journalisten, auch neugierige oder auch nur freundliche Passanten, die sie jetzt aus dem Fernsehen kannten. Für die naturliebende Frau war dieser Rummel anfangs nicht leicht zu ertragen.
Andrerseits empfand sie, daß sie nichts zu verbergen habe. Sie ließ andere an ihrem Glück teilhaben. »Mein Mann macht jeden Morgen die Betten, geht mit den Hunden spazieren und bereitet das Frühstück vor. Er ist ein genialer Handwerker, selbst Waschmaschine und Geschirrspüler hat er schon repariert«, vertraute sie einer Reporterin an. Auch ihr vieles Alleinsein störe sie nicht, ließ sie wissen: »Mein Mann geht um halb acht aus dem Haus und kommt selten vor Mitternacht heim. Aber ich habe meinen Beruf, meine Tiere, treffe meine Freundinnen, korrigiere Hefte, lese und sehe fern.« Daß er dreimal am Tag anruft, sich ausführlich erkundigt, wie es ihr gerade gehe, und ihr von unterwegs häufig Rosen schickt, ist auch kein Geheimnis.
Außerdem hat sie lernen müssen, daß alle ihre Worte nun größeres Gewicht erhielten.
Wenn sie sich nun etwa in Interviews gegen die in der Europäischen Union gesteigerten, viel zu langen Tiertransporte aussprach, gewann ihre Wortmeldung plötzlich politisches Gewicht.
Sie stöhnte: »Ich kann ja jetzt nicht plötzlich, nur weil mein Mann Bundeskanzler ist, mein Leben total ändern. Ich bin ja ein eigenständiger Mensch!«
Auch in der Schule mußte sie nun vermehrt auf jede ihrer Äußerungen achten. Denn: »Ich mußte erfahren, daß ab sofort alles, was ich

sage, als Äußerung der Frau des Kanzlers gewichtet wurde. Früher war das ein bißchen einfacher. Es ist wirklich nicht leicht, alles unter einen Hut zu bringen: Job, Selbständigkeit und Frau des Bundeskanzlers zu sein. Alles, was man tut und was man sagt, wird anders bewertet. Ich war mein Leben lang gegen die Pelztierhaltung, wenn ich das jetzt erkläre, bricht bei den Kürschnern der Wirbel aus. Die Tierschützer andrerseits finden es super und ideal.«

Obwohl Tierliebhaberin aus Leidenschaft, mußte sie auch ihre Mitgliedschaften bei verschiedenen Tierschutzorganisationen neu überdenken. Sie versucht sich nun offiziell aus allen Vereinigungen herauszuhalten, legte Mitgliedschaften still, damit sie nicht als Propagandistin vereinnahmt werden kann. In der »Causa Hermann Nitsch«, als dieser im Sommer 1998 im Rahmen seines Orgien-Mysterien-Theaters Stiere und Schweine schlachten ließ, hat sie auf Befragen wissen lassen, daß ihr dieses Schauspiel zu Lasten der Tiere deutlich mißfiel. Sie hat sich aber wohlweislich nicht in die aufgeregte Debatte eingemengt, die von anderer politischer Seite vom Zaun gebrochen wurde und in der es um ein behördliches Verbieten des Happenings ging. Am alljährlichen Sommerfest des auch für Kunst zuständigen Kanzlers im Karl-Renner-Institut, zu dem unter anderen Künstlern auch Nitsch geladen war, ist sie jedoch deutlich zu ihm auf Distanz gegangen. Sie hat ihm nicht die Hand gegeben. So viel Meinungsfreiheit muß sein.

Sie scheut sich auch nicht, wiederholt bei Webpelz-Modeschauen als Model aufzutreten, und ist nach wie vor stolz darauf, ihre Kleider lieber bei einer preiswerten Bekleidungs-Kette zu kaufen als in teuren Designer-Boutiquen. Denn: »Es ist wichtig, daß man sein eigenes Ich nicht verliert. Man muß auch in dieser Funktion seine Persönlichkeit bewahren. Es allen recht zu machen ist ohnehin eine Kunst, die niemand kann.«

Als Lehrerin in einer kleinen Arbeitergemeinde bei Schwechat, in der sich so ziemlich alle sozialen Problem der Zeit spiegeln – alleinerziehende Mütter, mangelnde Kinderbetreuungsmöglichkeiten am Nachmittag, Arbeitslosigkeit –, hat sie das Ohr direkt am Puls des Volkes, was für den Kanzler ein wertvolles Regulativ sein kann. Eine Hillary Clinton, die anfangs mit ihrem Mann mitregieren wollte, will Frau Klima jedoch auf keinen Fall sein: »Ich mische mich in die Politik nicht ein.«

Im dritten Jahr ihres First-Lady-Daseins hat sie sich allmählich an die zwei Seiten des Scheinwerferlichts gewöhnt. Sie hat, dank guter Bera-

tung durch die Pressesprecher des Kanzlers, noch keinen Fehler begangen. Dazu kommt, daß sie nur dann zu Repräsentationsaufgaben mitkommt, wenn diese ihren schulischen Alltag nicht stören. Sie hat ihre Schüler bis in die vierte Klasse geführt, ohne je einen Tag wegen Repräsentationsverpflichtungen gefehlt zu haben. Auf Auslandsreisen fuhr sie nur mit, wenn diese in den Ferien oder an den Wochenenden stattfanden. Zum Beispiel hat sie sich sehr darüber gefreut, daß es möglich war, eine lange geplante Afrikareise des Bundeskanzlers in die Semesterferien 1999 zu verlegen, so daß sie mitkommen konnte.
Wenn es ihr möglich war, Viktor Klima zu begleiten, war es ihr ein besonderes Anliegen, dem steifen und langweiligen Damenprogramm auszuweichen und zu den ungezwungenen Besichtigungsprogrammen zurückzufinden, die ihre Reisen einst ausgezeichnet haben.
Bei einer früheren Reise nach Südafrika – Klima war noch Finanzminister – hat sie zum Beispiel lieber lebende Tiere angeschaut als tote Kulturschätze in einem Museum. »Wenn ich es mir aussuchen kann, komme ich ohnehin lieber nach Asien oder Afrika mit, als nach New York.«
Wenn es um die gemeinsamen Urlaubsziele geht, darf sie aussuchen. Einmal war es der Dschungel von Malaysien, in den sie ihren Viktor entführte. Das andere Mal wieder kreuzten sie auf einem Segelschiff vor der kroatischen Küste. Der Kanzler ist ein leidenschaftlicher Segler. Und in den Weihnachtsferien flitzt das sportliche Spitzenpaar gerne über Österreichs Pisten.
Auch punkto Fitneß kann die engagierte Naturliebhaberin ein löbliches Vorbild sein. Am 7. Juni 1998 nahm sie als prominente Starterin am ersten Wiener Frauenlauf teil, den eine befreundete Sportlehrerin organisierte. Da hieß es bei 35 Grad Hitze sechs Kilometer rund um den Wiener Donauturm zu joggen, es war einer der heißesten Sommertage des Jahres. Kanzler Klima gab den Startschuß, als deklarierter Waffengegner schoß er dazu mit keiner Pistole in die Luft, sondern zog es vor, das Rennen mit einem friedlichen Gongschlag zu eröffnen. Wegen des großen Erfolges soll dieses Ereignis nun jeden Juni in Wien stattfinden.
Frau Klima ist nicht nur Österreichs jüngste Kanzlergattin aller Zeiten, sie wird auch – wenn alles klappt – die erste sein, deren Kinderwunsch sich womöglich noch während der Amtszeit ihres Mannes erfüllt. Dies jedenfalls wäre ihr Plan.
Plan Nummer zwei war ein kleiner Bauernhof irgendwo auf einer

großen grünen Wiese, umgeben von einem Wald – nachempfunden dem verlorenen Kindheitsparadies im Waldviertel. »Es sollte ein uriges Haus sein, nicht groß, aber wenn ich es sehe, werde ich wissen, wow, das ist es!«

Dieser Traum ging bereits in Erfüllung. In Limbach im südlichen Burgenland haben sie und der Kanzler in einem alten Bauernhaus ihr Wochenendrefugium gefunden. Sonja Klima wird es mit viel Liebe und Geschmack renovieren. Ihre zwei Pferde, zwei Hunde und Katzen werden dort den gesunden Auslauf finden.

Als kleinen Vorgeschmack auf das Leben in der Natur ist sie vorerst einmal mit den Kindern ihrer Klasse auf ein Lager ins Waldviertel gefahren. Sie haben dort in Zelten geschlafen, sind mit Fackeln durch den Wald gezogen, um ein Lagerfeuer herum gesessen, als Cowboys und Indianer über den See gefahren – die Kinder waren wie ausgewechselt. Zur Freude der Frau Lehrerin – und auch zur Bestätigung ihrer Theorie von der friedfertigen Natur – sind die Kinder im Freien viel leichter zu bändigen gewesen als an so manchem Schultag im Klassenzimmer.

Frau Klima ist noch jung. Mit ihrem Charme, ihrem fröhlichen Wesen, ihrer emanzipierten Weiblichkeit hat sie die goldene Mitte zwischen den verschiedenen Herausforderungen der Zeit gefunden: Sie ist gerade dabei, eine glückliche Ehe und eine erfüllende Berufstätigkeit harmonisch miteinander zu verbinden. Daß ihr dynamischer Mann Kanzler von Österreich ist, macht die Sache nur eine Spur spannender – aber um nichts leichter.

Literatur

Hanna Bleier-Bissinger, Bundeskanzler Dr. Alfons Gorbach und seine Zeit. Leben und Sterben der Nachkriegskoalition. Graz 1988.

Alois Brusatti / Gottfried Heindl, Julius Raab. Eine Biografie in Einzeldarstellungen. Linz 1987.

Josef Klaus, Macht und Ohnmacht in Österreich. Konfrontationen und Versuche. Wien 1971.

Thomas Klestil, Themen meines Lebens. Österreich auf dem Weg ins nächste Jahrtausend. Graz 1997.

Eric C. Kollman, Theodor Körner. Militär und Politik. Wien 1973.

Bruno Kreisky, Zwischen den Zeiten. Erinnerungen an fünf Jahrzehnte. Wien 1986.

Bruno Kreisky, Im Strom der Politik. Der Memoiren zweiter Teil. Berlin-Wien 1988.

Bruno Kreisky, Der Mensch im Mittelpunkt. Der Memoiren dritter Teil. Hrsg. von Oliver Rathkolb, Johannes Kunz und Margit Schmidt. Wien 1996.

Bruno Kreisky. Seine Zeit und mehr. 1970, 1983, 1990. Katalog zur Ausstellung. Wien 1998.

Franz Kreuzer, Ein Leben für Österreich. Franz Jonas. Wien 1969.

Franz Kreuzer, Franz Jonas. Sein Weg und Wirken. Zum 70. Geburtstag unseres Bundespräsidenten. Wien 1969.

Peter Kunze, Täglich fängt das Leben an. Den Mutigen gehört die Welt. Kapitel Dr. Rudolf Kirchschläger: Gott sei dank hab' ich meinen Glauben.

Paul Lendvai / Karl Heinz Ritschel, Kreisky. Porträt eines Staatsmannes. Düsseldorf-Wien 1972.

Norbert Leser, Grenzgänger. Österreichische Geistesgeschichte in Totenbeschwörungen. Band II. Wien-Köln-Graz 1982.

Siegfried Nasko, Karl Renner in Dokumenten und Erinnerungen. Wien 1982.

Julius Raab, Verantwortung für Österreich. Wien 1961.

Julius Raab. Aussaat und Ernte. Katalog zur Ausstellung Mai bis Oktober 1992 im Benediktinerstift Seitenstetten.

Hans Rauscher, Vranitzky: eine Chance. Wien 1987.

Walter Rauscher, Karl Renner. Ein österreichischer Mythos. Wien 1995.
Karl Renner, An der Wende zweier Zeiten. Lebenserinnerungen. Wien 1946.
Joachim Riedl, Thomas Klestil. Macht braucht Kontrolle. Wien 1993.
Adolf Schärf, Erinnerungen aus meinem Leben. Wien 1963.
Marco Schenz, Bundespräsident Rudolf Kirchschläger. Wien 1984.
Susanne Seltenreich, Leopold Figl – Austrian Patriot and Statesman. Wien.
Ernst Trost, Figl von Österreich. Wien 1972.
Kurt Waldheim, Der österreichische Weg. Wien 1971.
Kurt Waldheim, Im Glaspalast der Weltpolitik. Düsseldorf 1985.
Kurt Waldheim, Die Antwort. München 1996.
Friedrich Weissensteiner, Die österreichischen Bundespräsidenten. Leben und Werk. Wien 1982.
Friedrich Weissensteiner / Erika Weinzierl, Die österreichischen Bundeskanzler. Leben und Werk. Wien 1983.

Bildnachweis

Otto Bartel: 229
© Bunte: 245
Norbert Kössler: 27
Landesbildstelle Wien, Foto Sterrer: 189
News / Schlosser: 257
News / Tesarek: 131
News / Zach-Kiesling: 81, 261
Photo-Fayer Wien: 145
Photo Simonis Wien: 43, 47, 61, 185
F. M. Salus: 225
Stift Seitenstetten, Raab Archiv, Foto H. Kofler Wien: 161, 165
Verein Dr.-Karl-Renner-Gedenkstätte, Gloggnitz: 9, 15
Viennareport: 135
Votava: 33, 203
Ing. Adolf Waschel, Wien: 175

In jenen Fällen, in denen die Inhaber der Urheberrechte nicht geklärt werden konnten, bleiben berechtigte Ansprüche gewahrt.